고려시대사 2
사회와 문화

한국역사연구회시대사총서 04

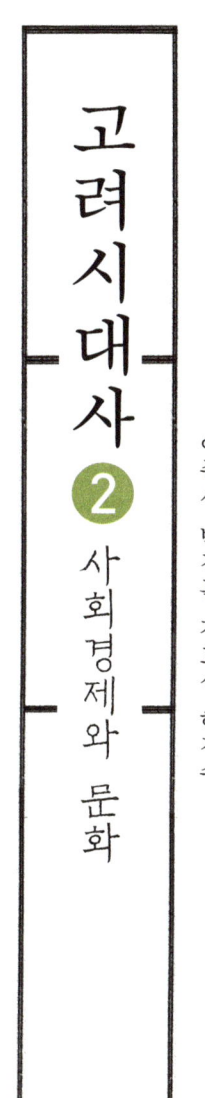

고려시대사 ❷ 사회경제와 문화

이종서 · 박진훈 · 강호선 · 한정수

푸른역사

한국역사연구회시대사총서를 발간하며

절망과 희망이 교차하던 격동의 1980년대, 그 끝자락인 1988년 가을, 300여 명의 소장 학자들이 '과학적·실천적 역사학'의 수립을 통해 한국 사회의 민주화와 자주화에 기여하기 위해 창립한 한국역사연구회는 이제 700여 명의 학자들이 참여하는, 명실상부하게 한국 역사학계를 대표하는 학회로 성장했다.

그동안 연구회는 공동연구라는 새로운 연구 방식을 통해 130여 회가 넘는 연구 발표회를 가졌으며 50여 권의 학술서와 대중 역사서를 간행했다. 《한국역사》, 《한국사강의》 등의 통사를 발간해 한국사를 체계화하고 《한국역사입문》 등의 연구입문서를 출간해 해방 이후 학계의 연구 성과들을 정리했으며, 《1894년 농민전쟁연구》, 《한국현대사》, 《역주 여말선초 금석문》 등 전문 연구서와 자료집을 발간해 한국사 연구에 기여했다.

또한 《조선시대 사람들은 어떻게 살았을까》를 시작으로 전 시대에 걸쳐 '어떻게 살았을까' 시리즈를 발간함으로써 생활사 연구와 역사 대중화에 기여했으며, 회지 《역사와 현실》은 다양한 기획과 편집으로 인문학 분야 학술지의 새로운 전형을 만들어냈다.

이제 연구회가 창립된 지도 한 세대가 지났다. 그동안 세계뿐만 아니라 한국 사회도 크게 변화했으며 학계에도 적지 않은 변화가 있었다. 연구 경향도 이전의 운동사·사회경제사 중심에서 문화사·생활사·미시사로, 그리고 최근에는 생태환경사·개념사·관계사에 이르기까지 사고와 연구의 폭을 넓혀 나가고 있다. 아울러 연구 대상 시기와 학문 간의 벽을 허무는 학제 간 연구도 활발하게 이루어지고 있다.

역사는 '현재와 과거의 대화'라고 했다. 현재의 입장에서 과거를 고찰하고 그를 바탕으로 미래를 전망하는 것이다. 역사가는 이를 이루기 위해 역사를 부단히 새로 써야 한다. 이러한 취지에서 한국역사연구회는 새로운 시각에서 한국 역사를 고대부터 현대까지 시대별로 조망해 보는 '시대사'를 발간하고자 한다.

시대사를 편찬하자는 이야기는 통사인 《한국역사》를 간행하고 나서부터 줄곧 나왔으나 구체적인 편찬 작업에 들어간 것은 2002년부터였다. 이후 '시대사 편찬위원회'를 구성하여 집필 원칙과 편찬 일정을 정하고 고대·고려·조선·근대·현대 등 각 시대별로 팀을 만들어 기획안을 마련하고 그에 맞는 필자를 선정하여 집필에 들어갔다. 또한 들어온 원고들은 팀별로 수차례의 검토와 수정 과정을 거쳤으며 그 과정에서 열띤 토론이 벌어지기도 했다.

60명에 가까운 필자들이 참가하여 공동 작업으로 열 권의 책을 만들어내는 일은 지난한 과정이었다. 다양한 필자들의 의견을 조율하고 모으는 작업부터 집필된 원고를 꼼꼼하게 검토하고 수정하는 작업과, 완성된 원고가 출판사에 넘어가 출판하는 작업에 이르기까지, 우여곡

절이 없지 않았다.

연구회 창립 이듬해인 1989년 '베를린 장벽의 붕괴'가 상징하듯이 세계는 동구 사회주의 국가들의 개혁과 개방으로 냉전이 종식되면서 체제와 이념의 대립보다는 화해와 교류의 방향으로 나아가며 21세기를 맞이했다. 한반도도 1998년 '현대 정주영회장의 소떼 방북'과 2000년 남북정상회담을 계기로 남과 북이 화해와 교류·협력의 방향으로 나아갔다.

그러나 21세기도 15년이 지난 지금, 세계는 다시 대립으로 치닫고 있다. 이스라엘과 팔레스타인의 분쟁, 미국과 알카에다 등 이슬람 진영과의 대립, 시리아 내전과 이슬람국가(IS)의 등장 등 중동 내부의 갈등과 분쟁, 러시아와 우크라이나의 분쟁 등이 계속되고 있고, 동북아시아에서도 역사 갈등과 영토 분쟁이 치열하게 전개되고 있다. 이전과 차이가 있다면 이념 대립보다는 종교·문명 대립의 성격이 크다는 것이다.

그렇다면 한국 사회는 어떠한가. 안타깝게도 한국 사회는 시대착오적인 이념과 지역 갈등이 여전한 가운데 신자유주의로 인한 경제적·사회적 양극화가 빠르게 진행되며 세대와 계층 갈등까지 심화되고 있다. 그리고 천박한 자본주의의 이윤 논리와 정치와 사회 간에 부정부패의 사슬에 의해 일상생활의 안전까지도 위협받고 있다.

인간에 대한 예의와 배려가 사라진 사회, 국가가 책임져야 할 안전과 복지도 국민 스스로 해결해야만 하는 사회, 정의는 실종되고 신뢰와 희망 대신 불신과 체념만이 가득 찬 사회에서 과연 역사학은 어떠한 역할을 할 수 있을 것인가? 책을 낸다는 기쁨보다는 역사학자로서의 책임감이 더 무겁게 다가온다. 이 '시대사' 시리즈가 한국 역사의 체계화에 기여하고 독자들에게는 험난한 세상을 헤쳐 나가는 데 조그마한 도움이 되었으면 하는 바람이 간절하다.

그동안 시대사를 기획하고 집필과 교열에 참여해 준 연구회원 여러분에게 진심으로 감사드린다. 아울러 책이 나오기까지 지원을 아끼지 않고 인내를 가지고 기다려 주신 푸른역사의 박혜숙 사장님, 규모와 격조 있는 책으로 만들어 주신 편집부 여러분에게 진심어린 감사의 말씀을 드린다.

2015년 5월
한국역사연구회

머리말

촛불이 광화문에 모여 새로운 역사의 물결을 이루어 가고 있다. 우리는 시간이 지나면, 또다시 이 모습을 '역사'로 기억하고 평가할 것이다. 지나간 시간은 현재의 우리와 연결되기에 의미가 있다.

그렇다면 고려시대는 우리에게 어떤 의미를 지니고 있을까? 이것은 오래전부터 이 시대를 공부하는 학자들에게 중요한 물음이었다. 하지만 의미를 묻기 전에 대중에게는 고려시대의 실제적 모습을 이해할 수 있는 정보부터 상당히 부족했다. 이를 설명하려는 많은 선배학자의 노력에도 불구하고, 그 실제 모습과 이미지는 생각보다 선명하지 않았다. 노력의 부족 탓이 아니라 고려시대의 자료와 정보가 생각보다 적기 때문이다. 《고려사》와 《고려사절요》, 그리고 묘지명과 개인들이 남긴 문집 등이 우리가 고려시대를 이해하는 정보의 기초다. 비록 약간의 고문서가 여기에 더해지긴 하지만, 당시의 생생한 모습을 이해하기에는 턱없이 부족한 느낌이다.

특히 고려시대에 남겨진 시각 자료는 고구려의 고분 벽화와 같은 생생한 생활상을 담고 있는 것보다 주로 불화佛畵였다. 그래서 고려시대의 모습과 이미지는 대중에게 잘 그려지지 않는다. 더구나 수도인 개경(개성)은 분단 상황으로 쉽게 오갈 수 없는 곳이 되어 버렸다.

이러한 고려시대를 어떻게 설명할 수 있을까? 이것은 고려시대사를 쓰려는 필자들의 공통된 고민이었다. 이 때문에 시대사가 어떤 모습으로 만들어질 것인가에 대한 논의가 오랫동안 진행되었다. 매달 한 번씩 열리는 한국역사학회 중세1분과 총회에서 이 문제로 1년 동안 많은 논의가 있었던 것으로 기억한다. 고려시대 전반에 관한 책은 논의 당시에도 몇 가지가 있었다. 그렇다면 새롭게 낼 책은 기존 책들과 어떻게 달라야 할 것인지, 또한 대중성을 어떻게 갖출 것인지를 고민하여야 했다. 그 결과 2009년 개략적인 목차와 필자들이 정해지게 되었다. 아주 오랜 고민의 결과지만 이 내용이 최선이라고까지 선뜻 말할 수 없었다. 다만 우리가 할 수 있는 최선에 근접하려 노력했다는 점은 분명했다.

이 책에서는 국내와 국제 정치, 중앙과 지방의 통치 방식, 경제와 사회적 모습, 종교와 이념을 중심으로 서술 분야를 나누었다. 이렇게 분야를 나눈 것은 어쩌면 정치, 경제, 사회, 문화라는 전통적인 방식에 의한 것이라고 할 수 있다. 여기에는 나름의 이유가 있었다. 이런 분류 방식이 대중에게 익숙하다는 점이 그 이유 중에 하나였다. 또한 이 책은 한 사람의 필자가 아닌 여럿이 참여하는 저술이다. 이 경우에 각 분야를 위와 같이 나누는 것이 서술에 효율적이라는 점도 고려했다.

그리고 가능하면 최신의 연구 성과를 쉽게 풀어서 책에 반영하려고 했다. 고려 국왕의 위상 문제나 정책 결정 과정 등을 넣은 것이 그러한 예다. 물론 각 분야에서도 새로운 성과들이 서술에 녹아 들어갔다. 다만 결론이 나지 않은 논쟁 부분은 양쪽 학설을 모두 서술하기도 했다. 그만큼 고려시대에는 아직 밝히지 못한 문제가 많이 남아 있지만 고려시대의 실제 모습을 가급적 많이 담으려 했다.

우선 정치 분야에서는 정치 세력의 변화를 중심으로 고려시대 전체를 개괄했다. 일관된 정치 세력의 분류 방식을 정하는 것이 쉽지 않지만 그런 점은 현대 정당 정치에서도 볼 수 있는 현상이다. 그리고 중앙의 정치 구조가 어떠했는지를 제도적 측면에서 살펴보았다. 국정 운영이 국왕을 통해 어떻게 이루어지는지를 이 책에서 볼 수 있을 것이다.

지방 통치가 제도적으로 구현되는 방식은 고려가 조선시대와 다른 특징을 알 수 있는 부분이다. 지방 제도는 고려시대 내내 지속적으로 변화해 갔고, 이런 변화상을 따로 설명했다.

또한 정치와 관련해 고려시대 국제 관계 문제를 별도로 다루었다. 특히 고려시대에는 대외 전쟁이 많았다. 그뿐만 아니라 고려는 평화기에 유연한 외교 자세를 통해 동아시아의 한 축으로 기능했다. 이 책에서는 이런 국제 관계의 특징과 고려의 대응이 잘 드러나도록 했다.

경제 분야는 가장 핵심인 토지 제도를 중심으로 살펴보았다. 토지는 산업의 가장 중요한 생산 요소이면서, 신분을 뒷받침하는 기반이기도 했다. 이런 토지에서 거두는 조세와 이후의 개혁 문제까지 포괄하려 노력했다.

또한 고려시대의 사회상도 살펴보았다. 사회적 접근의 핵심은 신분에 있지만, 사회를 이루는 최하 단위인 가족을 빼놓을 수 없다. 가족의 구성과 특징은 한 시대를 설명하는 중요한 지표이기 때문이다. 따라서 이 책에서는 가족 문제를 비중 있게 다루었다.

그리고 종교와 정치 이념으로 각각 불교와 유교로 접근하려 했다. 중세 사회 인간들의 관념 속에서 종교는 많은 비중을 차지한다. 고려시대 역시 중세이기 때문에 이 점에서 자유로울 수 없다. 특히 유교의 비중이 점차 커지는 시기였지만 불교는 여전히 민심을 다독이는 중요한 역할을 했다. 따라서 불교는 충분히 살펴야 할 주제다. 이런 불교의 시대적 변화가 이 책에서 다루어지고 있다.

그렇다면 정치 이념으로 유교는 고려 사회에 어떤 영향을 미쳤을까? 이를 이해하기 위해 태조의 〈훈요십조〉 이래 최승로의 〈오조정적평〉과 〈시무 28조〉, 천명사상과 왕도정치, 성리학으로 이어지는 유교의 흐름을 이해할 수 있도록 했다. 조선 왕조 유교의 이전 단계의 모습을 여기서 확인할 수 있을 것이다.

각 분야에서 다루고 있는 주제는 대략 이상과 같다. 가능한 한 쉬운 서술로 대중에게 접근하려 했지만, 여러 부분에서 한계도 있을 것이다. 이 책의 원고는 현재까지의 고려시대 전공자들의 연구 업적 위에서 가능한 것이었다. 하지만 독자들의 편의를 위해 원래 있었던 인용주를 모두 생략하고 성과를 직접 언급하지 않았다. 다만 참고문헌에 주요한 업적들을 소개하는 것으로 가름했다. 지면으로나마 감사의 인사를 드린다. 역사 저술은 아무런 배경 지식 없이 쉽게 읽히기는 어렵다. 과거의 용어와 사실에 익숙지 않은 탓이다.

특히 이 책은 기획부터 시작하여 원고화 단계를 거쳐 출간되기까지 많은 시간이 소요되었다. 여러 상황이 겹치면서 출간이 늦어졌다. 변명하고 싶지 않지만 이 때문에 새로운 경향의 학설을 여기에 반영하는 데 미흡한 부분도 있을 것이다. 이런 점은 독자들의 양해를 구하고자 한다.

  한국 중세를 대표하는 고려시대를 이 책 한 권만으로 이해한다는 것은 불가능에 가깝다. 그저 몇 가지 중요한 시대적 특징을 약간이라도 파악할 수 있었으면 하는 바람이다. 그러한 작은 소망으로 이 책을 지금 내놓는다.

2017년 12월

저자 일동

차례

한국역사연구회시대사총서를 발간하며 5
머리말 9

가족, 친족 그리고 신분
―고려 사람들은 어떻게 살았을까 16
_이종서
가족 관계 | 수평적 부처 관계 | 친족 관계 |
신분 | 고려시대 신분제의 주요 쟁점

토지 소유와 중세적 토지 지배 관계
―백성과 국가의 근본, 토지와 농업 80
_박진훈
농업과 토지 | 토지 소유 | 토지의 경작과 지대 | 토지 파악과 조세 부과 |
수조권의 지급과 운영 | 토지 제도의 변화와 개혁론

불교사상과 교단
—고려 불교의 성립과 변화 130
_강호선

고려의 성립과 불교 교단의 정비 | 귀족불교의 융성과 교학불교의 발달 |
고려 후기 결사불교의 전개 | 불교계의 변질과 배불론

중세 통치규범으로서의 유교정치사상
—유교, 하늘과 땅 그리고 인간에게 왕도를 묻다 200
_한정수

〈훈요십조〉체제 구상과 유교 사상 | 천명사상과 왕도 정치의 제시 |
왕도 정치론의 전개와 국가의례 | 시대 전환과 유학의 성격 변화 |
고려시대 유교 사상에 나타난 특징

참고문헌 254

연표 263

찾아보기 269

天寺主則可倒戈輔國
妓紫雲仙上林紅于
丹兵驍勇者
自恣與妓為亂者
可用忠獻

고려시대에 가족과 신분은 일가분의 관계였다. 모든 혈연계통을 통들어 인식함으로써 아버지와 어머니가 동등하게 여겨졌고, 조상이나 후손의 개념도 부계와 모계를 포함하는 모든 혈연의 갈래를 포괄했다. 고려인들은 혈연의 갈래 중에서 음서나 상속 등의 면에서 자신에게 이익이 되거나 의미 있는 계보를 추적하고 갈무리했다. 권리와 의무가 남·녀 모두 자신의 친족에게 집중되었으므로, 딸과 함께 사는 솔서혼이 보편화되었고, 자·녀의 권리가 동등했으므로 균분 상속이 이루어졌다. 부·처의 동등한 위상은 부처 형태를 구조적인 일부일처제로 귀정시켰다. 부·모가 모두 지배층이어야 자녀도 지배층으로 인정되었으므로, 부모의 신분에 차이가 있으면 자녀는 낮은 신분이 되었다. 이로부터 양반처럼 합품제의 적용을 받는 중간 신분이 형성되었다. 또산 부곡 등 특수행정구역과 일반주현민, 성골 향리와 일반민 사이에도 신분적 격차가 현저히 고려의 신분제는 다원적이고 중층적인 구조가 되었다. 고려 고위관료의 성격에 대해서는 귀족제설과 관료제설의 논쟁이 지속되고 있다.

가족, 친족
그리고 신분

고려 사람들은 어떻게 살았을까

가족 관계

솔서혼의 보편성과 거주처 선택의 자율성

　가족은 사회 조직의 최소 단위다. 가족의 구성 원리와 특징은 해당 사회의 구성 원리와 특징으로 이어진다. 신분제 사회에서는 가족을 구성하는 원리가 신분을 결정하는 원리와도 관계된다. 따라서 가족을 이해하는 것은 해당 사회를 이해하는 지름길이라고 할 수 있다. 가족의 구성 원리와 특징을 잘 보여 주는 가족 형태는 3세대로 구성된 가족이다. 3세대 가족은 남편과 아내, 이들의 자녀 그리고 남편 혹은 아내의 부모로 이루어진다. 남편과 아내 중 누가 배우자의 부모와 동거할 것인가는 혼인 후의 거주 관행이 결정한다. 그간 호적 자료의 기재 내용을 근거로 고려의 가족 구성을 확대 가족이나 대가족으로 보는 견해가 우세했으나, 고려 호적은 혈연 관계의 기록으로 가족 구성을 반영하는 것이 아님이 밝혀졌다.

　고려시대의 가족은 기본적으로 부부와 미혼 자녀를 기본 단위로 하는 소가족이었다. 고려에서는 주로 남성이 처가로 이동해 장인과 사위, 외조부와 외손자가 동거했다. 이러한 거주 관행을 서류부가혼婿留

婦家婚 또는 솔서혼率壻婚이라고 한다. 이 제도는 고구려 서옥제壻屋制에서 유래한 것으로 일정 기간이 지난 뒤 처를 데리고 돌아가는 방식이었다. 고려의 솔서혼 관행은 이러한 서옥제와는 달랐다. 고구려의 서옥제는 부계 거주율에 따른 것으로 부계 의식이나 부계 집단의 존재를 반영하는 반면, 고려에서는 혼인 이후의 이주에 일정한 법칙이 적용되지 않기 때문이다. 고려 남성들은 관습상 처가로 장가를 들었지만 이후의 거주는 처가에서 평생을 살거나 친가로 이동하거나 제3의 장소로 이동하는 등 일정한 법칙이 없었다. 고려의 혼인 후 거주 관행은 부계나 모계처럼 특정 혈연을 중시하는 원리가 적용되지 않았다. 다만 사위가 처가에서 장기간 거주하는 관행은 사위와 장인 장모의 관계를 매우 친밀하게 만들었다. 이러한 친밀감은 당시의 법제에도 반영되었다.

1019년(현종 10)에 성립한 규정에 따르면 과거 급제자의 부모는 지방관이 주최하는 연회에 참석해 축하를 받았다. 그런데 부모가 없으면 처부모가 대신 축하를 받았고, 처부모도 없으면 큰아버지나 작은아버지가 축하받도록 했다. 장인 장모를 부모 다음으로 친밀하게 여기는 정서가 이러한 규정을 성립시킨 것이다. 무신 집권기에는 중국에서 시마緦麻(3개월)에 불과한 장인의 상복 제도를 자최齋衰(1년)로 격상시켰다. 성종이 중국의 '오복제五服制'를 도입했지만 친족질서의 상이함 때문에 고려의 현실에 맞게 고쳐 시행한 것이다. "장가를 가서 처가에 있으며 내 몸에 쓰이는 것을 처가에 의지했으니 장인 장모의 은혜가 부모와 같다"는 이규보李奎報의 표현은 이규보뿐 아니라 고려 사회 전체에 적용된다.

솔서혼 중에서 어린 나이에 처가로 들어가 성장한 후 혼인하는 데릴사위혼도 성행했다. 고려 후기에 몽골인 탈타아脫朶兒가 아들을 고려 재상의 딸과 혼인시키려 했다. 재상의 집에는 이미 데릴사위가 있었지만 탈타아의 해코지가 두려워 집을 나갔다. 《고려사高麗史》에서는 이 사실을 기록하면서 데릴사위 풍속을 '국속國俗'으로 표현했다. 데릴사위혼은 궁중에서도 행해졌다. 궁중에서 길러진 허종許悰은 충선왕의 딸 수춘옹주壽春翁主와 혼인했다. 이렇듯 딸을 아끼는 고려인의 감정은 이곡李穀이 원元에 보낸 글에서 잘 드러난다. 그는 공녀貢女를 징발하지 말 것을 요청하면서 아들을 내보내고 딸의 봉양을 받는 관습과 이에 기인한 딸에 대한 애정을 진술했다.

고려의 풍속은 차라리 아들을 따로 살게 할지언정 딸은 내어 보내지 않음이 진秦의 췌서贅壻와 비슷합니다. 무릇 부모를 봉양하는 것은 딸이 맡아 하는 일입니다. 그러므로 딸을 낳으면 아끼고 힘쓰며 자라서 잘 봉양하기만을 밤낮 바라는데 하루아침에 품 안에서 빼앗아 4000리 밖으로 보내니 …… 부모와 종족이 서로 모여서 밤낮으로 울어 곡성이 끊어지지 않고, 국문國門(원)에 보냄에 이르러서는 옷자락을 붙잡고 발을 구르며 넘어져서 길을 막고 울부짖다가 슬프고 원통하여 우물에 몸을 던져 죽는 자도 있고, 스스로 목매어 죽는 자도 있으며, 근심과 걱정으로 기절하는 자도 있고, 피눈물을 쏟아 눈이 먼 자도 있습니다.

딸 부부와 동거하는 풍습에서 외손의 탄생은 큰 경사였다. 무신 집권기에 금의琴儀는 외손이 태어나자 축하 잔치를 베풀었다. 이 자리에 참석한 이규보는 "외성外姓으로 훌륭한 사위를 안 맞았으면 / 손자로 특이한 아이를 어찌 보았을까"라는 내용의 축시를 선물했다. 외조와 외손 사이의 친밀감은 중국에서는 소공小功(5개월)에 불과한 외조의 상복제를 친조부와 동일하게 자최로 올리도록 만들기도 했다.

고려에서는 이 같은 솔서혼 관행으로 사위와 장인, 부모와 딸, 외조와 외손 간의 친밀감이 매우 높았다. 고려의 남성은 외조부모 슬하에서 유년기를 보낸 뒤 장가를 가서 처부모를 모시고, 노년기에는 딸 부부의 봉양을 받으며 외손의 재롱을 보았을 확률이 높았다. 이러한 거주 관행은 가치관이 개입된 제도가 아니라 누적된 경험에 기반한 경향성이라는 점에서 부계나 모계 의식이 작용한 거주 관행과는 성격이 다르다. 모계나 부계 사회에서는 특정 거주율이 개인의 기호에 앞서 당위로 설정되고 관행과 다른 거주 양상은 비정상적인 것으로 간주된다. 반면에 고려에서 솔서혼 관행은 보편적 관습일 뿐 이후의 거주처는 궁극적으로는 개인의 선택에 의해 결정되었다. 따라서 혼인 후 여자가 시가媤家로 이동하는 경우도 발생할 확률이 낮았을 뿐 솔서혼과 마찬가지로 정상적인 것이었다.

유교 윤리를 보급하고자 노력한 성종은 시어미를 잘 섬기지 않는다고 처를 버린 효자와 재혼하지 않고 시부모를 정성껏 섬긴 과부들을 찾아 표창했다. 한편 인종 대(1122~1146) 양원준梁元俊은 부인이 시어머니를 잘 섬기지 않는다고 여겨 부인을 자식도 딸리지 않고 쫓아내 사람들에게 비난을 받기도 했다. 이러한 사례는 시부모와 동거하는 가족 구성을 반영한 것이다. 특히 향리나 역민驛民처럼 한 지역에 고정되어 지위와 업무를 세습하는 계층일수록 며느리와 시부모가 동거하는 경우가 많았을 것으로 보인다. 아버지에서 아들로 이어지는 직역 계승 원리는 부자가 동거할 필요성을 높였을 것이기 때문이다. 특히 지역 간 혼인이 이루어지면 처가 시가로 이동했을 것이다. 성종에게 표창을 받은 효자는 역민驛民이었고, 처를 내쫓은 양원준은 충주의 서리 출신이었다. 전체적으로는 딸 부부와 사는 솔서혼이 우세했지만, 딸이 없거나 특수 직역을 담당하는 등의 요인으로 인해 솔서혼과 반대되는 방식의 거주 또한 적지 않았고 계층별 편차도 컸다고 보인다.

따라서 처부모와 사위, 외조부모와 외손 간의 친밀감은 시부모와 며느리, 조부모와 친손 사이에도 발생할 수 있었다. 통념상 외조-외손 관계와 조부-친손 관계를 동등하게 여기는 가운데 삶의 조건과 경험에 근거해 현실적인 친밀감이 결정되었기 때문이다. 이러한 점에서 솔서혼 관습에 기인한 처가 거주의 보편성과 자율적인 선택에 기인한 거주처의 다양성을 고려 거주 관행의 특징으로 꼽을 수 있다.

자녀 간 균분 상속 관행

고려인들의 외가에 대한 친밀감은 처가 거주 관행에 의해 성립한 개연성일 뿐, 본원적이거나 구조적인 것은 아니었다. 이데올로기에 의해 남성 쪽의 혈통을 더 중히 여긴다거나 관습에 의해 외가를 더 중히 여겨야만 하는 것이 아니었기에 조부와 외조부, 손자와 외손자는 통념상 동일한 위상을 지녔다. 이러한 바탕 위에 자녀 균분 상속이 이루어졌다.

분재와 관련한 고려시대 생활 문서는 남은 것이 거의 없어 상속 방식과 내역을 구체적으로 확인하기는 어렵다. 다만 문집과 사서史書에 균분 상속 관행을 알려 주는 몇 건의 사례가 전한다. 이 중 손변孫抃의 사례는 균분 상속 관행뿐 아니라 아들과 딸에 대한 당시의 통념을 잘 보여 준다.

손변은 고종 대(1213~1259)에 경상도 안찰부사가 되어 남매간의 해묵은 송사를 해결했다. 소송은 남매의 아버지가 모든 재산을 딸에게 주고 어린 아들에게는 예복禮服과 종이 한 권만을 준 것이 발단이 되었다. 장성한 남동생은 '같은 부모에게서 태어났는데 어찌 누이만 부모의 재산을 얻고 동생에게는 나눔이 없는가'라며 분배를 요구했고, 누이는 '문서가 있는데 어찌 어기겠는가'라며 거절했다. 이에 손변은 어머니가 먼저 죽었으며 아버지가 죽을 때 딸은 이미 장성해 혼인했고 아들은 어렸던 사정을 확인했다. 그리고 아버지가 딸에게 전 재산을 준 것은 딸이 재산에 욕심을 내 동생을 잘 기르지 못할까 염려해서이고, 아들에게 예복과 종이를 남긴 것은 후일 관에 고하도록 계획한 것이라고 풀이했다. 이 말에 남매는 승복했고, 손변은 가산을 중분中分해 주었다.

이때 손변은 '부모의 자식에 대한 마음은 고른 것이다', '만약 유산을 누이와 똑같이 주면'이라는 표현을 사용했다. 이 말은 고려인의 통념을 대변하고 있다. 성별이나 연령과 관계없이 누구나 동일한 몫을 받아야 한다고 여긴 것이다. 손변은 이러한 통념에 기반해 남매에게 재산을 '중분'해 주었다. 손변은 합법적이기는 하나 관행에 위배되는 재주財主의 행위를 당시의 통념에 맞게 지혜롭게 해결해 후세에 이름을 남겼다.

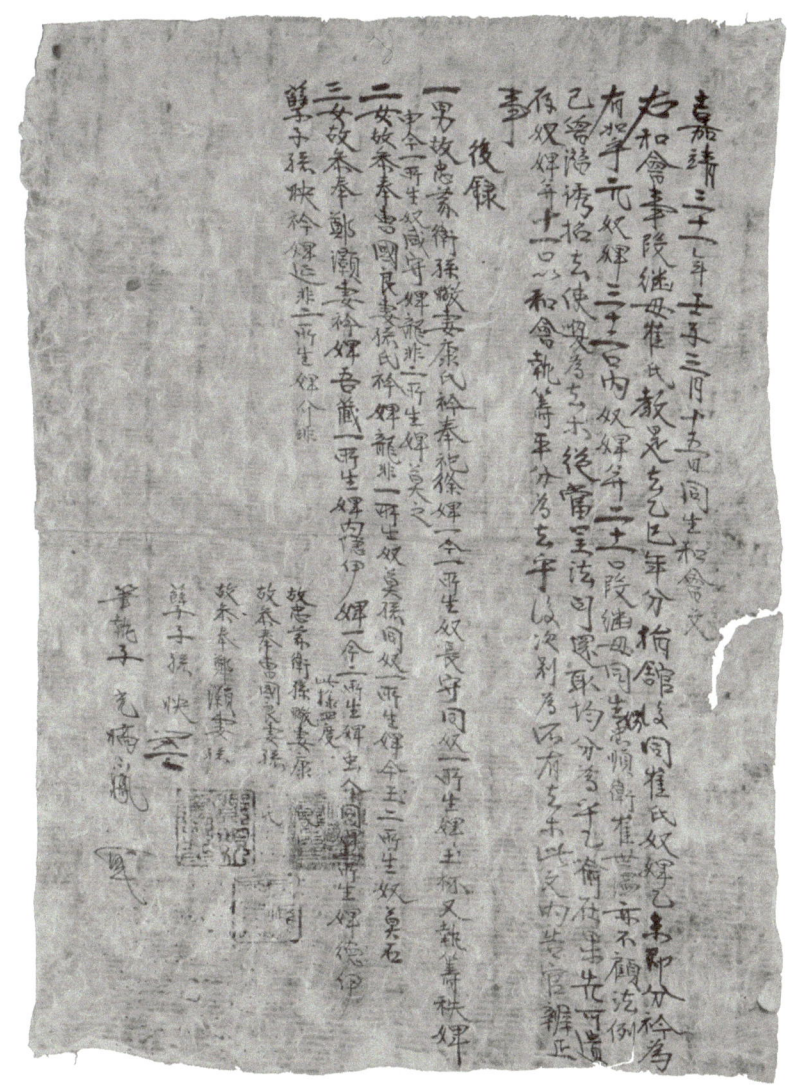

손씨남매화회문기 1552년에 손씨 3남매가 사망한 계모 최씨의 노비를 나누면서 작성한 문서다. 계모 최씨는 모두 32구를 남겼는데 이 중 21구를 최씨의 동생 최세온이 데려갔다. 이에 전처 자녀는 남은 11구를 제비뽑기[執籌] 방식으로 균등하게 나누면서 최세온이 데려간 노비도 소송하여 찾아오기로 결의했다. 고려시대였으면 21구는 물론이고 11구도 모두 최세온의 소유가 되었을 것이다.

가족, 친족 그리고 신분

균분을 당연시하는 인식은 고려 후기 나익희羅益禧의 사례에서도 확인된다. 나익희의 어머니는 6남매 중 독자이던 그에게 별도로 노비 40구를 더 주려 했다. 그러나 나익희는 '받아서 어찌 어머니의 은혜에 누가 되게 하겠습니까' 라며 사양했다. 나익희의 이와 같은 말에서 재산을 적게 받은 자식이 부모를 원망할 개연성을 인정했던 당시의 정서를 읽을 수 있다. 그리고 조선 전기, 특히 15세기의 분재 문서는 균분 상속 관행의 내용과 정도를 극명하게 보여 준다. 15세기 문서는 부모의 생존 여부와 관계없이 철저하게 균분한 내역을 담고 있다. 조선의 기본 법전인 《경국대전經國大典》의 상속 관계 법령도 균분을 전제하고 있다. 비록 승중자承重子에게 5분의 1을 더 주도록 규정했지만 규정에 그칠 뿐 15세기 문서에서 이러한 예는 확인하기 어렵다.

승중자
조상의 제사를 받드는 사람으로 대개 적장자를 가리킨다.

수평적 부처 관계

관계의 수평성과 역동성

고려에서는 남자가 처가로 장가를 들었으며, 자녀 균분 상속이 이루어졌다. 고려의 혼인은 일방이 타방에 귀속되는 것이 아니라 각자의 친족 관계와 재산을 유지한 채 일대일로 결합하는 방식이었다. 이에 따라 혼인 전후를 막론하고 부처夫妻의 권리 의무 관계는 각자의 혈연에 집중되었다.

1210년(희종 6)에 사망한 정씨鄭氏의 묘지명에는 "종족宗族 중에 부인에게 의뢰하여 벼슬에 올라 현달한 자가 많다"는 기록이 있다. '종족'은 정씨의 친족으로 이들이 정씨의 남편 호부시랑 노관盧琯의 힘을 빌려 관직에 진출했다는 뜻이다. 이는 여성이 혼인 관계를 이용해 혈족의 영달을 도모하는 것을 당연하게 여겼음을 알려 준다. 이색李穡도 민사평閔思平 외동딸의 묘지명을 지으면서 그녀를 기리는 주된 내용으로 친정 부모에 대한 지극한 효도를 열거했다. 그녀는 부모를 극진히 섬겨 '종족'의 칭찬을 받았고, 홍건적의 난에 어머니를 모시고 피난해 10여 년 동안 모셨으며, 아들과 사위가 서울로 돌아올 것을 청하자 '어머니 무덤을 보살필 사람이 없다'며 거절했다.

1218년(고종 5)에 사망한 조씨趙氏는 어머니를 여의고 외가에서 자랐고, 남편과 사별한 뒤 남동생의 보살핌을 받았다. 묘지명에서는 그녀의 일생을 '유년기에는 외조부가 자식처럼 사랑했고, 중년에는 남동생이 어머니처럼 섬겼으며, 만년에는 아들과 사위의 봉양을 풍후하게 받았다'고 압축해 표현했다. 이곡은 젊어서 과부가 되어 재혼하지 않은 '절부節夫' 조씨曹氏의 일생을 기록했다. 그녀는 열세 살에 혼인해 딸을 낳은 뒤 시아버지와 남편이 전쟁에서 죽자 언니에게 의탁했다. 딸이 혼인한 뒤에는 딸에게 의탁했으며 딸이 외손을 남기고 죽자 외손녀에게 의탁했다.

여성은 솔서혼과 균분 상속 관행에 기인한 수평적인 지위와 권리를 이용하여 남편의 행위에 적극 개입하고 심지어 남편을 폭행하기까지 했다. 이의방李義方과 이준의李俊儀 형제가 궁중에서 다투자 정중부鄭仲夫는 궁중에서 다투었다는 이유로 이준의를 죽이려 했다. 그러나 정중부의 부인이 사람을 보내 '이의방 형제의 일이 당신과 무슨 상관이냐'고 따져 이준의는 죽음을 면할 수 있었다. 고려 말에 개성윤開城尹을 지낸 홍수로洪壽老는 질투하는 부인이 휘두른 목판에 맞아 허리가 부러져 죽었다. 부인도 감옥에서 죽었다. 최운해崔雲海의 처 권씨權氏는 질투가 심하고 행패가 몹시 심했다. 최운해의 얼굴에 상처를 내고 옷을 찢었으며 그의 활을 꺾어 버리는가 하면 칼로 말을 찌르고 개를 쳐서 죽였다. 이어 최운해마저 치려 하자 최운해는 도망하여 겨우 해를 면했다.

홍수로와 최운해의 경우는 당시로서도 드물었을 것이다. 그렇지만 최고위 지배층에서 부인이 남편을 공공연히 폭행하는 일이 발생할 수 있었던 것은 부부 관계의 수평성에 기인한다. 혼인을 일방이 타방에 귀속되는 행위로 여기지 않았던 것이다. 각자의 친족 관계와 재산을 유지한 채 남자가 처가로 장가드는 관행에서 확인할 수 있듯 부부 관계는 사례별로 다양한 모습을 보였다.

무신 집권기에 손변의 처는 자신이 국왕 비첩의 소생이어서 남편이 청요직에 임명되지 못하자 자신을 버리고 세족世族과 혼인하라고 권했다. 그러나 손변은 30년 동안 함께 살며 자식을 낳은 조강지처를 어찌 버릴 수 있느냐고 거절했다. 권수평權守平은 무관 말직인 대정大正에서 앞날의 출세가 보장된 견룡牽龍으로 발탁되었으나 가난하여 필요한 기물을 갖출 수 없었다. 이에 친구들이 처를 버리고 부잣집에 다시 장가들라고 권했으나 듣지 않고 견룡직을 사양했다. 임연林衍은 조문주를 죽인 뒤 나유羅裕에게 조문주의 딸을 버릴 것을 강요했으나 나유는 이를 거부했다. 이후 삼별초의 난으로 처가 잡혀 가면서 나유는

견룡
국왕을 호위하던 숙위군을 말한다.

최루백 처 염경애 묘지명 남편 최루백이 직접 지은 처 염경애의 묘지명이다. 가난한 하급 관리 시절에 근실하게 뒷바라지를 했는데 높은 벼슬을 받자 곧 사망한 것을 슬퍼했다. "감히 잊지 않을 것을 맹세하며 같은 구덩이에 묻히지 못하는 것을 애통해한다"는 표현이 있다.

다시 혼인했는데 난이 진압되자 먼저 적중에 들어가 처를 찾아 다시 부부가 되었다. 이규보는 '혼인한 이래 다른 여자를 범한 일이 없다'는 윤위尹威의 말을 기록한 뒤 '이 역시 사람마다 하기 어려운 일'이라고 평했다.

부인이 남편의 일에 깊이 개입해 심지어 남편을 폭행하는가 하면 반대로 지극한 애정을 보이는 이 같은 사례들은 부처 관계의 선택 폭이 매우 넓었음을 알려 준다. 쌍방이 대등한 가운데 부처의 성격과 처한 조건 등에 의해 심한 갈등이나 지극한 애정이 거리낌 없이 외부에 노출되었다. 고려시대 남편이 죽은 부인에게, 부인이 죽은 남편에게 바친 제문에는 '창자가 끊어지고 눈물이 쏟아지는', '간 사람은 유감이 없지만 남은 사람은 오직 눈물뿐인' 슬픔과 그리움이 담겨 있다.

구조적 일부일처제와 다처제의 가능성

자녀 균분 상속과 솔서혼 관행을 고려하면 고려에서 한 남성이 여러 명의 처를 얻는 것은 사실상 불가능했던 것으로 보인다. 이에 근거하면 고려의 부처 형태는 일부일처였다고 할 수 있다. 그런데 실제로는 여러 명의 처를 둔 사례가 확인된다. 가장 뚜렷한 사례로는 국왕을 들 수 있다. 역대의 고려 국왕들은 대부분 후비를 여럿 두었다. 지배층에서도 다처 사례가 확인된다. 전기에는 극히 드물게 확인되지만 후기로 갈수록 크게 증가한다. 고려 후기에 다처 사례가 증가한 원인은 분명치 않다. 몽골의 영향이나 지방 출신 인사의 활발한 정계 진출 등 고려 전기와 다른 사회 환경이 작용했을 가능성이 있다. 따라서 고려의 부처 형태는 구조적 면에 근거하면 일부일처제로, 실제 사례에 근거하면 일부다처제로 볼 수 있다.

그런데 고려에서 부처 형태를 종교 교리나 윤리 및 이에 근거한 법제로 규제한 흔적은 보이지 않는다. 국왕의 판지判旨를 포함한 어떠한 법률에도 부처 형태는 규정되어 있지 않다. 이는 고려의 부처 형태가 궁극적으로 현실 조건과 개인의 성향이 작용해 결정되었음을 시사한다. 거주 관행과 마찬가지로 개별 사례가 집적되어 보편성과 경향성을 띨 뿐 일부일처든 일부다처든 궁극적으로 개인의 선택에 달려 있는 것이다. 이런 점에서 고려의 부처 형태를 어느 한쪽으로 판정하기보다 일부일처가 대부분인 가운데 다처 사례가 소수 나타나는 이유를 이해할 필요가 있다.

부처 형태가 현실 조건과 개인의 선택이 작용해 결정되었음은 역대 국왕의 혼인 사례에서 확인할 수 있다. 고려 태조가 29인의 후비를 둔 이래 전기의 국왕들은 대개 두 명 이상의 후비를 두었다. 후비들 사이에 처·첩의 구분은 없었다. 지배 신분 출신이라면 누구나 순차적으로 승급하여 '왕후王后'의 지위에 오를 수 있었다. 이러한 부처 형태는 다처제에 해당한다. 그러나 모든 국왕이 다처를 취한 것은 아니었다. 숙종은 명의태후明懿太后 유씨柳氏 외에 다른 후비를 두지 않았다. 국왕이 단 한 명의 후비만을 취한 사례는 무신 집권기에 두드러진다. 이 시기에 재위한 국왕 6인 중 후비가 2인 이상 기록된 경우는 강종과 원종뿐이다. 장기간 후비 없이 지낸 국왕도 있다. 명종은 즉위 전에 이미 부인과 사별하고 27년의 재위 기간 동안 '궁인'을 사랑하며 보냈다. 고종의 후비는 고종보다 26년 먼저 죽었다. 후비가 2인이라고 기록된 강종과 원종도 사실상 일부일처의 형태였다. 강종은 억지로 혼인한 이의방의 딸이 궁에서 쫓겨난 지 40여 년 만에 후비를 취했고 원종도 후비 사망 후 다시 맞아들였다. 따라서 인질을 보내라는 몽골의 요구에 '우리 법은 비록 위로 임금일지라도 오직 한 사람의 적실嫡室과 짝할 뿐 잉첩媵妾*이 없으므로 왕족이 번성하지 못하다'고 답변한 것은 100년 가까이 지속된 관행에 근거한 것으로 단순한 변명이 아니었다. 이처럼 고려 국왕에게서 다처의 경향성이 두드러지면서도 일처 사례가 적지 않게 발견되는 것은 국왕의 결심과 처한 상황에 따라 다양한 선택이 가능했음을 보여 준다. 따라서 고려 국왕의 부처 형태에 일부일처 아니면 일부다처라는 이분법적 분류 방식을 적용하기는 곤란하다.

국왕에게서 보이는 혼인 형태에 대한 불규칙성은 지배층에서도 확

잉첩
귀인의 시중을 드는 첩.

● 고려 역대 국왕 배우자 수

묘호	재위기간(년)	배우자(명)	묘호	재위기간	배우자(명)
태조	918~943	29	의종	1146~1170	2
혜종	943~945	4	명종	1170~1197	1
정종	945~949	3	신종	1197~1204	1
광종	949~975	2	희종	1204~1211	1
경종	975~981	5	강종	1212~1213	2
성종	981~997	3	고종	1213~1259	1
목종	998~1009	2	원종	1259~1274	2
현종	1010~1031	13	충렬왕	1274~1308	3
덕종	1031~1034	5	충선왕	1298~1313	6
정종	1035~1046	5	충숙왕	1313~1339	5
문종	1046~1083	5	충혜왕	1330~1344	4
순종	1083	3	충목왕	1344~1348	-
선종	1083~1094	3	충정왕	1348~1351	-
헌종	1094~1095	-	공민왕	1351~1374	5
숙종	1095~1105	1	우왕	1375~1388	9
예종	1105~1122	4	창왕	1388~1389	-
인종	1122~1146	4	공양왕	1389~1392	1

* 충렬왕에서 충혜왕까지 재위기간은 복위기간을 포함함.

인된다. 다만 일부일처가 보편적인 가운데 다처 사례가 소수 발견된다는 점에서 국왕과 다르다. 인종 때 사신으로 왔던 송의 서긍徐兢은 《고려도경高麗圖經》에 "부잣집에서는 처를 취하는 데 3~4인에 이르고 조금이라도 안 맞으면 이혼해 버린다"라는 기록을 남겼다. 그의 보고가 현실을 얼마나 충실히 반영하는지는 알 수 없으나 원 간섭기 이전의 사례로는 최충헌崔忠獻이 두 명의 처를 둔 것이 유일하게 확인된다. 최충헌은 강종의 서녀와 손홍윤孫洪胤의 처였던 과부 임씨任氏를 처로 맞았다.

원 간섭기에는 더 많은 사례들이 확인된다. 충렬왕 때 활동한 임정기林貞杞는 노진의의 딸을 둘째 처[二妻]로 맞았다. 반복해潘福海는 당대의 세도가이던 임견미의 딸과 혼인한 뒤 다시 유분의 딸과 혼인했다. 《고려사》에는 우왕이 반복해를 극진히 아꼈으므로 임견미는 "감히 말리지 못하고 한숨만 쉬었다"고 기록되어 있다.

나아가 이 시기에는 다처제를 제도화하려는 움직임까지 있었다. 충렬왕 때에 박유朴褕는 고려인이 처를 한 명만 얻는 것과 달리 외국에서 온 사람들은 고려 여자를 한정 없이 취해 인구가 유출될 수 있다고 걱정하며 서처제庶妻制를 제정할 것을 주장했다. 벼슬의 등급에 따라 수를 줄여 서인庶人은 1처妻 1첩妾을 두고 서처庶妻의 소생도 벼슬할 수 있게 하자는 것이었다. 그는 이러한 건의를 한 대가로 연등회에서 부녀자들에게 욕설을 듣고 손가락질을 당했다. 《고려사》의 기사는 '재상들이 처를 겁내 논의를 정지하고 시행하지 않았다'고 끝맺고 있다.

이렇듯 고려 후기에 다처 사례가 늘고 다처제가 필요한 환경이 조성되었지만 다처제를 합법화하는 법조문이 끝내 성립하지 못한 것은 관행상 일부일처가 보편적이었음을 보여 준다. 또한 국왕에게서 다처 사례가 많이 나타나고 지배층에도 소수 확인되는 것은 부처 형태가 궁극적으로 개인의 선택이었음을 알려 준다.

국왕에게는 구조적으로 자녀 균분 상속이나 솔서혼 관행이 적용되지 않는다. 국왕의 혼인은 여성이 남성에게 귀속되는 방식으로 이루어졌다. 그 결과 다수의 국왕은 후비를 여러 명 취할 수 있었다. 그러나 원치 않거나 권신에게 제약되는 등 여건이 좋지 않을 때에는 일부일처의 형태가 나타났다. 반대로 지배층 일반에서는 균분 상속과 솔서혼 관행이 남성의 자의적인 선택을 제약했다. 일방이 타방에 귀속되는 것이 아니라 각자의 재산과 친족 관계를 유지한 채 일대일로 결합했으므로 남성이 처를 여러 명 취하는 것은 구조적으로 어려웠다. 원 간섭기 이전에 확인할 수 있는 유일한 사례가 국왕을 능가하는 권력을 누린 최충헌에게서 발견되는 것도 이러한 사정을 반영한다.

원 간섭기에 다처 사례가 증가하고 다처제를 제도화하려는 움직임까지 보인 원인에 대해 《고려사》에서는 성비 불균형, 몽골의 영향 등을 들고 있다. 그러나 고려 후기의 다처 사례는 각각의 처가 재산과 가옥을 소유하고 남편은 그중 한 명과 동거하는 방식으로 실현되었다는 점에서 사회학이나 인류학에서 말하는 '다처제'와 성격이 다르다.

조선 태종 때에는 공신의 여러 처들 가운데 누구에게 봉작을 수여할지 논의하면서 다처 사례를 유형별로 나누었다. 이에 따르면 다처의 유형은 '서울[京]과 지방[外]에 두 처를 함께 둔' 경우, '도로 선처先妻와 합한' 경우, '일시에 세 처를 함께 둔' 경우로 나뉜다. 작첩과 토지는 이 중 종신토록 함께 산 후처, 도로 합해서 종신토록 함께 산 선처先妻, 세 처 중 종신토록 함께 산 처에게 주기로 했다. 여기에서 언급된 다처 사례는 남자가 여러 명의 부인과 동거하는 것이 아니다. 남성의 거듭된 '가출'로 말미암은 결과라고 표현해도 무방하다. 남자가 부인을 두고 나가서 다른 여자와 혼인함으로써 전처와는 문서상으로만 부부 관계가 유지될 뿐 사실상 이혼한 것과 다름없게 된 것이다. 일부일처를 강제하는 법도 일부다처를 용인하는 법도 없었기에 이러한 형태의 다처 사례가 발생할 수 있었다.

하지만 고려 후기에 증가한 다처 사례 역시 전체 비율에서는 극히 소수로 여전히 일처 형태가 압도적이었다. 이는 다처 사례에 대한 《고려사》의 기록 태도가 매우 부정적이라는 데에서도 확인할 수 있다. 임견미의 딸을 이처二妻로 맞은 반복해의 행적은 〈폐행전〉에 실려 있다. '폐행嬖幸'은 '국왕에게 아첨하여 출세한 소인'을 뜻한다. 또한 정통 지배층 출신의 재상들이 '폐행' 강윤충康允忠을 비난한 글에는 강윤충이 세 명의 처를 두고 또 조석견趙石堅의 처를 취해 조석견의 재산을 차지했다는 내용이 들어 있다. 〈간신전〉에 실려 있는 지윤池奫에게서는 과부의 호화로운 가옥을 노려 억지로 혼인하려다가 실패한 행적이 확인된다. 이와 같은 기록 태도는 당시 지배층에서 다처를 취하는 것을 선호하지 않았음을 보여 준다. 서처를 두자고 건의한 박유가 여인들에게 '비렁뱅이 늙은이[老乞兒]'라는 욕설을 들은 사실이 《고려사》에 기재된 데에서도 다처를 선호하지 않던 지배층의 태도를 알 수 있다.

이런 점에서 고려 전기와 후기를 막론하고 부처 형태는 구조적으로 일부일처제였다고 할 수 있다. 그러나 일부일처제가 종교 이념이나 윤리, 법제 등에 의해 강제된 것이 아니라 부부별산제와 솔서혼 관행 등이 작용한 결과라는 점에서 개인의 욕구와 조건에 따른 선택 가능성은 열려 있었다. 그렇기에 몇몇 국왕은 후비를 한 명만 두었고 지배층 내에서도 소수는 다처를 취했다. 요컨대 고려의 부처 형태는 구조

此蘭溪朴公像 公諱俊瑛文人也 公坦父諱瑛 文 陽立宮捉刑曹 大史祖諱八戊寅 一卒年公聚早歿 竹之以追樂之 常管四之古制 實公使副樂歌 以史為答之以人 系後以立蒸祖

박연 부부와 조반 부부 초상 고려에서 태어나 조선에서 사망한 조반 부부와 박연 부부의 초상이다. 고려 후기에는 중국의 영향을 받아 부부를 함께 그린 초상화가 유행했다. 부인이 화려한 복식을 착용하고 있으며, 특히 조반 부인의 표정에서 보듯 고려시대에는 겸손과 순종이 여인의 미덕으로 칭송되지 않았음을 짐작할 수 있다.

적인 일부일처제와 일부다처의 선택 가능성을 특징으로 한다.

가족 구성의 다양성

수평적 부부 관계에 기인한 구조적 일부일처제는 혼인 관행에 중국의 윤리가 개입하는 것을 어렵게 했다. 고려에서 과부의 재혼은 당연한 일이었다. 과부의 혼인을 제한하려는 움직임은 고려 멸망 직전인 1389년(공양왕 1) 도당都堂의 건의에서 처음 시작되었다. 봉작을 받은 최고위 관원의 처는 재혼을 금지하고, 상급 관원의 처는 3년 내 재혼을 불허하며, 하급 관원의 처가 수절을 자원하면 표창하자고 했다. 이 건의는 고려시대 내내 재혼이 윤리 의식이나 법제가 간여하는 영역이 아니었음을 알려 준다. 오히려 재혼해서 전 남편의 자식을 훌륭히 키운 여인이 칭찬을 받았다. 이승장李勝章의 묘지명에는 그의 어머니가 재혼 후 어려운 여건 속에서도 이승장을 공부시켜 출세시킨 미담이 기록되어 있다.

최고위 지배층에서도 딸의 재혼 사실을 거리낌 없이 드러냈다. 친손, 외손을 가리지 않고 끝까지 기재한 것으로 유명한 《안동권씨성화보》(1476)에는 모두 17건의 '후부後夫' 표시가 있다. 예를 들어 고려 말 최고 관직을 역임한 염제신廉悌臣은 당대 세력가이던 권한공 딸의 '후부'로 표시되었다. 염제신에게도 '후부'로 표시된 사위가 있다.

국왕의 혼인 행태 역시 조선시대의 관행과 크게 달랐다. 고려의 국왕들은 과부나 이혼녀와도 재혼했다. 성종의 문덕왕후 유씨는 광종의 딸로 처음에 홍덕원군과 혼인했다가 다시 성종과 재혼했다. 순비 허씨는 전 남편과의 사이에서 3남 4녀를 낳은 후 충선왕과 재혼했다. 국왕과 버금가는 권력을 누리던 최충헌과 최이 부자도 과부와 재혼했다. 이처럼 고려에서는 부부 관계가 수평적인 데다 '정조'나 '정절', '순결'과 같은 의식이 희박했기 때문에 재혼이 자유로웠다. 과부가 부친의 제자에게 반해 창문 틈으로 던져 넣은 시는 당시의 개방적인 성 의식과 재혼관을 잘 보여 준다.

말 위의 백면서생 뉘 집 사람인지	馬上誰家白面生
석 달이 지나도록 이름 몰랐네	邇來三月不知名
이제야 알았다네 김태현	如今始識金台鉉
가는 눈 긴 눈썹 남몰래 정이 들었네	細眼長眉暗入情

이혼도 쉽게 이루어졌다. 기록을 보면 남성은 재물이나 관직을 얻고자 혹은 위험을 모면하고자 이혼한 사례가 많이 확인된다. 송유인宋有仁은 천인 출신의 부유한 여인과 혼인해 고위 관직을 얻은 뒤 무신 정변이 발생하자 처를 버리고 정중부의 딸과 혼인했다. 왕규王珪는 처남이 무신 정권에 반대하는 반란에 가담해 위태롭게 되자 정중부의 과부된 딸과 혼인했다. 여성은 음행이나 폭행이 부각되었다. 이의민李義旼의 처는 남종과 사통해 이혼당했다. 고려 말에 윤씨尹氏는 재혼한 남편을 며칠 만에 쫓아내어 물의가 일자 뇌물을 써서 다시 이두란과 혼인했다. 극도의 행패를 부려 남편을 도망하게 한 최운해의 처는 아직 이혼이 성립하지도 않았는데 왕족과 재혼해 물의를 일으켰다. 심지어 아버지가 나서서 딸을 이혼시킨 경우도 있다. 권형權衡은 딸을 이혼시키려 했으나 뜻대로 되지 않자 충숙왕의 명령을 받아 기어이

은과 금으로 만들어진 장도粧刀 장도는 몽골의 영향으로 고려 후기부터 유행한 장신구이자 호신구로 남성과 여성 모두가 소지했다. 조선에서는 여성의 절개를 상징하게 되어 여성이 주로 소지했으며 크기도 방어용으로 적절하지 않을 만큼 작아졌다.

이혼시켰다. 이혼한 딸은 충숙왕과 재혼하여 수비壽妃가 되었다.

이처럼 고려에서는 이혼과 재혼이 자유로웠다. 그 결과 이복형제나 이부형제를 양산해 가족 구성이 복잡해졌고, 가족 구성의 복잡함은 다시 권리·의무 관계의 복잡함으로 이어졌다. 가정 내에서 부처가 각기 재산을 소유하고 처도 혼인 전의 친족 관계를 그대로 유지했으므로 피가 통하지 않는 의부와 계모의 지위는 궁극적으로 '어머니의 새 남편'과 '아버지의 새 부인'에서 시작했다. 이복형제는 아버지의 재산을 균등하게 분할하지만 계모의 재산에 대해서는 권리가 없었다. 이부형제는 어머니의 재산을 균등하게 분할하지만 계부의 재산에 대해서는 권리가 없었다.

이러한 가족 구성은 친족 용어에도 반영되었다. 부모가 같으면 '동생형제同生兄弟'로, 아버지가 다르면 '이부형제異父兄弟'로, 어머니가 다르면 '이모형제異母兄弟'로 표기했다. 친부는 '출부出父'로, 계부는 '의부義父'로 표기했다. 이러한 용어들은 가족의 혈연 관계와 권리 의무 관계를 명확히 표현하는 기능을 했다.

친족 관계

양측적 혈연 의식

고려에서는 솔서혼이 보편적으로 행해지면서도 궁극의 거주처가 개인의 선택에 의해 결정되고, 자녀 간 균분 상속이 이루어졌다. 이와 같은 관행은 부계나 모계 등 특정 혈연 계통을 선별해 중시하지 않고 혈연을 통틀어 인식하는 혈연 의식을 반영한다. 인류학에서는 이러한 혈연 의식에 근거한 친족 관계를 '양측적 친속bilateral kindred'이라고 한다. 고려인들은 다양한 혈연 계통을 동등하게 여겨 조선 후기의 친족 조직과는 전혀 다른 구조와 원리의 친족 관계를 유지한 것이다. 이러한 원리는 성씨를 바꾸도록 한 명령에서 분명하게 드러난다. 고려인들도 아버지의 성씨를 따랐으므로 겉으로 보면 부계 의식이 작용한 듯 보인다. 그러나 국가에서 특정 성씨를 쓰지 못하게 하면서 내린 명령은 '외가外家'의 성씨로 바꾸라는 것이었다.

중국의 피휘법避諱法에 따르면 국왕의 이름과 같은 음을 내는 글자는 쓰지 못했다. 고려에서도 이 법을 받아들여 신종의 이름인 '탁晫'과 음이 같은 '탁卓'씨와 충목왕의 이름인 '흔昕'과 글자가 같은 '흔'씨를 바꾸도록 했다. 이때 먼저 외가의 성을 따르고 부모의 성씨가 같으면 조모나 외조모를 따르게 했다. 이러한 방식의 성씨 변경은 조선 후기는 물론 지금도 상상하기 어렵다. 만약 특정 성씨를 쓰지 못할 사정이 조선 후기나 현재에 발생했다면, 한꺼번에 특정 글자로 바꾸는 방식을 택했을 것이다. 그런데 고려에서는 외가의 성씨를 쓰게 하여 같은 성씨의 인물들을 다른 성씨로 뿔뿔이 흩어지게 만든 것이다.

> 유사有司가 청하기를, "상上의 혐명嫌名을 피하여 탁성卓姓을 가진 자들은 모두 외가의 성을 따르도록 하고, 만약 친가와 외가[內外家]의 성이 같을 때에는 친조모나 외조모[內外祖母]의 성을 따르도록 하소서"라고 했다.

출처: 《고려사》 권21 〈세가〉 21 신종 1년 5월 기해.

출처: 《고려사》 권37 〈세가〉 37 충목왕 즉위년 10월 경신.

왕의 혐명을 금하고 성씨는 외가를 따르게 했다.

이로부터 고려에는 부계 원리나 의식이라고 할 만한 것이 없거나 극히 미약했음을 추론할 수 있다. 고려인들은 성씨가 같다고 해서 특별한 의미를 부여하지 않았다. 성씨가 아버지에게서 아들로 이어질지라도 그것은 부자간의 단절적 관계를 표현하는 것일 뿐 남성으로 이어지는 전체 계보를 표현하는 것은 아니었다. 나아가 외가의 성씨로 바꾸도록 한 것에서 모든 혈연 계통을 동등하게 인식했음을 짐작할 수 있다.

따라서 고려에서 '후손'과 '조상'이라는 개념은 모든 혈연 계통에 동등하게 적용되었다. 지금까지도 한국인 대부분에게 할아버지의 할아버지는 조상이고 고조이지만 할머니의 외할아버지는 그냥 '할머니의 외할아버지'일 뿐 조상으로 인식되지도 존중되지도 않는다. 그러나 고려에서는 '할머니의 외할아버지' 역시 고조부와 동등한 조상이었다. 후손 역시 특정 혈연 계통에 집중되지 않고 혈연관계가 있는 전원을 포괄했다. 음서제는 이러한 혈연 의식을 잘 보여 준다.

음서蔭敍는 자손이 조상의 지위와 공훈에 힘입어 자동으로 관리가 되는 제도다. 5품 이상 관료의 자손 및 국왕과 공신의 후손이 이 제도의 혜택을 받았다. 음서제에 작용한 양측적(총계) 혈연 의식은 아들이 없는 경우에 잘 드러난다. 예종은 아들[直子]이 없으면 '수양자收養子' 및 '손孫'에게 주도록 했다. 현재 손孫은 부계친으로서 비부계인 '외손外孫'과 구별되나 예종이 음서 대상으로 지정한 손孫은 친손과 외손을 포괄한다. 이후 인종이 음서의 순서를 '아들 친손자와 외손자[內外

낙랑군부인 최씨 호구자료 미망인 최씨가 호주로 기재된 고려시대의 호구자료다. 32세에서 19세에 이르는 아들 4인이 있는데도 어머니 최씨가 가족을 대표했다. 조선에서 미망인은 아들이 미성년일 경우에 '과녀寡女' 표기와 더불어 호주로 기재되었다가 아들이 성년이 되면 아들이 호주가 되고 미망인은 '솔모率母', 즉 '데리고 사는 어머니'로 기재되었다.

孫'로 결정한 이래 계속 내외손이 음서 대상으로 명기되었다. 이렇듯 손자와 외손자가 동등하게 음서 대상이 된 것은 아들의 아들과 딸의 아들을 모두 '손자'로 포괄하는 혈연 의식을 반영한다. 그리고 국왕과 공신의 후손에게 주는 음서 규정은 이러한 혈연 의식이 몇 대를 거듭해도 변하지 않았음을 알려 준다.

국왕과 공신의 자손은 영구히 음서의 수여 대상이 되었다. 그런데 1253년(고종 40)의 왕명에는 태조의 후손으로 '협11녀挾十一女'까지 음서를 주라는 표현이 들어 있다. '협11녀'라는 표현은 태조의 딸로부터 내리 11대代의 여성으로 이어진 혈연 계통을 뜻한다. 1282년(충렬왕 8)에는 '협20녀'까지 확장되었다. 여성으로만 이어지는 혈연 계통도 후손으로 인정된 것이다. 이에 따라 기준인으로부터 이어 내려가거나 올라가는 모든 혈연 계통을 후손과 조상으로 여기는 인식 방법을 도출할 수 있다. 피가 통하면 모두 후손이고 조상인 것이다. 음서 규정은 조선은 물론 현재와도 판이한 후손과 조상에 대한 인식 방법이다. 고려시대의 통념상 조상은 '부 → 조 → 증조 → 고조'가 아니라 '부모 → 부모 → 부모'였고, 후손은 '자 → 손 → 증손 → 현손'이 아니라 '자녀 → 자녀 → 자녀'였다.

양측적 혈연 의식은 근친혼 관련 규정에서도 확인된다. 고려 초에는 종교나 신념, 법률이 '근친혼'에 적극 개입하지 않았다. 고려 왕실에서 동성근친혼同姓近親婚을 지속한 것은 고대의 족내혼처럼 혈통의 순수성을 유지해 왕실을 신성화하려는 의도였다. 그러나 문벌귀족층에서는 숙종 대(1095~1105) 또는 예종 대(1105~1122)에 이자량李資諒이 사촌 이자인李資仁의 딸과 혼인한 사례가 확인될 뿐 대부분 근친혼

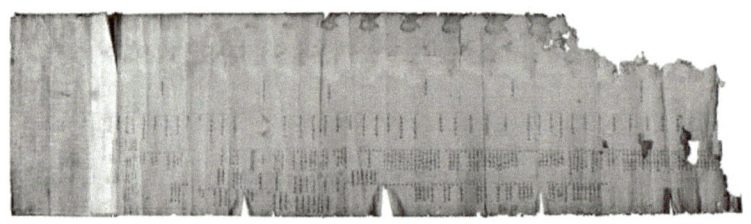
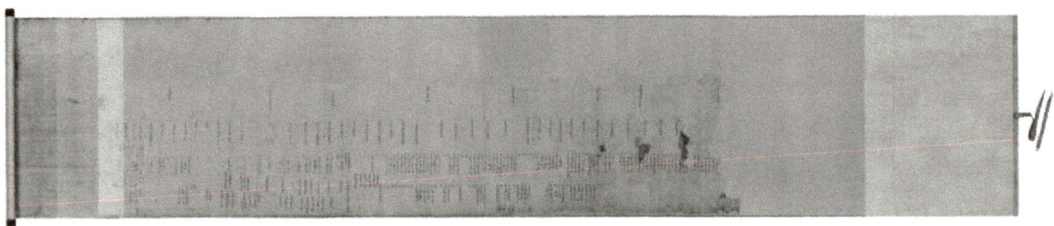

안동권씨족도 1454년에서 1456년 사이에 작성된 안동권씨의 족도로 양측적 혈연 의식에 따라 권여온의 내·외 후손 340여 명을 태어난 순서대로 기재했다. 이 족도에는 단종의 어머니 현덕왕후와 단종도 기재되었으나 사육신 사건으로 폐위되자 삭제되었다. 권여온은 단종의 외조부의 외조부이다.

을 하지 않았다. 왕실과 달리 지배층에서는 근친혼을 특별히 선호하거나, 반대로 금기시하는 의식이 없었던 듯하다. 그런데 당시 중국에서는 동성혼과 근친혼을 패륜悖倫으로 규정하고 처벌했다. 고려에서도 중국 윤리를 수용한 '학식' 있는 인사들이 동성혼을 비판했다. 결국 1058년(문종 12)에 처음으로 근친혼 금지 규정이 성립되어 이후 변경을 거듭했다.

고려의 규정은 적용 범위와 방식 면에서 중국과 큰 차이를 보인다. 중국에서는 동성혼 전체를 금지하면서도 부계가 아니면 사촌과도 혼인할 수 있었다. 금령을 어긴 경우에는 혼인을 무효로 하고 당사자를 처벌했다. 그러나 고려의 규정은 적용 범위가 좁을 뿐더러 당사자를 직접 처벌하지 않고 소생의 벼슬길을 막는 간접 규제 방식을 취했다. 금지 범위도 처음에는 부계로 치우쳤다가 이후 다른 혈연 계통도 그만큼 확대되는 과정을 반복했다.

최초의 규정에서는 대공친 간의 혼인만 금지했다. 이후 1096년(숙종 1)에 사촌 이내의 소공친까지 확대되어 비부계는 삼촌, 부계는 사촌이 법적인 금지 범위가 되었다. 그러나 실제로는 부계 사촌과의 혼인이 용인되어 금지 범위는 삼촌 범위에서 동심원을 그렸다. 금지 범위의 이와 같은 변동은 양측적 혈연 의식과 이에 기인한 방사형 친족관계를 반영한다. 고려 지배층은 근친혼을 금하더라도 혈연 계통을 따지지 말고 혈연 거리만 따져야 마땅하다고 여긴 것이다.

1147년(의종 1)에는 부계 6촌(소공친)혼을 규제해 다시 부계로 확대된 비대칭이 되었다. 그러나 무인이 정권을 장악하고 있던 1184년(명종 14)에 기존에 소공 5개월이던 장인의 복제를 자최(1년)로 격상시킨 것을 보면 부계로 확장된 1147년의 규정은 효력을 발휘하지 못한 듯하다.

모든 혈연을 포괄적으로 인식하는 정서는 원의 간섭을 받던 고려 후기에도 확인된다. 원 세조 쿠빌라이의 외손자로서 장기간 중국에 체류한 충선왕은 1308년 중국의 혼인 윤리와 일치하는 명령을 내렸다. 왕실의 동성혼을 금지하는 한편 '외가 사촌'과 혼인할 수 있게 했다. 그러나 이 명령이 반포된 직후 헌사憲司에서는 '외가 사촌'과의 혼인을 금하자고 요청했다. 또 1367년(공민왕 16)에는 6촌인 '이성 재종자매異姓再從姊妹'와 혼인하는 것을 금하자는 의견이 제기되었다.

이자연 묘지명 이자연은 문종의 장인이자 순종, 선종, 숙종의 외할아버지다. 이자연의 세 딸은 문종과 혼인했다. 또 손녀 한 명은 외손자인 순종과 혼인했고, 손녀 셋은 외손자인 선종과 혼인했으며, 증손녀 셋 중 1인은 예종과, 2인은 예종의 아들인 인종과 혼인했다. 예종 및 인종과 혼인한 세 후비의 아버지는 이자겸으로 이자겸은 이자연의 손자이다. 이렇듯 인주이씨 문벌은 왕실과의 거듭된 혼인을 통해서 세력을 강화했다.

이렇듯 이성 근친혼 금지 범위가 중국과 달리 삼촌에서 사촌, 다시 6촌으로 확대되어간 것은 부계에 가중치를 부여하는 방식을 용인하지 않았음을 알려 준다. 고려에서도 중국 윤리의 영향으로 근친혼을 규제하는 법규와 금기시하는 의식이 성립했지만 양측적 혈연 의식으로 말미암아 고려인들이 인식하는 '근친혼'의 개념은 중국과 다르게 되었다.

사촌 범위의 방사형 친족 구조

혈연을 포괄적으로 존중했으므로 친족 조직 역시 특정 혈연 계통에 집중되지 않고 방사형으로 뻗어 나갔다. 그렇기 때문에 친족의 구체적인 형태와 범위는 혈연 이외의 요소가 크게 작용해 결정되었다. 부계나 모계 등 특정한 혈연 계통을 당위적으로 중시해야 한다는 관념이 없었으므로 기호, 지연, 학연 등 삶의 경험이 크게 작용하는 가운데 개인의 친족 관계가 결정되었다. 동성 오촌과 남처럼 지내면서 이성 오촌과의 혈연관계를 강하게 인식할 수도 있었던 것이다. 그러나 고려에도 혈연에 근거해 일정 범위 내의 혈족 전원이 당위적으로 권리와 의무를 공유하는 친족 관계가 있었다. 그 관계는 사촌을 한계로 동심원을 그렸다. 이러한 친족 관계는 고려의 오복제五服制와 상피제相避制에 반영되어 있다.

오복제는 고대 중국에서 성립한 것으로 전근대 중국의 친족 조직 나아가 조선 후기 이래 한국 친족 조직의 전형이 되었다. 오복제는 망자에 대한 애도의 의무를 매개로 친족의 범위와 상호 간의 친밀도를 규정한 것이다. 친족 범위와 친밀도는 상복의 유무와 등급, 슬픔의 지속 기간으로 표시했다. 상복은 슬픔이 큰 순서대로 참최 3년, 자최 1년, 대공 9월, 소공 5월, 시마 3월의 다섯 등급이 설정되었다. 참최 3년복은 부모에게 적용되고 이하 기친期親, 대공친大功親, 소공친小功親, 시마친緦麻親으로 분류된다. 이 다섯 등급의 복제가 적용되는 범위를 '유복친有服親'이라고 하여 친족으로 인정하고, 복제가 적용되지 않으면 '친함이 다했다[親盡]'고 하여 친족이 아닌 것으로 보았다.

오복제에서 유복친의 전체 범위를 남성을 기준으로 그려 보면 고조

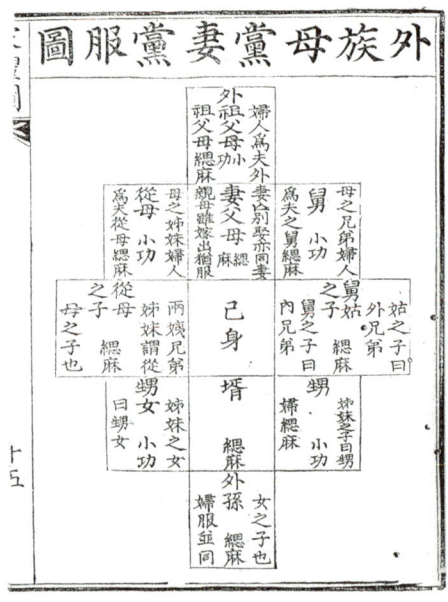

본종오복지도本宗五服之圖와 **외족모당처당복도**外族母黨妻黨服圖 《주자가례》에서 오복제五服制에 근거하여 상복을 입을 대상과 상복의 등급을 표시한 도표다. 〈본종오복지도〉에는 부계친이 정리되어 있고, 〈외족모당처당복도〉에는 외가와 처가의 친척이 정리되어 있다. 상복을 입고 슬퍼하는 대상이 본족에 집중되어 있으며, 부계에 더 높은 등급의 상복이 적용됨을 알 수 있다.

부를 공동 조상으로 하는 부계친이 대부분을 차지하는 가운데 고종사촌이나 생질 등 일부 비부계친이 고립된 섬처럼 산재한다. 이러한 구성과 범위는 조선 후기 친족 관계의 전형이 되었고 근대법에 수용되어 1989년까지 한국 민법상의 공식 친족 범위가 되었다. 1989년 이전의 민법에서 친족의 범위를 '부계 팔촌, 모계 사촌'으로 표현한 것은 오복제에서 부계 팔촌과 비부계 사촌이 유복친의 말단인 시마친을 구성하는 데서 연유한 것이다.

이처럼 유복친의 구성은 부계로 편중될 뿐 아니라 슬픔의 등급도 부계 여부에 따라 달리 규정되었다. 조부의 상에는 자최 1년복을 입고 외조부의 상에는 소공 5월복을 입어 혈연 거리가 같더라도 부계와 비부계에 현격한 차이를 두었다. 며느리는 시부모 상에 남편과 함께 참최 3년복을 입는 데 반해 사위는 장인 상에 최말단인 시마 3월복을 입어 부처 간에도 큰 차이가 있었다.

오복제는 985년(성종 4)에 처음 고려에 도입되었다. 그런데 도입할 당시부터 소공 5월인 외조부의 등급을 두 단계 올려 친조부와 동일하게 자최 1년복을 입게 했다. 그러면서도 오촌 이외의 비부계 혈족은 중국 규정 그대로 무복無服으로 남겨두었다. 이 규정으로부터 사촌 범위의 친족 관계를 도출할 수 있다. 외조부의 복제를 조부와 동일한 등급으로 올린 것은 고려인들이 조부와 외조부의 죽음에 대한 슬픔의 등급을 달리하는 것을 용납하지 않았음을 알려 준다. 이처럼 조부와 외조부를 동일하게 여겼다면 그들의 내외손으로 구성된 친족, 즉 사촌 간의 친밀도도 동일했음을 짐작할 수 있다. 그리고 오촌 이외의 비부계 혈족이 무복친으로 남은 것은 오촌의 죽음은 오촌을 구성하는

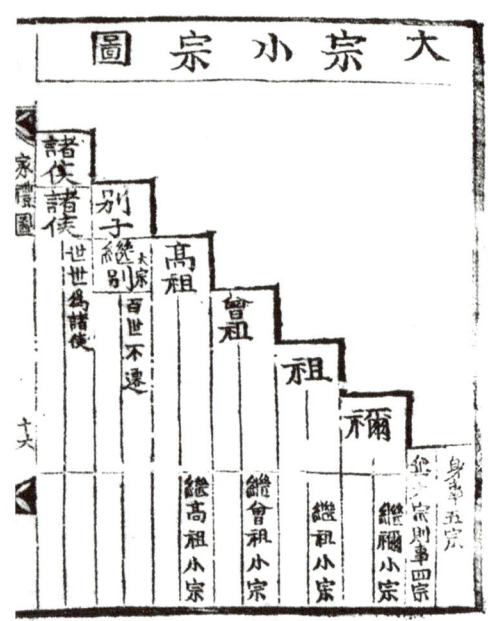

대종소종도大宗小宗圖 중국에서는 부계 조상을 기준으로 대종, 소종의 혈연 집단을 조직했다. 왕자나 공신처럼 지위가 높고 업적이 큰 인물은 후손들이 그 신주를 영구히 사당에 모시고 제사했다. 이것이 대종으로 시간이 흐를수록 집단의 규모가 커졌다. 반면에 일반인은 고조까지 신주를 모시다가 대가 바뀌면 신주를 무덤 옆에 묻었다. 이것이 소종으로 고조 이하의 후손으로 조직되었으므로 규모가 일정하다. 조선시대에 중국의 영향으로 대종과 소종이 성립했고, 지금까지도 유지되고 있다. 현재 대종은 대개 '문중門中'이라 칭해진다.

혈족 전체가 애도할 만한 사안이 아니었음을 알려 준다. 오촌부터는 구성원 전체가 슬퍼하는 친족 관계가 유지되지 못한 것이다.

이렇듯 사촌을 경계로 권리 의무를 공유하는 친족 범위는 상피제에서 더욱 잘 드러난다. 상피제도 중국에서 성립한 것으로 아버지가 감찰 기관에 재직하면 아들을 피감 기관에 재직하지 못하게 하는 제도이다. 친족 사이의 사사로운 감정이 공무 수행의 공정성을 저해하는 것을 방지하고자 제정되었다. 이러한 성격으로 인해 상피제는 해당 사회의 실제 친족 관계와 친족 의식을 그대로 반영한다.

중국의 경우 오복제가 적용되는 친족 전체가 상피 범위에 포함되었다. 그러나 고려 상피제는 전혀 다른 모습을 보인다. 사촌을 한계로 하면서 아버지 쪽과 어머니 쪽으로 완벽한 대칭을 이루었다. 손위 항렬로는 아버지와 내외조부, 백숙부, 외숙부, 고모부, 이모부가 포함되고 동항렬로는 친·고종·외·이종사촌이, 아래 항렬로는 아들, 내외손자, 친조카, 생질, 질녀부姪女夫, 생질녀부甥姪女夫가 포함되었다.

● 오복제와 상피제의 적용 범위

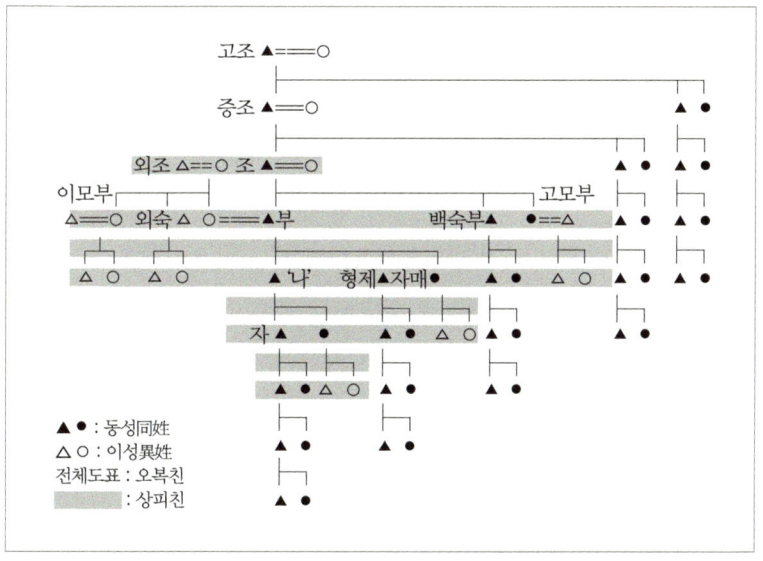

이렇듯 사촌이 상피제의 경계를 이룬 것은 이 범위가 일상에서 권리·의무 관계를 공유하는 핵심 친족이었음을 알려준다. 당시의 통념에 따르면 사촌 이내의 혈족은 사사로운 감정에 얽매어 공무를 저버릴 위험이 컸기에 국가에서 이들의 관직 분포를 제한한 것이다. 그리고 오촌부터는 사정이 개입되더라도 불규칙할 뿐더러 혈연 이외의 요소가 함께 작용할 가능성이 크기에 상피제를 적용하지 않았다고 볼 수 있다. 따라서 상피제에 근거해도 모든 혈연을 포괄하는 동항렬 사촌 범위의 친족 관계가 도출된다.

사촌을 경계로 동심원을 그리는 친족 관계는 고려 후기에 유행한 '사촌회四寸會'에서도 확인된다. 사촌 이내의 친족이 상호 부조를 목적으로 조직한 '사촌회'는 이색의 문집에서 처음 확인된다. 이색은 처의 사촌으로 구성된 사촌회에 소속되었다. 아들 이종학李種學은 외조부의 내외손으로 구성된 사촌회에 소속되었다. 이색과 이종학 부자가 각기 별도의 사촌회를 구성한 것에서도 이 범위를 벗어나면 전원이 친족 의식을 공유하는 친족 관계가 유지되지 못했음을 알 수 있다.

사촌을 경계로 하는 친족 범위는 조선 초의 상속 관련 법규에서도 확인된다.《경국대전》에는 자녀 없는 사람의 재산을 상속받는 순위와 상속 자격의 한계가 규정되어 있다. 이에 따르면 무자녀자의 재산은 그의 '본족本族' 중 '사촌친' 범위 내에서 상속하게 했다. 사촌친에는 친·고종·외·이종 사촌이 모두 포함되며 나아가 형제의 손자(사촌손자)와 자매의 외손녀(사촌손녀)까지 포함된다. 사촌친이 없으면 재산은 국가에 귀속되었다.

사촌친이 무자녀자의 재산을 상속하는 한계를 이루고 그 범위를 넘

● 《경국대전》과 《경국대전 주해註解》 규정에 따른 본족本族의 구성

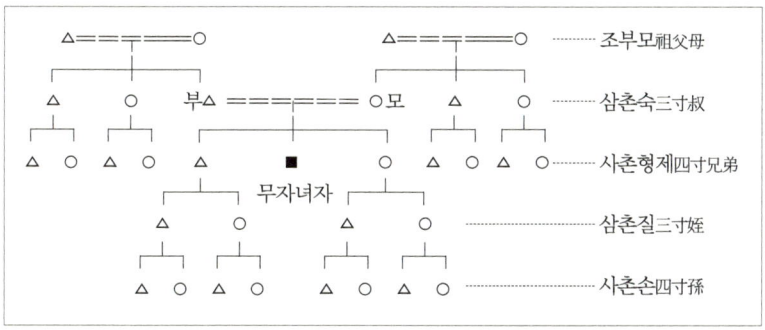

으면 국가에서 재산을 거두는 규정은 방사형으로 뻗어 나가는 혈연 의식과 사촌을 경계로 하는 친족 범위를 극명하게 보여 준다. 조선 초까지도 혈연의 거리를 고려할 뿐 혈연의 방향은 고려하지 않는 것이 통념이었다. 사촌을 벗어나면 방계친의 재산을 상속할 권리가 없다고 생각했다. 친족 관계는 혈연 계통이 아니라 '피의 농도'에 의거하여 결정되며, 오촌부터는 보편적인 친족으로 기능하지 못할 만큼 혈연 의식이 약화된 것이다.

이처럼 고려에서 권리와 의무를 공유하는 친족 관계는 사촌 범위에서 동심원을 그렸다. 조부와 외조부를 동등하게 여기고 모든 사촌을 동일하게 친애하는 통념은 외조부의 복을 조부와 동등하게 격상시켰다. 상피제에서는 사촌 이내의 전체 혈족과 인척을 상피 대상으로 지정했다. 사촌회를 구성하여 상호 부조를 도모했으며, 조선 초의 상속 규정에서는 사촌친을 무자녀자가 남긴 재산을 상속받는 한계로 설정했다. 오촌부터는 사정私情의 작용을 억제할 수 있을 만큼 소원하게

여겨졌으며, 부계 오촌도 다른 비부계와 마찬가지로 다만 '오촌'일 뿐이었다.

친족 용어의 계통 포괄성

고려의 혈연 의식은 친족 용어에도 반영되어 있다. 현재 한국에서는 '조부·외조', '삼촌(숙부)·외삼촌(외숙)', '고모·이모'처럼 혈연거리가 같아도 계통별로 호칭을 달리한다. 이러한 호칭은 현대 한국인에게 너무나 익숙해서 왜 그래야 하는지 의문을 제기할 필요조차 없다. 그러나 현재 통용되는 친족 용어는 대부분 조선 중기 이후에 형성된 것으로 고려의 친족 용어는 형태와 기능이 전혀 달랐다.

고려시대 친족 용어의 가장 큰 특징은 혈연 계통을 구분하는 기능이 없다는 점이다. 1092년(선종 9)에 성립된 상피 규정에서는 적용 대상을 본족, 외족, 처족으로 나눈 뒤 각 범주별로 대상자를 나열했다. 본족은 중국의 친족 지칭을 사용해 표시한 반면, 외족에서는 관계를 설명하는 방식으로 대상을 표현했다. 외조부모는 '어머니의 부모[母之父母]', 외삼촌은 '어머니와 부모와 같은 형제[母之同生兄弟]', 외사촌과 이종사촌은 '어머니와 부모가 같은 형제자매의 아들[母之同生兄弟姉妹之子]'이 되었다. '외조부', '외삼촌', '외·이종 사촌'이 있는 현재로서는 이러한 표현이 대단히 어색하다. 그럼에도 상피 규정에서 이렇게 '설명'한 것을 보면 당시 외족에게만 적용되는 친족 지칭이 없었음을 알 수 있다. 외족의 구성원을 특정할 지칭이 없었다는 점은 곧 단일한 친족 용어로 본족과 외족을 포괄했음을 뜻한다.

고려에서는 현재의 조부와 외조부가 모두 '한아비(할아비)'였다.

본족
아버지·아들·손자, 부모가 같은 형제, 당형제, 부모가 같은 자매의 남편, 당자매의 남편, 백부·숙부, 백모·숙모의 남편, 질녀의 남편, 사위, 손녀사위(父·子·孫, 同生兄弟, 堂兄弟, 同生姉妹之夫, 堂姉妹之夫, 伯父叔父, 伯母叔母之夫, 姪女之夫, 女壻, 孫女壻).

외족
어머니의 부모, 어머니와 부모가 같은 형제, 어머니와 부모가 같은 자매의 남편, 어머니와 부모가 같은 형제자매의 아들(母之父母, 母之同生兄弟, 母之同生姉妹之夫, 母之同生兄弟姉妹之子).
*출처:《고려사》권84〈지〉38 형법 1 공식公式 상피.

'고모'와 '이모'는 '아주미(또는 아춘어미)'였으며, 삼촌과 외삼촌은 '아자비(또는 아춘아비)'였다. 형의 아들과 누이의 아들도 모두 '아춘아 들'이었다. 이들 고유어는 한자를 빌려 '대부大父(한아비)', '소위모少爲 母(아춘어미)', '소위자少爲子(아춘아들)'로 표기되었다. 고려인들은 '대 부大父'를 '한아비'로 읽으며 조부와 외조부를 떠올렸다. 비록 한문에 서 '외조外祖'나 '외손外孫'이 쓰였지만 그것은 한자로 표기하면서 중 국 용어를 채택한 결과일 뿐이다. '소위모少爲母·소위부少爲父·소위자 少爲子'는 고려 말에 '숙모叔母(아주미)·숙부叔父(아주비)·질姪(아춘아들)' 로 표기 형태가 대체되었지만 혈연 계통을 포괄하는 용법은 16세기까 지 이어졌다. 현재 '숙모'는 숙부의 아내를, '숙부'는 아버지의 남동 생을 뜻하지만 고려시대에 '숙모'는 어머니와 아버지의 여자형제, 즉 이모와 고모를, '숙부'는 어머니와 아버지의 남자형제, 즉 삼촌과 외 삼촌을 뜻한 것이다.

친족 지칭에 혈연 계통을 구분하는 기능이 없는 것은 혈연 계통을 분리하는 인식 방법이 없거나 극히 미약했음을 알려 준다. 그렇기에 '족族'도 조선 후기 이래의 일반적 쓰임과는 전혀 다르게 사용되었다. 현재도 그렇거니와 조선 후기에 '족族'은 대개 부계를 범주화하는 개 념이었다. 여기에 '본本'자를 붙이면 부계 집단을 한정하는 의미가 더 욱 명확해진다. 고려 상피조에서도 적용 대상을 본족과 외족으로 갈 랐으므로 일면 부계를 범주화하는 기능을 하고 있는 듯 보인다. 그러 나 상피조의 본족은 부계친이 아니라 '아버지 쪽' 혈연을 뜻한다. 본 족 중의 '당형제'에는 고종사촌이 포함되고 '백모·숙모의 남편'에는 고모부가 포함된다. 《고려사》 상피 규정의 본족은 '아버지 쪽'을 뜻하지만 더욱 보편적인 용법은 혈족 전체를 뜻하는 것이었다. 《경국대전》의 무자녀자 유산 상속 규정에서는 그의 본족 중 사촌친 범위 내에서 재산을 상속하도록 규정했다. 본족에 친·고종·외·이종 사촌이 동등하게 포함됨은 위에서 살펴보았다.

본족이 모든 혈연 계통을 포괄했기에 족장族長의 개념도 현재와 달랐다. 지금 족장은 '일족의 우두머리'를 뜻하고 대개 같은 성씨가 연상되지만 고려시대에는 기준인과 혈연관계를 갖는 모든 존속尊屬에게 적용되었다. 반대말은 비속卑屬에게 적용되는 '족하族下'였다. 1370년(공민왕 19)에 백문질白文質이 작성한 분재 문서에는 그와 성씨가 다른 박언朴彥이 그의 '족장'으로 기록되었다. 1395년에 명률을 이두문으로 번역한 《대명률직해大明律直解》에는 원문의 '존장尊長(웃어른)'과 '비유卑幼(아랫사람)'가 '족장'과 '족하'로 번역되었다. 현재 족장은 완전히 뜻이 변했지만, '족하'는 '조카'로 고유어화해 혈연 계통을 포괄하는 기능을 일부 지속하고 있다.

친족 관계의 선택 가능성과 다양성

고려시대에는 양측적 혈연 의식이 작용하는 가운데 사촌 범위 내에서 권리 의무를 공유하는 친족 관계가 형성되었다. 친족 용어도 개별 지칭이나 혈연을 범주화하는 용어를 막론하고 부계를 구분하는 기능이 없었다. 이러한 조건으로 말미암아 개인은 친족 관계 내에서 상당한 자율성을 보장받았다. 친족 관계가 일방적으로 개인을 구속한 것이 아니라 개인이 친족 관계를 선택할 수 있었던 것이다.

모든 혈연을 본족으로 인식함으로써 특정 조상을 기준으로 하는 영속적 집단이 성립하지 못하고 살아서 활동하는 개인을 기준으로 친족 관계가 설정되었다. 따라서 친족 관계는 폐쇄된 집단이 아니라 무한히 중첩되는 그물망의 형태를 띠었다. 예를 들어 '갑'에게는 각기 네 방향의 사촌, 즉 친·고종·외·이종 사촌이 있는데 조부의 후손 2인(친·고종 사촌)은 외조부의 후손 2인(외·이종 사촌)과 혈연관계가 없다. 쌍방이 대립할 경우 친조와 외조를 모두 '할아비'로 부르는 '갑'은 자신의 이해와 소신에 따라 지지자를 결정할 수 있다. 이렇듯 개인이 친족 관계를 선택하는 원리는 고려 전기 문벌귀족의 정파 구성에서 잘 드러난다.

이자의李資義는 헌종 대(1094~1095) 계림공鷄林公(훗날 숙종)과 대립하다가 패망하고 이자의의 도당들과 함께 숙청되었다. 아들 이작, 사촌 이자훈, 6촌 이예 등도 함께 처벌받았다. 그런데 이자의의 또 다른 친사촌인 이자겸李資謙은 이자의가 패망한 뒤에도 중앙의 요직을 역임했고, 딸이 왕후가 되어 인종을 낳았다. 이후 인종에게 다시 두 딸을 들여 국왕의 외조부이자 장인이 되었다. 이렇듯 이자겸이 영화를 누린 것에서 그가 이자의와는 정치적 입장을 달리했으며, 그럴 때는 친사촌이라도 연좌되지 않았음을 알 수 있다.

가까운 혈족이 동일 정파에 소속되지 않는 모습은 이후 이자겸이 패망했을 때에도 확인된다. 이자겸의 난에 협력한 인물들은 이자겸과 혈연으로 이어지는 다양한 혈연 계통에 대등하게 분포하고 촌수가 가까운 곳에 밀집되어 있다. 처벌은 난에 협력한 경우에 국한되었다. 이예의 아들로 이자겸의 7촌 조카인 이공수는 이자겸의 난을 진압하는 데 큰 역할을 해 급속히 승진했다. 이러한 모습은 사촌 범위에서도 개

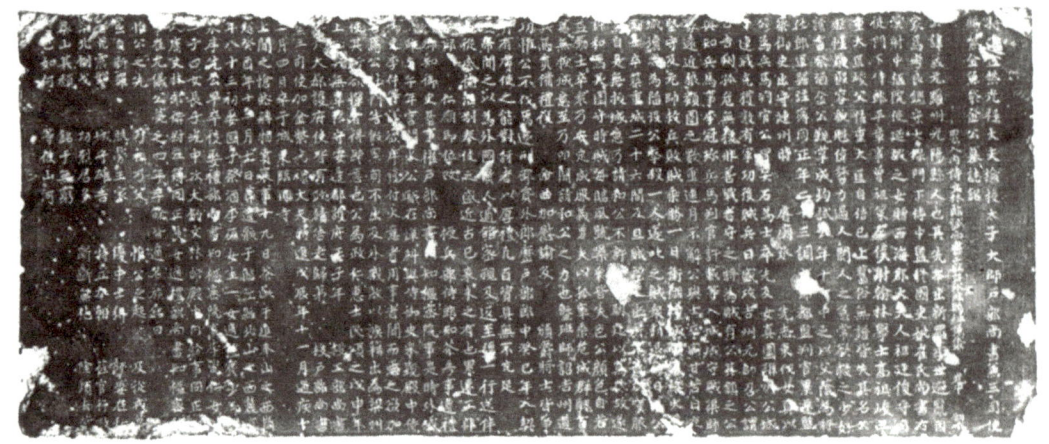

김의원 묘지명 1071년(문종 25)에 태어나 1148년(의종 2)에 사망한 김의원의 묘지명이다. 부계 계보를 고조부의 아버지까지만 기록하고 그 이상은 "옛날 습속에 족보가 없었으므로 그 이름을 모두 잃어 버렸다"고 하여 가계 기록을 관리하지 않았음을 알려 준다. 묘지명에 기재된 부계 계보는 부·조·증조·외조를 기재하는 사조호구四祖戶口에 의지하여 파악했을 것이다.

인의 선택이 크게 작용했으며 7촌에 이르면 혈연 의식이 친족 의식을 유발하지 못할 정도로 약화되었음을 알려 준다.

 친족 관계가 궁극적으로 개인의 선택에 좌우되는 것은 조상을 기준으로 하는 '사촌회'에서도 마찬가지였다. 사촌회는 구성원 전체가 혈연관계를 갖는다는 점에서 특정인의 후손이라는 유대감을 공유했을 가능성이 있다. 사촌회의 일원인 이색은 "일재一齋(권한공)의 내외손이 구름 같은데"라는 표현이 들어 있는 시를 지었다. 그러나 사촌회는 기준인의 내외손으로 조직되었으므로 개인은 각기 조부와 외조의 후손으로 구성되는 별도의 사촌회를 조직할 수 있었다. 만약 두 사촌회의 이익이 충돌하면 개인은 역시 자신의 선택에 따라 입장을 정할 수 있었다. 이러한 친족 관계는 다른 요소들이 불리하게 작용할지라도 관계를 지속하려는 성향을 강하게 보이는 부계나 모계 친족과 성격이 확연히 다르다.

이처럼 개인이 친족 관계를 선택하는 원리는 조상에 대한 기억에도 적용된다. 선대 혈연을 포괄적으로 인식하는 가운데 기억을 자극할 만한 혈연 계통이 조상으로 선택되었다. 음서제의 혜택을 받는 지배층에서는 공신功臣에 이르는 혈연 계통을 선별하여 기억했을 것이다. 만약 공신이 어머니 쪽 혈연에 집중되었다면 조상을 파악하는 방식은 외면적으로 모계 사회와 흡사할 것이고, 반대의 경우는 부계 사회와 흡사할 것이다. 그러나 그것은 부계나 모계 의식이 아니라 양측적 혈연 의식, 즉 총계 의식에 근거한 선택의 결과다.

일례로 일연一然은 《삼국유사三國遺事》에서 돌백사㙇白寺의 토지 문서를 소개했다. 문서에는 '적리녀積利女'라는 여인의 명복을 비는 토지가 '경주 호장 거천의 어머니인 아지녀, 그녀의 어머니인 명주녀, 그녀의 어머니인 적리녀'의 두 아들이 공을 세워 마련한 사실이 기록되어 있었다. '거천(남) 아지녀(여) 명주녀(여) 적리녀(여)'로 이어지는 계보는 모계 사회에서 조상을 추적하는 방법과 동일하다. 그러나 이러한 계보 추적은 '적리녀'의 명복을 비는 토지와 그 토지에 대한 연고권이 있는 '거천'의 관계를 밝히는 데에만 유효할 뿐 다른 요인이 작용하면 얼마든지 달라질 수 있다.

의종 때에 김관의는 《편년통록編年通錄》을 지어 태조의 선대 계보를 기록했다. 이에 따르면 왕건의 선대는 성골장군 호경虎景에서 시작해 아들 강충과 손자 이제건·보육 형제로 이어진다. 보육은 형 이제건의 딸과 혼인하여 진의를 낳고 진의는 당 숙종과 동침하여 작제건作帝建을 낳았다. 작제건은 용녀와 혼인하여 용건龍建을 낳고 용건은 태조 왕건王建을 낳았다. 그리고 보육이 국조國祖 원덕대왕元德大王으로, 진의가 정화왕후貞和王后로 추존되었다고 기록했다.

김관의가 기록한 계보는 부계도 아니고 모계도 아니다. 무수한 혈연 계통 중에서 하나를 추려 낸 것에 불과하다. 중간에 증조모 진의가 개재되고, 진의의 아버지 보육이 국조 원덕대왕으로 추존된 것은 조상이 부계나 모계 등으로 한정되지 않았음을 알려 준다.

고려에서 조상은 포괄적인 개념이었고, 개인은 그중에 특정 요인이 작용하는 부분을 선별해 기억했다. 적리녀의 명복을 비는 토지는 적리녀의 딸(명주녀)의 딸(아지녀)의 아들인 경주 호장 거천이 관리함으로써 그 혈연 계통이 토지 대장에 기록되었다. 직역을 매개로 할 경우 그 직역을 전해 준 계통이 기억되었을 것이다. 부자 관계를 따라 올라가다가 중간에 사위나 외손에게 직역이 이어졌으면 방향을 그쪽으로 옮겨 기억했을 것이다. 왕건의 아버지 용건이 송악군 사찬이었음을 고려하면 김관의가 추적한 계보는 향리의 지위가 이어진 계통일 가능성이 있다.

따라서 고려시대에 혈연과 관계해 개인의 향후 진로를 추측하는 것은 부계나 모계처럼 특정 혈연 계통을 중시하는 사회에서보다 어렵다. 이를테면 조선 후기에 특정인의 숙부와 외숙부가 당파를 달리할 경우 숙부의 당파를 그의 당파로 지목하면 거의 적중할 것이다. 고아가 되거나 아들을 낳지 못했을 경우 부계인 백숙부에게 양육되거나 형제의 아들을 양자로 들이는 경우를 상정하면 오류를 최소화할 수 있다. 그러나 모든 혈연이 조상과 후손으로 인식되어 사촌 간에도 입

● 《편년통록》의 왕건 세계世系

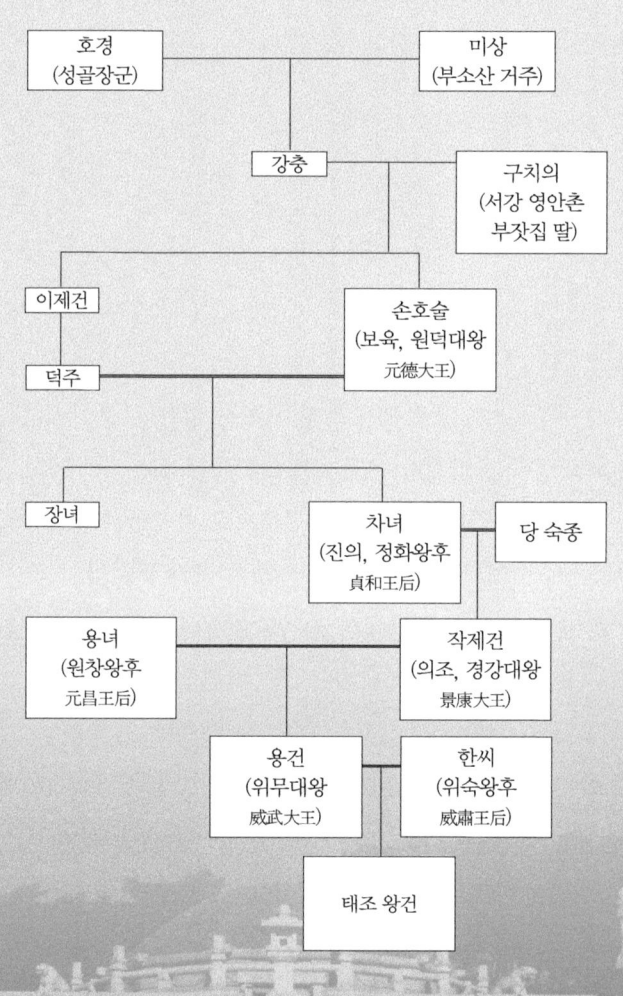

장을 달리할 수 있었던 고려시대에는 혈연 이외의 다양한 변수를 세밀히 분석한 연후에야 예측이 가능하며, 그럴지라도 그것이 적중할 확률은 조선 후기보다 낮다. 고려시대의 친족 관계는 선택 가능성과 다양성이라는 점에서 조선 후기 사회와 대비된다.

신분

중층적이고 다원적인 신분 구성

고려시대의 신분 제도는 아직 분명하게 밝혀지지 않은 부분이 많다. 고려는 신분을 규정하는 법제가 분명치 않을뿐더러 신분 간 구분이 엄격한 듯하면서도 모호하다. 크게 같은 신분으로 파악할 수 있는 부류가 내부에서 다시 여러 층으로 갈라지고 거주 공간에 따라서도 신분을 달리 볼 수 있다. 법제적 측면에서 고려의 신분 구성을 살피면 대개 문종 대(1046~1083)의 제도와 법률에서 전형이 드러난다.

고려는 건국 이후 상당 기간 신분질서를 법제화하지 못하고 혼란한 시기를 겪었다. 광종(949~975)이 노비안검법奴婢按檢法을 실시하여 개국공신과 그 후손들을 대거 숙청함으로써 신라 말에 골품제를 극복하고 지방사회에서 성장한 대호족은 안정된 지배신분으로 정착하지 못했다. 또한 광종이 등용한 신진세력은 다음 대인 경종(976~981) 때 철저히 숙청되었다. 고려의 신분질서는 성종(981~997) 때부터 제도화하기 시작했다. 특히 현종(1010~1031) 때에 지방에서 중앙정계로 진출

양수척 《고려사》〈최충헌 열전〉에 나오는 양수척. 수척水尺, 화척禾尺, 무자리라고도 하며 태조가 후백제를 정벌할 때 복종하지 않았던 세력의 후예라고도 한다. 부역을 지지 않고 떠돌아다니면서 사냥과 버들고리를 만들어 파는 것을 업으로 삼았다. 이들의 신분은 천민이지만 노비와는 다른 생활 방식을 유지했다. 고려의 양수척은 조선시대인 1423년(조선 세종 5)에 일반 백성으로 편입되었다.

한 관료들이 계급내혼을 지속하면서 문벌門閥을 형성해 감으로써 점차 중앙지배층이 고정되었다. 이후 가장 번성하고 안정된 시기로 평가되는 문종 대에 그간의 변동을 종합하여 법제화함으로써 신분질서의 전형과 특질이 드러나게 되었다.

고려 신분질서의 기본 구조는 크게 양인良人과 천인賤人, 군현민郡縣民과 특수지역민이라는 서로 다른 차원의 구분 방식이 동시에 작용하여 성립했다. 양인은 자유민으로 납세와 군역의 의무를 졌고, 내부에 여러 계선이 그어져 있기는 하나, 관직에 진출할 권리가 보장된 공민

가족, 친족 그리고 신분 65

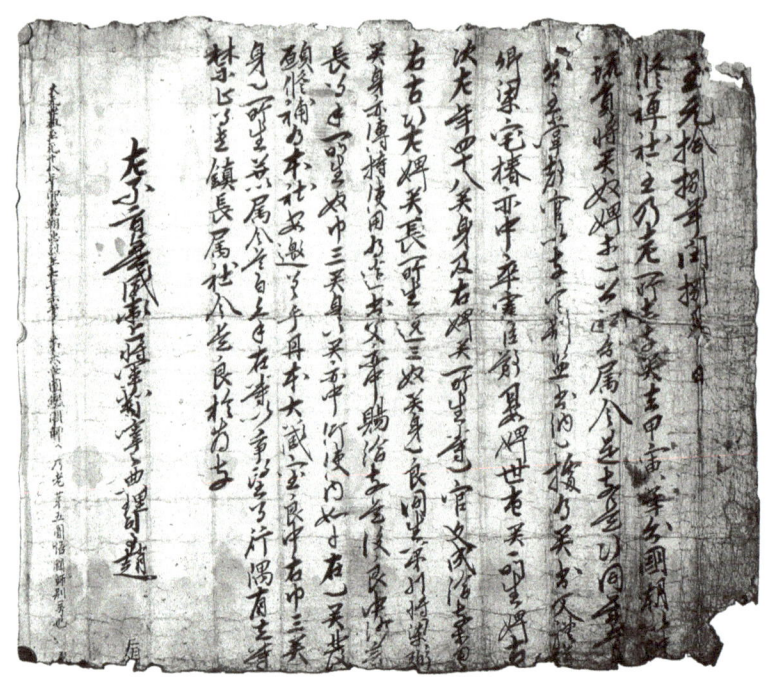

수선사내노선전소식 1358년(공민왕 7) 수선지 주지인 원오국사에게 좌승지左承旨가 발급한 문서다. 내노는 자신의 노 건삼과 건삼의 자녀를 수선사(현 송광사)에 소속시킬 것을 청원하여 뜻을 이루었다.

公民이었다고 파악된다. 반면 천인은 국가에 대한 의무가 없었다. 무리를 지어 떠돌아다니는 양수척楊水尺 등도 천인이었으나 대부분을 차지하는 것은 노비奴婢였다. 노비는 개인의 사유물로 매매·증여의 대상이 되었고, 한번 노비가 되면 후손까지 영구히 노비가 되었다.

한편, 소속하는 지역에 따라서도 신분이 달라졌다. 향鄕·소所·부곡部曲 등에 거주하는 특수지역민은 군현郡縣에 거주하는 민에 비해 현격한 차별을 받았다. 진津·역驛 등의 거주민과 통틀어 잡척雜尺이라고도 불린 특수지역민은 일정한 영역에 거주하며 자체 행정기구를 갖추고 국가에 의무를 졌다는 점에서는 양인과 같았다. 그러나 다른 지역으로의 이동이 금지되었으며 관직 진출에서도 현저한 차별을 받았다는 점에서는 군현민과 같지 않았다. 따라서 고려의 신분질서는 전체 인구 면에서 양인과 천인을 구분하고, 지역적으로 군현민과 특수지역민을 구분하는 두 가지 원리가 동시에 작용했다고 볼 수 있다. 그런데 이러한 신분질서를 기본으로 하면서도 양인 내부에 다시 지배층과 피지배층을 가르는 계선이 설정되었다. 그 계선은 양인과 천인, 군현민과 특수지역민처럼 명확하거나 엄격하지는 않았지만 특권과 지위를 결정하는 것이었고 후손에게 이어지는 영속성이 있다는 점에서 신분의 성격이 강하다. 문종 대에 성립한 각종 법제는 이러한 계선을 외부로 드러내고 고정시키는 역할을 했다.

양인 중에서 지배와 피지배 신분을 가르는 계선界線은 중앙 관료로 진출할 수 있는 부류와 그렇지 못한 부류 사이에 설정되었다. 특히 지방 향리鄕吏는 고려 초에 중앙관인을 배출하는 모집단이었고, 중앙에서 문벌이 형성된 뒤에도 과거를 통한 정계 진출에 제한이 없었다는 점에서 향리와 일반 군현민의 신분을 달리 볼 수 있다.

향리가 특권을 지니면서 중앙 관인층 형성의 모태가 된 것은 신라 말 지방사회에서 발생한 변동의 결과였다. 신라는 엄격한 골품제 아래 진골귀족이 특권을 독점했고, 지방의 행정실무를 책임지는 촌주村主가 중앙으로 진출하는 것은 불가능했다. 그러나 신라 말 중앙권력의 공백 상태에서 촌주들은 지방의 행정조직을 장악하고 지배층으로서 위치를 굳혀 갔다. 그들은 자신들의 조직을 '관반官班'이라고 했으정두사 5층석탑 조성형지기 1019년(현종 10)부터 1031년에 이르기까지 약목군(현 칠곡군 약목면)에서 5층석탑을 건립한 과정을 기록한 문서다. 호장 등의 상층 향리가 석탑 건립을 결정하고 주민을 동원하는 등 주도적인 역할을 한 것이 확인된다.

며 관등은 6두품 이상만이 될 수 있는 '사찬沙湌'을 칭했다. 최고위 관반층은 '당대등堂大等·대등大等'이라 칭했는데 신라에서 대등大等은 진골귀족만이 칭할 수 있었다.

고려에서 향리鄕吏로 불리게 된 이들 지방 세력은 대호족 출신이 숙청당하는 격동기에도 별다른 영향을 받지 않고 지방사회를 장악했다. 성종 때에 당대등과 대등을 호장戶長과 부호장副戶長으로 바꾸고 일부 지역에 지방관을 파견하는 등 중앙권력을 강화하는 조치가 있었지만 향리가 지방행정을 장악하는 구조는 고려 전 시기에 걸쳐 지속되었다. 성종이 향리들의 자제를 서울에 불러 교육시키려 했지만 대부분 고향으로 돌아가기를 희망했을 만큼 고려 전기의 향리는 지방에서 특권을 누리는 지배 신분이었다.

향리들은 제술과와 명경과에 응시하거나 하급 행정실무직인 서리에서 정식 관료인 품관品官으로 진출하는 관리충원 방식에 따라 중앙으로 진출했다. 초기에 진출한 이들의 후손이 문벌화됨에 따라 점차 중앙으로 진출할 기회가 적어졌지만 고려 후기까지 과거를 통해 중앙정계로 진출하는 데 법적인 제한이 없었고 진출 사례도 계속 확인된다.

그러나 전체 향리층에게 중앙관료로의 진출 자격이 보장된 것은 아니었다. 향리층 내부에도 계선이 있어 하층은 승진에 일정한 제약을 받았다. 1048년(문종 2)에 성립한 과거 응시 규정에는 '부호장 이상의 손자와 부호정副戶正 이상의 아들'에게 과거의 핵심 과목인 제술과와 명경과에 응시할 자격을 주었고, 1051년의 향리 승급 규정에는 '여러 대 가풍이 있는 집'과 '그만 못한 집'으로 나누어 처음 취임하는 향리직에 차등을 두었다. 향리층 내부에 단층이 있어 부호정 이상의 직무

가족, 친족 그리고 신분 69

를 담당하는 고위층과 그 이하를 담당하는 하위층으로 나뉘며 중앙에서는 이에 근거하여 제술과와 명경과의 응시 자격을 규정한 것이다. 따라서 하급 향리층은 과거에 응시하더라도 잡과雜科로 진출하여 한품되었음을 짐작할 수 있다. 부곡 등 특수지역의 리吏 역시 중앙관료가 되어도 5품 이상을 받을 수 없도록 한품제가 적용되었다는 점에서 군현의 하위 향리층과 동일한 성격으로 파악할 수 있다.

  지배 신분을 상층과 하층으로 나누는 계선은 중앙관료층에도 있었다. 중앙관료는 최고위 재상까지 승진하는 데 제한이 없는 부류와 5품이나 7품에서 한품되는 부류로 나뉘었다. 특히 궁중의 잡무나 하급 행정실무를 담당하는 부류는 별도로 남반南班을 구성하여 7품에서 한품되었다. 승려나 상공업 종사자의 후손도 한품제의 적용을 받았다. 이외에 군반씨족軍班氏族이나 정호丁戶로 표현된 부류도 하급 지배층으로 분류할 수 있다. 이들은 국가로부터 일정한 대가를 받고 직역을 부담한다는 점에서 일반민[白丁]보다 우위에 있었고, 대대로 하위 직역을 세습한다는 점에서 신분의 성격을 띠었다.

  이처럼 고려의 신분질서는 양인과 천인, 군현민과 특수지역민의 구분을 골격으로 하면서 양인 내부에 다시 지배층과 피지배층을 나누는 계선이 그어졌다. 지배층은 다시 최고위 관직까지 승진할 수 있는 부류와 일정한 선에서 한품되는 부류로 나뉘었다. 전자는 군현의 상급 향리와 중앙 고위관료로 구성되고, 후자는 군현의 하급 향리와 특수지역 상급 향리, 그리고 중앙의 남반으로 구성되었다. 이외에 군반씨족, 정호 등도 하급 지배층을 구성했다.

화령부호적 1391년에서 1392년 사이에 작성된 화령부(지금의 함흥지역)의 호적으로 노비 호구와 양인 이상의 호구로 구성되어 있다. 노비호는 노비주의 이름을 먼저 기재하고, 호주 부처와 자녀의 이름만 기재했다. 조선을 건국한 이성계도 노비주로 확인된다. 양인호는 호주와 호주처의 사조(부·조·증조·외조)를 기재하고 자녀와 소유 노비를 기재했다. 고위관리는 사조의 사조까지 기재한 경우도 있다. 노비 호적은 주인을 확인하는 것이 주된 목적이었고, 양인 호적은 혈통과 보유 노비를 확인하는 것이 주된 목적이었음을 알 수 있다.

고려시대 신분제의 주요 쟁점

2신분제론과 4신분제론

현재 학계에서는 고려 신분제의 기본적인 구성에 대해 의견이 일치하지 않고 있다. 전체 인민을 양인과 천인의 2신분제로 파악하는 견해와 귀족, 중간계층, 양인, 천인의 4신분제로 파악하는 견해가 대립하고 있다. 쟁점은 양인을 천인과 대비되는 단일한 신분으로 볼 것인지, 공민이면서도 지배층과는 구분되는 피지배층으로 볼 것인지에 집중되어 있다.

고려의 법률이나 관습을 살피면 천인을 제외한 부류도 혈통과 직역, 관품 등의 차이에 따라 권리가 차등적으로 주어졌다. 상급 지배층은 스스로를 사족士族, 또는 양반兩班으로 칭하며 하위의 서인庶人과 구분했다. 사족은 군역, 관직 진출, 형벌 등에서 우대되었다. 상급 지배층 아래에는 법제나 관행상 중간층으로 분류할 수 있는 부류가 있었다. 이들은 한품제의 적용을 받았지만 일반민에 비해서는 특권을 누렸다. '군반씨족軍班氏族'은 대대로 장교직을 담당한 반면, 일반 군호는 병사가 되어 국역을 졌다. '정호丁戶'로 불린 부류도 직역과 토지를 세습했다. 정호는 백정白丁에서 충원되기도 했지만 백정이 정호가 되는 것은 포상이나 승급의 일환으로 시행되었다. 따라서 양천제로는 '양인' 내부에 수직적으로 분포하는 계선들을 설명하기 어렵다.

이러한 중층성에 근거하여 4신분제론이 제기되었다. 4신분제론의 핵심 논거는 관직 진출 자격이다. 사실상 관직 진출이 불가능한 부류를 평민으로 설정하고 천민과 더불어 피지배층으로 분류했다. 지배층으로는 최상층에 귀족을 설정하고 그 아래에 향리, 서리, 남반, 하급 장교 등의 중간층을 설정했다. 귀족은 최고위까지 진출할 자격이 보장되고, 중간층은 관료가 되더라도 한품제의 적용을 받아 일정한 지위에서 승진이 멈춘다는 점을 강조하고 있다.

법제와 관행에 의거하면 4신분제가 설득력이 있어 보인다. 그러나 4신분제론도 고려의 신분 구조를 온전히 설명하기에는 부족하다. 일례로 상급 향리층을 어떠한 신분으로 규정할 것인가 하는 문제가 있다. 호장층을 배출하는 가계는 고려 전 기간 동안 최고 관직까지 승진할 자격이 있었다. 그러나 지방에서 향리직을 세습하는 호장층을 '귀족'으로 분류하기는 어렵다. 4신분제론에서는 대개 '귀족'을 중앙에서 문벌을 형성하고 고위관직을 독점하는 부류로 설정했다. 호장을 포함한 향리는 국가로부터 토지를 받고 직역을 세습한다는 점에서 중간계층으로 분류된다.

4신분제론은 거주 지역에 따른 차이도 설명하지 못한다. 특수지역민은 군현민에 비해 관습이나 법으로 명백한 차별을 받았고 그 차별이 세습되었다. 그러나 국역을 졌다는 점에서 특수지역민은 천인으로도 양인으로도 규정하기 곤란하다. 이와 같은 난점은 무반武班에도 해당된다. 무반의 최고위직인 상장군은 국정회의에 참가할 만큼 높은 대우를 받았다. 그런데 비교적 미천한 출신도 장군이나 상장군이 될 수 있었다. 상장군으로서 정변을 일으킨 해주 출신 정중부도 처음에는 공학금군控鶴禁軍으로 군생활을 시작했다. 4신분제를 적용하면 무

고려의 지배층과 백성 1350년(충정왕 2)에 그린 미륵하생경변상도의 하단에 있는 지배층과 백성의 모습이다. 지배층은 호화로운 가마를 타고 있는 반면, 백성은 들에서 힘겹게 농사를 짓고 있다.

반에는 귀족뿐 아니라 중간층이나 양인 출신이 섞여 있어 무반의 성격이 모호해진다.

이처럼 고려의 신분구조를 설명하기에는 2신분제론과 4신분제론 모두 약점을 지니고 있다. 2신분제론은 신분을 결정하는 원리와 중층적인 구조를 담아내지 못하고, 4신분제론은 유동적이고 모호한 경계들로 말미암아 편의적으로 적용되기 쉽다.

귀족제론과 관료제론

고려 신분제에 대한 견해가 2신분제론과 4신분제론으로 대립하는 것은 궁극적으로 고려사회의 성격과 역사적 위치를 달리 보는 데서 기인한다. 신라 말의 혼란기에 폐쇄적인 골품제가 해체되어 신분 간 장벽이 완화되었지만 그렇다고 신분제가 해체된 것은 아니었다. 고려 신분제는 신라보다 개방적이지만 조선과 비교하면 폐쇄적이고 중층적이다. 따라서 어디에 초점을 맞추는가에 따라 평가가 달라진다. 신분 상승의 기회와 신분 간 유동성에 주목하면 발전적 측면이 부각되고, 신분의 다양성과 중층성에 주목하면 신라 이래의 연속성이 부각된다.

양천제론과 4신분제론 사이의 가장 큰 쟁점은 귀족 신분의 인정 여부다. 4신분제론에서는 성종 대 이후 중앙고위직을 독점한 부류가 신분내혼을 지속하면서 문벌귀족을 형성했다고 보고 있다. 국가에서는 관직과 경제적인 특혜를 주어 귀족 신분을 유지하게 했다고 파악하고 있다.

관직의 특혜는 음서를 뜻한다. 음서는 자격이 있는 인물의 자손에게 자동으로 관직을 수여하는 제도이다. 매년 5품 이상 관리의 자손이 음서를 받았다. 국왕이나 공신의 자손은 대수를 제한하지 않고 영속적으로 음서를 받았다. 양측적 혈연 의식으로 인해 음서는 모든 혈연 계통에 주어졌다. 문벌은 계급내혼으로 얽혀 있었으므로 음서의 기회가 다양한 혈연 계통에서 발생했다.

경제적인 특혜는 공음전 제도를 뜻한다. 고려 관리들은 전시과에 따라 토지를 받지만 5품 이상은 이와 별도로 공음전을 더 받았다. 사망하면 일반 전시를 국가에서 회수한 것과 달리 공음전은 후손에게 상속되었다. 4신분제론에서는 이렇듯 5품을 기준으로 주어지는 음서와 공음전에 근거하여 고려를 문벌귀족사회로 판단했다.

그러나 귀족의 존재를 인정할지라도 그것이 법으로 인정된 신분이 아니라는 점에서 실체를 규정하기에 어려움이 있다. 5품 이상 관리를 3대 이상 배출한 가문을 귀족으로 규정하기도 하고, 재추를 배출한 가문을 귀족으로 판단하기도 하나 편의적인 설정이라는 비판을 면키 어렵다.

관료제를 주장하는 측에서는 이러한 문제점을 지적하며 지위를 성취하는 측면을 강조했다. 고려의 주도적 정치 세력은 과거에 의해 성립한 관료적 문벌이라는 것이다. 음서제에 특권적인 성격이 있지만 이는 초직을 주는 것으로 이후의 승진과는 필연적 연관성이 없는, 과거제에 부수되는 제도에 불과하다고 보았다. 공음전 역시 공로를 세운 관료에 대한 포상으로 보았다. 또한 과거나 군공軍功 등으로 하층에서 상층으로 이동한 사례들을 이용하여 신분 간의 개방성을 강조했다. 상층의 폐쇄적인 통혼망도 어느 사회에서나 나타나는 계급내혼으로 이해했다.

  국왕에게 봉사하는 관료가 곧 고려 지배층의 존립 근거였다는 점도 강조되었다. 중국 위진남북조시기의 '귀족'이 관료제로부터 자율성을 가진 반면, 고려의 '문벌'은 재상을 계속 배출하지 못하면 문벌의 지위에서 탈락했음이 지적되었다. '문벌'의 본질은 귀족이 아니라 관료였으며, 과거나 음서를 통해 관료를 배출하고 인간관계망을 활용하거나 개인의 능력을 발휘하여 계속 재상을 배출함으로써 문벌의 지위를 계승했다는 것이다.

  관료제론과 귀족제론은 모두 나름의 근거를 지니고 있으므로 어느 한쪽으로 귀결될 가능성은 희박해 보인다. 음서제와 공음전은 특권적 지위를 영속적으로 보장한다는 점에서 귀족적 성격이 강하다. 과거는 능력 본위의 시험 제도이고 관료는 국왕이 임명한다는 점에서 성취 지위의 성격이 강하다. 이처럼 양면적인 고려 신분제의 한쪽 면을 주목함으로써 귀족제론과 관료제론이 대립하고 있다.

폐쇄적이고 양측적인 신분계승 원리

  양천제론은 신라의 고대성을 극복한 발전성을 강조하는 반면, 귀족제론에서는 신라 이래의 관행이 일정 정도 유지되었음을 인정한다. 양자는 모두 나름의 근거를 지니고 있다. 그러나 신분 계승 원리 면에서 보면 고려의 신분질서는 매우 폐쇄적이었다. 이러한 점에서는 고대성의 잔존과 귀족제적인 특징을 인정할 수 있다. 고려 신분제의 폐쇄성은 신분이 다른 부모에게서 태어난 자녀의 신분 귀속에서 잘 드러난다. 기본 원리는 부모 양측의 신분이 동일할 때만 자식도 그 신분에 귀속되며 그렇지 않을 경우 높은 쪽보다는 낮은 쪽이 우월하게 작용한다는 점이다. 특히 노비와 양인이 혼인했을 경우 그 자녀는 전원 노비가 되었다. 지배층에서는 자신의 노비를 양인과 혼인시킴으로써 노비를 무제한으로 늘릴 수 있었다. 한쪽이 천하면 그 소생도 천하게 되는 원리는 특수지역민에게도 동일하게 적용되었다. 군현민과 특수지역민이 혼인하여 낳은 소생은 모두 특수지역에 속하게 했고, 부·모가 각기 다른 특수지역에 거주할 경우 절반씩 나누되 남는 자녀는 어머니가 소속한 지역에 속하게 했다.

국왕도 이러한 원리에서 자유롭지 못했다. 국왕의 사랑을 받아도 신분이 낮으면 배우자인 후비后妃가 될 수 없었다. 단지 국왕을 모시는 '궁인宮人'에 머물렀다. 궁인의 소생 역시 왕족, 즉 종실宗室에게 주는 봉작封爵의 적용 대상이 아니었다. 아들은 소군小君이라 불렸으며 억지로 머리를 깎고 출가해야 했다. 지배층에서는 이들을 한쪽은 귀하고 한쪽은 천하다는 의미에서 '무지개중'이라고 조롱했다. 궁인 소생녀의 남편은 청요직에 임명될 수 없었고, 후손은 과거에 응시할 수 없을뿐더러 관직에 나아가도 한품제가 적용되었다.

이렇듯 양인과 노비의 소생이 노비가 되고 국왕의 후손조차 어머니의 신분이 낮다는 이유로 천시되는 신분 계승 원리는 아버지 쪽과 어머니 쪽의 혈연이 함께 작용한다는 점에서는 수평적이지만 낮은 쪽이 우월하게 작용한다는 점에서는 폐쇄적이다. 부계 사회인 중국에서는 아버지의 신분이 자녀의 신분을 결정했다. 비록 첩 소생은 서얼로 불려 처가 낳은 적자嫡子와 차별되었지만 차별은 가족 내에서만 적용될 뿐 사회적 지위와 자격은 적자나 서얼이나 차이가 없었다. 그러나 고려 신분질서의 기본 틀은 부·모 중 일방이 천하면 소생도 천한 신분이 되는 것이었다.

이러한 원리는 신라 골품제의 계승 원리와 다르지 않다. 신라에서도 부모가 모두 진골이어야만 자식도 진골이 되었다. 고려의 신분질서는 구성이나 신분 상승의 기회 면에서는 신라에 비해 개방적이고 유동적으로 변모했지만 계승 면에서는 신라 골품제의 폐쇄적인 원리가 그대로 지속되었다. 능력에 따른 지위 획득의 기회가 증가했으면서도 신라의 신분 계승 원리가 유지된 것은 신라와 조선의 중간에 있는 고려의 역사적 위치를 잘 보여 준다.

-이종서

고려에서 가장 중요한 산업은 농업이었다. 농업생산물에 의존해 거의 모든 사람들이 먹고 살았으며 국가도 농업생산물을 조세로 받아 재정을 운영하고, 이를 바탕으로 행정운영을 했다. 따라서 농업생산활동이 이루어지는 토지를 누가 얼마나 많이 소유하며, 농업노동은 누가 담당하고, 농업생산물을 토지소유주와 경작자, 국가가 어떻게 분배하는가 하는 것은 고려라는 국가를 이해하는 가장 중요한 문제이다.

이 글에서는 고려시대 토지소유권에 관한 문제, 토지소유자와 경작자의 관계 및 지대 등 지주전호제와 관련된 사항, 국가의 토지 파악과 조세 문제, 전시과 제도로 완성된 고려의 수조권분급 제도의 구체적 내용과 그 본질적인 한계, 12세기 이후 전개된 전시과 체제의 붕괴와 조업전화(祖業田化) 현상 및 농장의 발달, 그리고 이에 따라 발생된 여러 가지 사회경제적 문제들, 마지막으로 고려의 토지문제를 해결하기 위해 제시된 개혁논의와 과전법의 성립 등 고려시대의 토지제도를 이해하기 위해 가장 핵심적인 문제들이라고 생각되는 사항들에 대해 구체적으로 살펴보았다.

토지 소유와
중세적 토지 지배 관계

백성과 국가의 근본, 토지와 농업

농업과 토지

전근대사회에서 경제적 생산물의 거의 대부분은 농업 생산물이었다. 일부 수공업과 광업·어업 생산물이 존재했지만, 이는 부수적인 것에 불과했다. 수량 면에서 보나 사람이 살기 위해 의지하는 바로 보나 곡물을 중심으로 하는 농업 생산물의 위치는 압도적인 것이었다. 따라서 농사는 천하의 커다란 근본[大本]인 백성들이 삶을 영위하는 것이며, 천하를 가난하게도 하고 부유하게 하는 근원이라고 했다. 이 때문에 농업 자체를 천하의 가장 커다란 근본[大本], 즉 "농자천하지대본農者天下之大本"이라고 했다.

고려시대에도 농업 생산에 의해 사람들의 삶이 이루어졌을 뿐만 아니라 국가의 행정운영 자체도 농업 생산물의 수취를 통한 조세체계 및 재정운영체계에 뒷받침되어 이루어졌다. 그러므로 가장 중요한 산업, 생산체계는 농업이었다. 국가는 백성을 근본으로 삼지만 백성은 식량을 하늘로 삼고 있었으므로 농사는 무엇보다 중요한 것이었다.

농업을 위해서는 농작물이 자라는 토지라는 수단이 반드시 필요하다. 농업 생산 활동은 토지에서 이루어지며, 경제적 창출과 부의 축적은 농업 생산물을 얼마나 많이 생산하고 소유하는가에 달린 문제였다. 일반적으로 농업 생산량은 토지의 넓이에 비례해 증대되었다. 따라서 토지를 누가 얼마나 많이 소유하는가 하는 문제, 그리고 토지에서 농업 노동은 누가 담당하며, 경작자와 토지소유자 그리고 국가 간에 토지에서 생산된 생산물을 어떻게 분배하는지에 대한 문제는 고려시대를 비롯한 전근대사회에서 가장 중요한 사회경제적 문제이자 정치적 문제였다. 고려 정부는 토지와 토지의 생산물을 둘러싼 여러 가지 제도적·법적 장치를 마련했으며, 이는 고려 국가의 성격과 밀접하게 관련된 것이었다. 그러므로 아래에서는 고려시대 토지 제도의 중요한 요소들인 토지 소유권의 문제, 토지의 경작과 지대, 토지에 대한 국가의 파악과 조세 부과, 고려시대 토지 제도의 독특한 모습인 수조권 제도, 고려 후기 토지 제도의 변화상과 토지 제도 개혁론에 대해 살펴보도록 하겠다.

토지 소유

고려시대에는 토지, 특히 농사를 짓는 경작지를 개인이 소유하는 것이 가능했다. 현재의 시각에서는 너무나도 당연한 것으로 여겨지지만, 고려시대 사람들이 토지를 소유했다는 사실이 해명된 것은 그리 오래된 일이 아니다. 1960년대까지만 해도 전근대 우리나라의 토지는 모두 국가가 소유했다는 토지국유제론이 보편적인 학설이었다. 또한 유럽에서는 중세시대의 토지 소유가 영주의 대토지소유제로 이루어져 있었고, 농노의 토지 소유는 보장되지 않았다. 따라서 고려의 농민들이 토지를 소유할 수 있었다는 사실은 우리나라 중세사회의 특질, 봉건제의 성격과 관련되는 매우 중요한 문제라고 할 수 있다.

토지 소유층

토지를 소유한 계층으로는 우선 왕족이나 귀족, 관료, 승려들과 같은 특권층, 그리고 왕실이나 사원 등의 기관을 들 수 있다. 귀족이나 관료로는 고려 전기에 문하시중을 역임한 강감찬姜邯贊(948~1031)이 개령현開寧縣에 12결의 토지를 소유하고 있었던 것, 고려 중기의 관료 이승휴李承休(1224~1300)가 외가로부터 토지 2경頃을 물려받아 소유한 것 등의 사례가 있다. 승려의 경우로는 통일신라 때의 일이지만 승려 입운入雲이 14결의 토지를 매입하여 소유한 기록, 사자산獅子山에 있던 갑사岬寺라는 절의 승려가 자신이 소유하던 토지를 최해崔瀣(1287~1340)에게 임대해 준 고려 후기의 기록 등이 있다. 사원이 토지를 소유하고 있던 예로는 이미 통일신라 때에 경문왕이 아버지의 장지를 마련하기 위해 절의 땅을 사들이면서 "공전公田●이 아니므로 좋은 값을 주고 사 들인다"라고 한 기록을 들 수 있다. 국왕마저도 값을 치르고 땅을 샀다는 것은 사적 토지소유권이 확립되어 있었다는 가장 확실한 증거가 될 것이다. 귀족을 비롯한 권력층이나 사원 등의 기관은 국가권력이나 왕권과 연계되어 있었으므로, 일반민들보다는 토지 소유에 유리한 위치에 있었다.

공전
국가나 왕실 소유의 땅.

개선사석등기. 7행부터 10행에 걸쳐 891년(신라 진성여왕 5)에 승려 입운이 곡식 100석으로 논을 매입한 사실을 기술했다. 고려 이전부터 신분에 상관없이 토지를 매매할 수 있었다.

하지만 토지를 소유하는 데 신분에 따른 제약이 있었던 것은 아니다. 귀족이나 국가 기관만이 아니라 농민들도 토지 소유가 가능했다. 농민들의 토지 소유는 고려시대 이전부터 이루어졌다. 이미 통일신라 때인 722년(성덕왕 21)에 백성들에게 지급한 정전丁田이나 일본의 쇼소인[정창원正倉院]에서 발견된 〈신라촌락문서〉에 보이는 연수유전답烟受有田畓의 존재가 그것이다. 능력이 있는 경우에는 누구든지 토지를 소유할 수 있었던 것이다. 예컨대 백정白丁 신분의 우달于達이 경작하던 소유지에 대한 기록이 삼일포매향비에 남아 있다. 또한 고려 중기의 학자 임춘林椿이 단주湍州 소재의 밭을 사려고 했는데 그 땅의 원래 소유주는 군맹郡氓, 즉 단주의 백성이었다.

연수유전답
농민들이 받아서 소유하고 있는 전답.

양인농민만이 아니라 노비를 비롯한 천민들도 토지를 소유할 수 있었다. 명종 때 농사에 힘을 써 부자가 되어 신분까지 상승시킨 가노家奴 평량平亮은 농토를 소유했을 가능성이 매우 높다. 고려 말에 조준趙浚(1346~1405)은 공사천인公私賤人의 신분으로서 역역에 충당되는 자는 백성과 마찬가지로 호戶마다 1결의 토지를 지급하고 조租를 납부하지 않게 하자고 했다. 뒤이어 토지를 숨긴 자에 대한 처벌 조항을 규정했다. 조문의 표현대로 국가에서 호마다 1결의 토지를 지급하는 것이라면, 토지를 숨기는 행위는 있을 수 없게 된다. 따라서 조준의 제안은 국가에 역역을 부담하는 공사천인들에게 그들이 역을 부담하는 대가로 경작하는 토지 중 1결에 대해 국가에서 조세를 면제해 주자는 것으로 해석된다. 그런데 1결만 면제받아야 하는데 더 면제받기 위해 다른 토지를 숨기는 자가 있을 수 있으므로 이에 대한 처벌 조항까지 규정한 것이다. 이로 보아 공사천인 중에는 1결 이상의 경작지

埋香碑

高城四仙峯埋香碑云高麗國江陵道存撫使金天皓知江陵府使朴瑊和州副使鄭祿通州副使洪秀判官金光寶襄州副使朴瑊和州副使鄭祿通州副使金用卿歙谷縣令成乙臣扞城縣令邊裕三陟縣尉趙臣柱尉珍縣令權昐旋善監務朴椿等與諸菴尊甲曰發誓頗香二千五百株埋於各浦以侍龍華會主彌勒下生日生會下供養三寶云大元至大二年己酉八月日道人志如列板平海崖洞埋千株襄陽德山望理二百汀埋二百株三陟孟方汀埋二百五十株歙谷短末里埋一百一十株押戎縣鶴浦口埋一百二十株

高城

《문헌비고》에서 삼일포매향비가 언급된 부분(오른쪽)

삼일포매향비 중 전면 탁본(왼쪽) 강원도 고성군 삼일포에 있었던 매향비로 1309년(충정왕 1)에 건립되었으나 현재 비는 사라지고 탁본만 전한다. 미륵보살을 공양하기 위해 토지를 시주한 것이 기록되어 있는데, 시주된 토지의 위치를 표기하면서 "동북쪽은 농사짓지 않는 진답陳畓이고, 큰 제방(大冬音)이 있습니다. 남쪽에는 길이 있습니다. 서쪽은 백정白丁 우달于達의 경작지입니다"라는 내용이 나와 있어, 고려시대 양인 농민의 토지 소유 및 경작과 관련된 주요한 사실을 전하고 있다.

를 소유하고 있던 자들이 있었음을 알 수 있다. 천민들도 토지를 소유하고 있었으므로, 비록 조선시대에 만들어진 법전이지만 《경국대전》에는 노비가 자손 없이 죽었을 경우 그 노비가 소유한 토지를 어떻게 할 것인지에 대한 상속 문제를 법으로써 규정했던 것이다.

이처럼 신분에 상관없이 고려시대의 모든 사람들이 토지를 소유할 수 있었지만, 농토를 소유한 계층의 주된 부분은 농민들 특히 양인농민층이 차지하고 있었던 것으로 보인다. 이들 농민이 소유한 토지는 전국적으로 분포했다. 사적 토지소유제도가 발전하고 토지 소유에 있어서 신분적 제약이 없었으므로, 자신의 토지를 자신의 힘으로 경작하여 생계를 이어가는 독립적인 자영 소농이 광범위하게 형성되어 있었다.

토지 소유 면적

신분에 상관없이 누구나 다 토지를 소유할 수 있었지만 토지를 소유하는 면적은 소유자의 능력에 따라 크게 달랐다. 우선 지배계층이나 사원을 비롯한 권력기관은 토지 소유에서 우월한 위치를 점하고 있었다. 물론 이들 내에서도 양광도楊廣道 과주果州로 이주하여 이곳에서 전택田宅을 빌려 생활 기반을 마련한 송후宋侯나 사자산에 있는 갑사의 승려로부터 토지를 빌린 최해와 같이 다른 사람에게 토지를 빌려 살아가는 경우도 있었다. 하지만 지배계층은 대토지를 소유한 경우가 일반적이었다. 예를 들어 안목安牧(1290~1360)은 황무지 상태이던 파주坡州 서교西郊의 땅을 개간하여 넓은 토지를 얻었는데, 손자인 안원安瑗(1346~1411) 때에는 수만 경에 달할 정도로 넓은 토지를 소유하게 되었다. 통일신라 때의 이야기이지만 대안사의 전답은 500여 결

경직도 노비들이 타작하는 것을 가주가 그의 손자를 데리고 관리하고 있는 모습을 그린 그림.

에 달했으며, 고려 현종 대에 현화사에 시주된 전지는 100경頃이었다. 또한 장안사는 함열현咸悅縣과 인의현仁義縣에 각 200결, 부령扶寧·행주幸州·백주白州에 각 150결, 평주平州와 안산安山에 각 100결씩 모두 1050결의 토지를 소유하고 있었다. 일반적으로 고려시대 사원은 대표적인 대토지 소유자였다.

지배계층이나 권력기관의 토지 소유는 이와 같이 소유한 면적에 있어서 농민들에 비해 우월했다. 뿐만 아니라 파주 서교를 개간한 안목의 예에서 보듯이 농경에 필요한 수자원에의 접근성 등 소유한 토지의 지리적 위치도 좋았다. 또 그들은 자신이 가지고 있는 재력과 노비 등의 노동력을 이용할 수 있었으므로, 노동력을 동원하고 투입할 수 있는 조건도 우월했고 농경기구도 훨씬 좋았다. 이러한 여러 조건에 따라 경작지의 비옥도도 농민들이 경작하는 농지보다 훨씬 좋았을 것으로 생각된다.

농민들의 토지 소유 면적은 매우 다양했다. 농민들 중에도 많은 토지를 소유한 사람이 있었을 것이다. 하지만 농민들 대다수는 자기 소유 농지로 자기 가족을 먹여 살리는 데 그치거나 소유한 농지만으로는 생계를 이어나가는 것이 곤란한 경우가 많았다. 조선 세종 때 전토田土를 50결 이상 소유하면 대호大戶, 30결 이상이면 중호中戶, 10결 이상이면 소호小戶, 6결 이상이면 잔호殘戶, 5결 이하면 잔잔호殘殘戶로 정했는데, 비록 토지가 적은 강원도의 예이긴 하지만 민호民戶 1만 1천 538호 중에서 잔잔호가 7773호로 약 67퍼센트, 잔호가 2043호로 약 18퍼센트였다. 즉 9결 이하의 농민이 85퍼센트를 차지했으며 특히 5결 이하가 전체 농민의 3분의 2가 되었다. 이 숫자는 조선 세종 때의 상황을 반영하는 자료이지만, 고려시대 농민들의 경우도 비율상으로는 비슷했을 것이다. 특히 노비의 경우 고려 말 백정대전白丁代田에 나타난 것을 보면 1결을 기준으로 하고 있으며, 조선 초 지방에서 혁파된 사원노비의 경우 소경전所耕田 2결 미만인 자는 포공布貢을 징수했다는 것으로 보아 노비들이 소유한 토지의 면적은 더욱 작았던 것으로 보인다. 물론 일반 양인농민들이나 노비농민들 중에는 토지를 소유하지 못한 무전농민無田農民들이 상당수였다. 토지를 소유하고 있다고 해도 그들이 소유한 토지의 지리적 위치나 비옥도도 지배계층이 소유한 토지에 비해 떨어지는 경우가 대부분이었을 것이며, 농구를 이용하거나 노동력을 동원하는 등의 경영 능력도 훨씬 열악했을 것이다.

토지 소유 권리

농민들은 대를 이어가며 가족의 노동력으로 토지를 개간하여 경작했고, 이러한 토지에 대한 권리는 국가에 의해 법적으로 인정되었다. 토지 소유에 대한 권리는 중세사회 내내 완만하게 강화되어 갔다. 우선 토지를 소유하는 권리에서 가장 핵심적인 것은 토지를 경작하여 소출所出, 즉 농업 생산물을 생산하고 이를 통해 생활을 영위하는 것이었다. 고려 후기의 학자 이색李穡은 적제촌赤提村에 밭을 소유하고 있었는데, 이 밭에서 이루어진 보리 수확 등의 작황을 농노農奴로부터 보고 받았다는 기록을 남겼다. 이색이 작황을 보고 받았다는 것은 자신의 소유 토지에서 경작을 하고 경작을 통해 산출되는 농업 생산물에 대한 소유의 권리를 행사할 수 있다는 전제가 없으면 불가능한 것이었다. 노비농민임에도 농사를 지어 부자가 되었다는 명종 대 평량의 사례도 자신의 농업노동을 통해 산출되는 생산물을 자신의 소유로 할 수 있었기에 가능했을 것이다. 농업 생산물에 대한 권리는 신분에 상관없이 토지 소유자 또는 농업 경영자에게 있었음을 보여 준다. 토지 소유자 본인이 직접 토지를 경작하거나 농업 경영을 함으로써 수익을 올릴 수도 있었고, 토지를 타인에게 임대한 뒤 농업 생산물의 일정 부분을 대가로 받음으로써 수익을 올릴 수도 있었다.

토지 소유자는 소유지를 자식들에게 상속하거나 타인에게 양도 또는 매매할 수 있었다. "부조전父祖田으로서 문서가 없는 것은 적장자嫡長子에게 우선 결급決給한다"는 1122년(예종 17)의 소송 조항은, 자식들에게 부모의 소유 토지가 상속됨을 전제로 해서 나온 것이었다. 실제로 이승휴는 외가로부터 전해 받은 2경頃의 토지를 소유하고 있었으며 안목이 개간한 파주의 토지도 손자인 안원에게까지 상속되었다. 소유 토지의 대부분은 그 자손들에게 상속되었고 이는 대부분 조상에게서 물려받은 것이었다. 따라서 소유 토지는 할아버지나 아버지에게서 전래되었다는 의미로 부조전父祖田, 또는 대대로 자신의 집안에서 업業으로 삼아 왔다는 뜻에서 세업전世業田 또는 조업전祖業田으로 불렸다.

토지 소유자는 상속 이외에도 타인에게 토지를 증여하거나 매도하는 등의 소유 권리를 행사할 수 있었다. 강감찬은 군호軍戶에게 개령현開寧縣의 토지 12결을 증여한 예가 있으며, 외방의 인리人吏가 역을 피하기 위해 자신이 경작하던 토지를 권세가에게 뇌물로 준 사례가 있다. 정종靖宗 때 최제안崔齊顏(?~1046)은 천룡사天龍寺 등에 토지를 기증했는데 특히 불교 사원에 대한 증여는 많은 사례가 보인다.

매매 사례도 고려 이전부터 나오며, 토지 소유자 누구나 매매의 주체가 될 수 있었다. 아버지의 장지로 쓰려고 절의 땅을 좋은 값을 주고 산 경문왕의 사례에서 알 수 있듯이, 소유주가 민이고 획득하려고 하는 주체가 왕실이라 하더라도 정당한 대가를 지불해야만 그 소유권을 획득할 수 있었다. 정중부鄭仲夫(1106~1179)의 난 때 임춘이 단주에서 군맹郡氓의 토지를 사려고 했던 것에서도 일반 민의 토지 소유권이 보장되고 있었음을 알 수 있다. 즉 토지 소유의 규모나 소유 토지의 질에서 차이가 있었을지 모르나 토지 소유에 대한 소유주의 권리는 신분상 차등이 없었다.

토지에 대한 소유권은 국가에서 법적으로 보호했다. 고려 정부는 토지 소유자의 소유권을 보호하기 위한 조치로 타인의 토지를 도둑질하여 팔아먹거나 다른 사람의 것과 교환한 자에 대해 팔아먹거나 교환한 토지 면적에 비례하여 처벌하는 조항을 마련했다. 국가 소유지나 타인 소유지를 몰래 경작[盜耕]한 자와 토지 소유자를 강제로 억압하고 그 토지를 자기가 경작한 자에 대한 처벌 조항은 토지 소유자의 토지 소유권과 경작권을 보호하기 위한 것이었다.

이와 같이 토지에 대한 개인의 소유권이 보장된 것은 일찍부터 토지에 대한 항상적 지배가 이루어졌기 때문에 가능했다. 우선 고려시대에는 같은 땅에서 매년 경작하는 상경화常耕化의 진전이 매우 높은 수준이었다.

> 무릇 전품田品은 불역지지不易之地를 상上으로 하고 일역지지一易之地를 중中으로 하고 재역지지再易之地를 하下로 한다. 불역산전不易山田 1결은 평전平田 1결에 준하게 하고, 일역전一易田 2결은 평전 1결에 준하게 하고 재

출처: 《고려사》 권78 〈식화〉 1 전제田制 경리經理.

역전再易田 3결은 평전 1결에 준하게 한다.

고려시대의 토지에는 매년 경작하는 상경전常耕田과 한 해 걸러 경작과 휴한休閑을 반복하는 일역전一易田, 1년 경작 후 2년 동안 휴한하는 재역전再易田이 있었다. 일역전과 재역전을 근거로 고려시대의 토지 경작은 휴한법休閑法이 일반적이었다는 견해가 있다. 그런데 위의 사료를 보면 산전山田에 대해서만 일역전과 재역전의 언급이 있으며, 기준으로 삼고 있는 평전에는 그러한 언급이 없다. 즉 평전의 경우 이미 상경화가 이루어진 상태를 상정한 후, 이를 기준으로 토질이 척박한 산전의 경우에만 일역전과 재역전을 설정하고 있는 것이다. 따라서 대부분의 토지에서 경작자는 토지를 매년 경작하면서 항상적으로 지배할 수 있었고, 이러한 사실은 토지 소유권의 기초적 근거가 되었다.

물론 산전과 같이 척박한 토지에서는 휴한休閑 농법이 이루어지고 있었다. 하지만 이러한 농지라고 하더라도 이는 수년마다 정기적 또는 부정기적으로 경작하는 휴경休耕이 아니라 농지를 휴식시키는 동안에도 갈아주는 휴한경休閑耕이었다. 따라서 휴한 농법이 이루어지는 토지에서도 농민이 토지를 일정하게 지배할 수 있었으며, 소유에 대한 권리도 일정 정도 성숙되었다고 할 수 있을 것이다. 일반적으로 휴한 단계를 극복하고 상경화가 이루어지면서 토지 소유권의 확립이 완성된다고 한다. 이러한 사실로 볼 때 고려시대에 이루어진 평전에서의 상경화는 휴한 단계에서 어느 정도 성숙된 토지 소유권이 고려시대에 들어와 완전히 자리를 잡았음을 보여 주는 중요한 지표가 될 것이다.

토지의
경작과 지대

고려시대 인구의 대부분을 차지하던 농민층은 신분상 양인농민층과 노비농민층으로 구별되었다. 노비농민층 중에서도 자신의 토지를 소유하고 경작하는 계층이 있었지만 그 비중은 크지 않았고, 대부분은 주인의 토지나 다른 사람의 토지를 경작했을 것으로 추정된다. 자가 경영하는 농민층의 절대 다수를 차지한 것은 양인농민층이었다.

개인이 소유한 토지는 민전民田이라고 불렸는데, 민전 소유자의 절대 다수를 차지한 것은 양인농민층이었다. 양인농민층이 소유한 민전의 대부분은 소유자의 가족 노동력만으로 경작되었다. 일부 부유한 농민들은 축력畜力을 이용하거나 소유한 노비 등을 이용하여 농사를 지었겠지만 대부분의 농민들은 밭갈이, 파종, 제초, 추수까지 1년 동안의 농사 전부를 가족의 힘으로만 수행했을 것이다. 물론 노동력이 많이 필요한 시기에는 다른 농민들과 품앗이 형태로 서로 협력하여 농사를 도왔을 것이다. 조세 납부 때에는 일정한 토지 면적으로 묶인 족정足丁·반정半丁 단위로 농민 중에서 차출된 양호養戶를 중심으로 서로 협력하여 조세를 납부했다. 이들은 조세 납부에 공동 책임을 진 것으로 생각되므로, 이러한 협력체계는 농업 생산 과정에서도 유지되었을 가능성이 크다.

하지만 자신이 소유한 토지를 경작하여 거기에서 생산되는 곡식만으로 생계를 유지할 수 있는 농민은 많지 않았을 것이다. 이들이 소유한

족정
17결.

반정
17결의 반이라는 설과 17결 미만이라는 설이 있다.

토지의 면적은 대개 작은 규모였으며 토지의 비옥도도 떨어졌다. 뿐만 아니라 농기구와 물의 공급 등 여러 가지 면에서 불리한 위치에 있었다. 또 소유한 토지가 전혀 없어서 타인의 토지를 빌려 경작하여 생계를 유지하는 농민들도 많았다. 타인의 토지를 경작해 주고 생산물의 일정 부분을 가지는 것, 이를 지주전호제地主佃戶制라고 하는데, 토지를 소유한 사람을 지주, 토지를 빌려 경작하는 사람을 전호라고 했다.

지주전호제를 시행할 정도로 많은 토지를 소유한 사람은 대부분 지배계층이었다. 개인으로는 주로 중앙의 고위관료를 비롯한 권력자들이었으며, 사원이나 궁원과 같은 곳도 대토지를 소유하고 있었다. 이들은 소유한 노비에 의해 직접 토지를 경영하기도 했지만, 외거노비外居奴婢나 양인농민을 전호로 삼아 경작시키는 경우도 많았다. 이때 토지 소유주는 토지를 제공하고 경작 농민은 경작 활동에 필요한 노동력을 제공했다. 수확물은 일정하게 분배되었다.

개인이 소유한 토지를 빌려 준 대가로 받는 것을 지대地代라고 했다. 지대는 빌려 준 토지에서 생산된 수확물로 받았는데 수확량의 2분의 1이었다. 이를 병작반수並作半收라고 한다. 토지 소유자는 토지를 제공하고 농민은 농사짓는 노동력을 제공하므로 토지 소유자와 농민이 토지를 공동으로 경영하는 것이 되며, 따라서 그 수확을 반씩 나눈다는 의미다. 973년(광종 24)의 규정에 의하면 "진전陳田을 개간한 사람에게 사전私田의 경우 수확의 전부를 주고 2년째부터 전주田主와 반씩 나눈다"고 했으며, 1111년(예종 6)의 규정에서도 "3년 이상 된 진전을 개간하여 경작하면 2년 동안은 수확의 전부를 전호佃戶에게 주고 3년째부터 전주田主와 반씩 나눈다"라고 되어 있다.

하지만 경제적·사회적으로 열악한 처지에 있던 농민들이 반드시 지주와 동등하게 생산물을 나누어 가질 수 있는 것은 아니었다. 농민들은 고리대 등 여러 가지 명목에 의해 정상적인 분배를 받지 못하는 경우가 많았다. 대표적으로 무인집권기의 권력자인 김준金俊(?~1268)은 사방에 농장을 두고 가신家臣을 두어 관리하게 했는데, 벼 종자 한 말[斗]을 빌려주고 한 섬[碩]을 거두어들였으며, 그의 아들도 이를 경쟁적으로 본받았다고 한다. 이와 같은 일들은 고려시대 내내 특히 국가의 행정력이 약화되었을 때 어느 곳에서나 일어날 수 있는 가능성을 가지고 있었다. 고려 말의 권력형 농장에서는 이러한 일들이 비일비재하게 발생했을 것으로 생각된다.

반면 국·공유지에서 거두는 지대는 4분의 1이었다. 992년(성종 11)의 규정에 "공전公田의 조租는 4분의 1을 거둔다"고 하고, 이어 수전水田과 한전旱田에 대해 각기 상·중·하로 나누어 거두는 액수를 규정하고 있다. 이때 공전公田은 국·공유지를, 조는 지대를 의미한다. 개인 소유지에 비해 국·공유지의 지대가 이렇게 낮은 이유는 명확하지 않다. 단 개인에 비해 국가가 경작농민들에게 보다 우대 조치를 취했을 수 있다는 점, 국가 토지가 개인이 소유하고 관리하는 토지에 비해 비옥도 등이 떨어졌기 때문에 이처럼 지대를 낮게 받았을 가능성 등을 생각할 수 있다.

토지 파악과 조세 부과

토지 파악

고려 국가의 재정 기반은 농업 생산에 있었다. 농민들이 경작 활동을 통해 수확물을 생산하면, 국가는 수확물의 일정 부분을 조세로 거두어들였다. 그리고 거두어들인 수확물을 왕실, 관청, 관료 등에게 적절하게 분배함으로써 행정 처리 비용으로 삼게 하거나 생계 유지에 필요한 경제 활동을 할 수 있게 했다. 따라서 농업 생산이 이루어지는 토지를 정확하게 파악하는 것은 필수불가결한 것이었다. 토지를 정확하게 파악하기 위해 실시하는 토지 측량 및 조사를 양전量田이라고 한다. 고려 정부는 국초부터 양전 사업을 실시하여 양전 장부인 양안量案을 작성했다.

양전에서는 토지의 소유주와 소유 면적, 소유 면적과 관련된 토지의 형태와 사표四標, 토지의 등급인 전품田品과 현재 경작되고 있는지 아닌지의 여부[起陳], 양전의 방향 등에 대한 파악이 이루어졌다. 이러한 작업은 물론 양전척量田尺 규정과 같이 미리 제정된 일정한 규정과 원칙에 따라서 행해졌다.

양전 사업의 목적은 토지 소유주를 정확하게 파악하고, 소출량과 관계된 토지의 면적과 등급 등을 정확하게 파악함으로써 올바르고 정확하게 조세를 부과하기 위한 것이었다. 이는 국가의 재정 운용을 위해서도 중요한 것이었으며, 잘못된 파악이 조세 부담의 불균등성·불공정성을 야기한다는 점에서도 중요한 일이었다. 또한 이 작업은 양안에 토지 소유자로 기재되어 조세 납부의 책임을 진 대상자에게는 그 토지의 소유권자임을 국가가 공식 인정하는 것이기도 했다. 양안에 소유주로 기재된 사람은 법적으로 토지의 합법적 소유자임을 인정받아 자신의 소유권을 행사할 권리를 보장받게 되며, 동시에 조세를 납부할 책임을 지게 된다.

　양전은 막대한 비용과 시간을 필요로 하는 사업이었다. 우선 농민들이 소유한 농지는 농민 수만큼이나 그 모습과 크기가 다양했다. 또한 농민들이 가지고 있는 토지가 어느 지방에 위치하고 있느냐의 문제, 평지인가 산지인가의 문제, 토질과 비옥도의 문제, 그리고 수자원 확보가 용이한가의 문제 등 지리적·기후적인 여러 요인에 따라 수확량에 차이를 보일 수밖에 없었다. 면적이 같다고 해도 수확량은 천차만별이었다. 따라서 농민들이 가진 토지의 정확한 면적과 등급을 정하는 것은 결코 쉬운 일이 아니었다. 국가에서 거두는 전조田租의 양은 생산량의 10분의 1이었으므로, 이러한 모든 것을 종합해서 농민 개개인이 소유한 토지마다 생산량을 파악하고 얼마큼의 양을 조세로 거둘지 확정하는 것은 매우 어려운 일이었다.

　이에 고려 정부는 대책을 강구하지 않으면 안 되었으며, 그렇게 해서 마련된 것이 결부제結負制라는 양전 방식이었다. 결부제는 우리나라의 고유한 제도로서, 삼국시대부터 시행되었으며 시대에 따라 그 내용은 변화되었다. 우선 고려 초에는 결結의 면적이 중국의 토지 면적인 경頃과 동일한 면적으로 설정되었는데, 1결의 면적은 방方 33보步였다. 토지를 재는 자는 모두 같은 것이었으므로, 1결의 면적은 어느 곳에서나 동일한 절대면적이었다. 하지만 같은 면적의 1결이라고 하더라도 토지가 위치한 지역과 비옥도에 따라 토지마다 수확량은 다를 수밖에 없었다. 이에 고려 정부는 평균적인 수확량을 기준으로 토지의 등급, 즉 전품田品을 몇 단계로 구분했다. 비옥도에 따라 토지를 상·중·하 3가지로 구분하고, 지역에 따라 3가지로 구분하는 방식이었다. 그러면 토지는 총 9등급으로 구분되며, 고려 정부는 각 등급별로 평균적인 수확량과 이에 따른 수조의 양을 정해 놓았다. 9등급의 토지가 전국에 각각 몇 결씩 있는지를 파악하게 되면 총 수확량을 알 수 있게 되어, 손쉽게 예산을 책정할 수 있는 제도였다.

이러한 결부제는 고려 후기에 들어와 변화했다. 생산력 발전에 따라 같은 면적의 토지에서 생산되는 수확량이 꾸준히 증가했으므로, 결結의 면적에 대한 재조정이 필요했다. 그래서 고려 정부는 1결의 면적을 절대면적이 아니라 특정한 수확량을 기준으로 책정했다. 즉 곡식 한 줌이 생산되는 토지의 면적을 1파把, 그 10배를 1속束, 1속의 10배를 1부負, 1부의 100배를 1결結로 정했는데, 1결의 면적은 20석이 생산되는 면적이었다. 즉 동일한 생산량을 기준으로 1결의 면적을 정한 것이다. 하지만 비옥도에 따라 동일한 수확량이 산출되는 토지의 면적은 다를 수밖에 없었다. 그러므로 등급에 따라 다른 기준의 자, 즉 상등전은 20지指, 중등전은 25지指, 하등전은 30지指를 기준으로 하는 지척指尺을 사용하여 1결의 면적을 정했다. 상등전은 가장 짧은 지척을 사용하여 측정하고, 중등전은 중간 길이의 지척, 하등전은 가장 긴 지척을 사용하여 측정하는 방식이다. 등급에 따라 다른 자를 사용한다는 의미로 이를 수등이척제隨等異尺制라고 한다. 수등이척제에 따라 양전을 하게 되면 절대면적으로 보았을 때 가장 짧은 지척을 사용하여 측정하는 상등전 1결이 가장 작고, 중등전이 그 다음, 하등전의 1결이 가장 넓은 면적이 된다. 1결마다 토지의 면적은 모두 다르지만 모든 1결은 동일하게 20석을 생산하는 토지였다. 이에 따라 고려 정부는 양전을 통해 전국 토지의 결수만 확인하면 전체 수확량을 파악할 수 있게 되었다.

조세의 부과와 감면

양전 사업에 의해 파악된 토지의 소유주는 국가에 조세租稅를 납부했다. 토지를 소유한 개인이 조세를 납부해야 하는 이유는, 《시경詩經》〈소아小雅〉에 나오는 구절처럼 "넓은 하늘 아래 왕토王土가 아닌 것이 없"으며 따라서 개인이 경작하는 토지는 왕[국가]에게서 지급받은 것이라는 왕토사상王土思想에 있었다. 왕토사상은 현실적 토지 지배관계와는 다른 이념적·관념적인 것이었으나, 중세 국가의 토지 운영 및 조세 운영의 이론적 근거를 제공하고 있었다. 이러한 이념의 대표적인 모습이 개인이 소유권을 가진 민전을 공전이라고 한 것이나, 토지를 1과, 2과, 3과 공전으로 구분한 것 등에서 나타난다.

토지에서 거두는 세금인 조세에서 조租는 전조田租라고 불리는데 토지 소유주가 국가나 국가가 지정한 개인 또는 기관에 내는 세금이고, 세稅는 이러한 세금을 받은 개인이 받은 세금 중 일부를 다시 국가에 바치는 것이다. 조와 세 모두 생산된 수확물의 일부를 납부하는 현물세였다. 한전旱田에서는 밭에서 재배되는 콩·팥·보리 등의 잡곡이, 벼가 재배되는 수전水田에서는 미곡이 납부되었다.

고려 말에 조준趙浚이 올린 상소문에 의하면, 태조 왕건王建(877~943)은 즉위하자 조의 수취율을 바로잡고 십일조법什一租法, 즉 생산량의 10분의 1을 내는 법을 적용하여 1부負의 토지에서 3승升을 거두도록 규정했다고 한다. 이제현李齊賢(1287~1367)이나 이규보李奎報(1168~1241)도 고려의 조가 10분의 1임을 지적했다. 그렇다면 100부, 즉 1결結의 토지에서 내는 조의 액수는 30두斗 즉 2석石이 된다. 토지 소유자는 자신의 토지가 수조권적 의미의 공전公田인 경우에는 국가에, 수조권자가 개인인 사전私田인 경우에는 그 수조권자에게 생산량의 10분의 1을 납부했다. 예를 들어 5결을 소유한 사람은 1결당 20석이 생산되므로 모두 100석의 수확을 거둘 수 있고, 이에 대한 전조로 생산량의 10분의 1인 10석을 국가나 수조권자에게 납부해야만 했다.

세稅는 국가로부터 수조지를 받은 수조권자가 거두어들인 조의 일부분을 국가에 바치는 것이다. 1013년(현종 4)의 규정에 문무양반전이나 여러 궁원전을 30결 이상 받은 사람은 1결에 5승升씩을 국가에 바치도록 했다. 1069년(문종 23)에는 국가에 바치는 양을 1결당 7승升 5홉合으로 증가시켰으며, 30결 이상 토지를 받은 사람에 한해서 부담하는 제한 규정도 철폐했다. 고려 말 과전법의 규정에서는 모든 공전·사전의 조를 수전 1결은 미米 30두, 한전 1결은 잡곡 30두로 하고, 능침·창고·궁사·공해·공신전 외의 토지를 가진 사람은 수전 1결에 백미 2두, 한전 1결에 황두黃斗 2두를 세로 내도록 했다. 이와 같이 조와 세는 분명 구분되는 것이었지만, 실제 사용될 때에는 엄격하게 구분되지 않고 서로 혼용되어 사용되는 경우가 많았다. 또한 지대를 조라고 표현하기도 했다.

조준의 상소문 조준이 올린 1차, 2차 전제개혁 상소문 중 일부. 《고려사》 제78권 녹과전조.

농업 생산은 자연환경에 커다란 영향을 받았으므로, 가뭄, 홍수, 병충해, 서리 등에 의해 불가항력적으로 해를 입는 경우가 자주 있었다. 이때 규정대로 국가에서 조세를 거두게 되면, 농민은 경제적으로 어려워져 그 다음 해에 정상적으로 농업 활동을 할 수 없게 될 가능성이 높다. 그렇게 되면 자연 농민들에게서 조세를 거두는 국가도 문제가 된다. 이에 고려 정부에서는 자연재해로 해를 입었을 때 피해 정도에 따라 일정 부분 조세를 감면해 주는 정책을 폈다. 조세 감면 절차는 재해가 발생하여 수확이 감소하면 촌전村典이 수령에게 보고하고, 수령은 몸소 현지에 나가 사실 여부를 확인하여 호부戶部에 보고하고, 호부는 다시 삼사三司로 문서를 보내 삼사에서 심사한 뒤, 안찰사로 하여금 별도의 인원을 파견하여 검사하여 재해가 사실일 경우 감면토록 하는 것이었다. 감면해 주는 액수는, 988년(성종 7) 재해로 수확의 4할 이상이 감소되면 조를 면제해 주고, 6할 이상이면 조와 포布를, 7할 이상이면 조·포·역役을 모두 면제시켜 주도록 했다.

이와 같이 복잡하고 철저한 심사를 거쳐 사실을 확인한 뒤에야 감면해 주었고, 그것도 최소 40퍼센트 이상 손해를 입어야만 감면받을 수 있었다. 고려 정부가 이렇게 철저하게 한 이유는 재정 감소를 최소화하려는 목적에서였다. 이외에 왕의 즉위나 행차, 전란戰亂 등의 특별한 일이 있을 때 백성들에게 은전을 베풀어 준다는 의미로 조세를 감면하는 경우도 있었다.

환구단 환구단은 군주가 하늘에 제사를 지내는 단으로 이러한 제천 의식은 농사와 깊은 관련이 있다. 한국사에서는 고려 시대인 983년(성종 2)에 원구단에서의 제천 의식이 처음 거행되었다. 삽화는 1897년(고종 34) 고종이 축조한 환구단으로, 이곳에서 황제 즉위식을 거행했다.

수조권의 지급과 운영

전시과 제도의 설치

고려의 토지 제도에서 핵심적인 사항은 수조권의 지급이다. 관료를 비롯하여 국가를 위해 복무하고 있는 개인, 국가 사무를 담당하고 있는 관청에게 그들이 경제적인 안정을 이룰 수 있도록 하기 위해 조를 거둘 수 있는 권리를 지급해 주는 것이 수조권이다. 국가를 운영하는 데 필요한 인적 대상과 기관에게 그 경제적 토대를 마련해 준다는 점에서 오히려 사적 소유의 권리보다 국가에서 더욱 중요하게 여긴 측면도 있다.

고려시대 수조권 제도는 940년(태조 23)에 시행된 역분전제役分田制에서 그 단초가 마련되었다. 역분전은 조정의 신하들과 군사들에게 지급되었는데, 관계官階가 아니라 성행性行이 선한지 악한지의 문제와 공로가 많은지 적은지에 따라 지급되었다. 즉 역분전은 후삼국 통일 과정에서의 공로와 고려 국가에 대한 충성도에 따라 지급한다는 논공행상적 성격을 지닌 것이었으며, 분급 규모 등 구체적인 내용도 파악되지 않는다. 하지만 이후 이루어진 고려 토지 분급 제도의 기반을 이루게 되었다.

고려 수조권 제도의 실질적인 정비는 전시과 제도에 의해 이루어졌다. 전지田地와 시지柴地를 지급하는 토지 제도이므로, 전자와 시자를 따 전시과 제도라 이름 붙여진 이 토지 제도는 976년(경종 1)에 처음으로 제정되었다. 이때 제정된 전시과는 처음 정해졌다는 의미로 일반적으로 시정전시과라고 불린다. 시정전시과에서는 전지와 시지를 실직實職이 있는 관료와 실직이 없는 관료 모두에게 지급했다. 지급의 원칙은 관품官品의 고하가 아니라 인품人品이었다. 즉 역분전 제도와 마찬가지로 시정전시과의 지급에서도 고려 건국 시의 공로나 충성도가 중요한 기준이었다. 그러면서도 자삼, 단삼, 비삼, 녹삼이라는 4가지 색깔의 공복公服에 따라 4계층으로 구분하여 지급했는데, 이 공복제도는 관계官階와 관직官職에 따라 마련된 것이다. 따라서 시정전시과는 관품官品과 인품人品을 절충하여 지급했음을 알 수 있다. 인품이라는 자의적 기준이 들어가 있는 등 미흡한 점이 있지만 역분전에 비해서는 합리적인 방향으로 제도가 개선된 것이다.

성종 대에 이루어진 관료체제의 정비와 발맞추어 998년(목종 1)에 전시과가 개정된다. 이를 개정전시과라고 한다. 전지와 시지를 지급한 것이나 실직이 있는 관료만이 아니라 산관에게까지 지급한 점은 시정전시과와 마찬가지다. 개정전시과는 모두 18등급 및 등외로 나누어 지급했다. 즉 전시과의 등급과 관품 사이의 일정한 대응 관계를 기준으로 전시과를 지급하고 인품이라는 자의적인 요소를 배제함으로써, 시정전시과에 비해 합리적이고 체계적인 분급이 더욱 강화되었다. 그리고 군인층이 마군馬軍과 보군步軍으로 구분되어 새로 지급 대상에 포함되었다. 개정전시과는 1014년(현종 5)에 약간의 수정이 가해진 후 1034년(덕종 3)에 다시 개정되었으나 자세한 기록이 남아 있지 않아 이때 개정된 내용에 대해서는 알 수 없다. 단 양반과 군인 이외에 한인閑人이 새로 지급 대상에 포함되었다.

전시과는 1076년(문종 30)에 다시 개정되어 완성되었다. 이를 경정전시과更定田柴科라고 한다. 경정전시과도 같은 해에 이루어진 관제 개혁과 밀접한 연관을 가지고 있다. 즉 정치체제 및 관제가 개편되었으므로, 관료들에게 지급되는 수조액도 이에 발맞추어 정비되어야만 했기 때문이다. 경정전시과에서도 18등급으로 전시를 지급했으나 이제까지 지급 대상이던 검교직檢校職과 동정직同正職 같은 산직이 지급 대상에서 제외되었다. 또 이전에 비해 전시의 지급액이 감소했는데, 특히 시지의 액수가 크게 감소한 점이 특징이다.

수조권의 내용과 수조지의 운영

이상과 같이 전시과 제도는 몇 차례에 걸쳐 일정한 변경을 겪었지만, 기본적으로 국가를 위해 복무하고 있는 사람들에게 복무의 대가로 토지를 지급하는 것이었다. 따라서 전시과는 이를 받는 대상에 따라 양반전兩班田, 군인전軍人田, 한인전閑人田, 향리전鄕吏田, 사원전寺院田 등 여러 가지 이름으로 불렸다. 이때 국가가 지급한 토지는 토지에서 세금을 거둘 수 있는 권리, 즉 수조권收租權을 지급하는 것이었다. 그리고 그 토지를 수조지收租地라고 했다. 즉 국가가 나누어준 분급수조지分給收租地였다.

수조지를 어디에 받는가는 중요한 논점의 하나다. 즉 수조지를 자신의 소유지에서 받는가 아니면 타인의 소유지에 받는가 하는 점이다. 이 점은 특히 고려시대의 생산력 발전, 토지의 상경화常耕化의 문제와 관련되어 논의되어 온 것이다. 또한 고려시대의 사회체제 및 국역 편제와도 관련되는 문제다. 만약 수조지를 자신의 소유지에서 받았다면, 이는 결국 자신의 소유 토지에서 조를 면제받는 면조권免租權이 될 것이다. 그리고 전시과를 받는 대상은 양반, 한인, 향리를 비롯하여 군인까지 모두 자신의 토지를 소유한 계층만이 가능할 것이다. 토지를 소유하지 못한 계층, 경제력이 떨어지는 계층은 전시과의 대상이 되지 못하고, 따라서 토지를 소유하여 경제력이 우월한 일부 계층만이 국가의 역을 부담하고 전시과를 받게 되는 것이다. 이때 일반 민들의 경우 토지의 생산성이 낮은 단계, 즉 상경화가 진전되지 않은 단계를 상정하고 있다. 따라서 이들의 농업 경영은 불안정하고 항상 진전陳田이 될 가능성을 내포하고 있으며, 그들의 토지에 대한 소유권도 제한적일 수밖에 없다. 여기에 수조권이 설정될 수는 없는 것이다.

반면, 타인의 소유지에까지 수조권이 설정된다면 모든 경작지는 조 부과의 대상이 된다. 따라서 이 경작지는 수조지를 받은 사람에게 매년 항상적으로 조를 납부할 수 있는 단계, 즉 경작이 항상적·정상적으로 이루어지고 있는 상경화 단계에 있고, 수조지를 받은 사람에게 조를 납부하는 사람이 확실할 것, 즉 경작지의 소유 주체가 분명해야 한다는 점을 상정하고 있다.

따라서 척박한 산전山田을 제외한 평전平田의 상경화가 일찍부터 진전되었다면 모든 경작지가 조의 부과 대상이 되었을 것이고, 이때 토지의 소유자에 상관없이 수조권이 설정되었을 것이다. 즉 자신의 소유 토지에 자신의 수조권이 설정될 수도 있고, 또한 자신이 소유한 토지와 타인이 소유한 토지 모두에 수조권이 설정될 수도 있고, 타인이 소유한 토지에만 수조권이 설정될 수도 있었다.

수조권을 받은 사람은 그 대가로 관료나 군인, 향리 등으로서 국가를 위해 복무할 의무가 있었다. 물론 관료의 직책은 의무라기보다는 특권이었지만, 국가로서는 군인, 향리 등은 반드시 확보해야만 하는 인적 자원이었다. 고려 국가는 수조권의 지급과 군인, 향리 등 특정 직역의 부담을 하나의 체계로 연계시켰다. 1069년(문종 23) 군인으로서 늙거나 병든 자의 경우 자손이나 친족이 대신하는 것을 허락한다고 한 전정연립田丁連立 제도가 그것이다. 수조권을 지급받은 직역부담자의 자손이 역을 승계하는 동시에 수조권도 승계하는 것이었다.

전정연립의 구체적인 사례로 아버지의 영업전永業田을 물려받기 위하여 서리胥吏가 되려고 한 이영李永의 예를 들 수 있다. 그의 아버지 이중선李仲宣은 안성군安城郡의 호장戶長으로 있다가 경군京軍으로 선발되었다. 이영은 아버지가 죽은 후 서리가 됨으로써 아버지의 수조지를 물려받으려 했던 것이다. 이처럼 전정연립 제도를 통해 국가에서는 안정적으로 직역부담자를 확보하고 이들에게 경제적인 급부로서의 수조지를 지급함으로써 이들의 충성을 담보받을 수 있었다. 반면 수조권을 지급받고 직역을 부담하는 사람은 대를 이어가면서 수조지에서 납부하는 조를 받음으로써 경제적 이익을 향유할 수 있었다. 더불어 직역체계, 국가의 지배체계 속에 편입됨으로써 특정 신분층을 형성할 수 있었다. 일정한 수의 직역부담자를 필요로 하는 국가의 이해관계와 국가권력과의 연계 속에서 경제적·신분적 특권을 향유하려는 이들 직역부담층의 이해관계가 절충하는 가운데 전정연립 제도가 마련된 것이었다.

따라서 자손이나 친족이 직역을 세습하면서도 또한 전정연립은 적장자嫡長子, 적장자가 없으면 적손嫡孫, 적손도 없으면 동모제同母弟,

그다음으로 서손庶孫, 여손女孫 순으로 그 순서가 규정되었다. 직역부담자가 되는 순서를 명확히 규정하여 역부담자의 확보에 차질이 없도록 하는 동시에, 전정田丁을 둘러싼 가족 또는 친족 내부의 갈등이나 직역부담자 자손들이 전정을 분할하는 것을 제도적으로 차단하기 위한 것이었다. 더불어 진인鎭人, 즉 진에서 군 복무를 하는 사람으로서 전정을 받은 사람이 귀향죄歸鄕罪를 범하면 그 토지를 몰수하여 다른 사람에게 주도록 했으며, 군軍에 충당된 자가 도망친 경우 전정을 빼앗아 종군자從軍者에게 주도록 했다. 직역부담자가 일정한 범죄를 저지르거나 직역 부담을 지지 않으면 그 처벌의 하나로 전정을 몰수하여 친족 외의 사람에게 지급함으로써 경제적 특권을 박탈했던 것이다. 이는 경제적 특권과 국가에 대한 직역 부담 및 충성을 연계시킨 것이었다.

수조권을 받은 직역부담자에게는 국가로부터 수조지에 대한 문권文券이 주어졌다. 이 문서를 근거로 수조지에 대한 권리를 행사할 수 있었는데, 가장 큰 경제적 특권은 물론 전지田地에서 거두는 조의 수취였다. 그 액수는 토지 소유자가 국가에 내는 조의 액수인 농업 생산물의 10분의 1, 즉 1결당 2석의 곡물이었다. 또한 수조지의 전객농민으로부터 고초藁草를 거두었는데, 고초를 납부하는 것도 농민들에게는 상당히 큰 부담으로 작용했던 것으로 보인다. 전지와 더불어 시지柴地가 지급된 경우, 시지에서는 말이나 소와 같은 가축의 사육에 필요한 꼴이나 연료가 되는 나무, 즉 땔감을 얻었던 것으로 보인다. 따라서 시지는 운송의 편의를 위해 주로 개경 근처인 경기京畿에 설정되었다.

수조권자는 수조지로부터 직접 전조田租를 수취했다. 이때 수조권자의 직접 수취란 수조지가 전조를 낼 수 있을 만큼 잘 경작되고 있는지 몸소 가서 살피고[踏驗], 납부해야 할 액수를 산출하고, 전조의 수취가 제대로 이루어지는지를 감독하는 것이었다. 실제 수조권자에게 전조를 납부할 책임은 수조지의 경작농민들, 즉 수조지로 지정된 토지의 소유자들에게 있었다. 이때 경작농민 중에 양호養戶라 하여 수조권자에게 책임을 지고 전조를 납부할 책임자가 지정되었다. 또 수조지가 소재하고 있는 군현을 비롯한 관청에서는 수조권자가 전조를 수취하는 것과 경작농민들이 전조를 납부하는 것을 지원했다. 토지에서 전조를 거두는 것은 국가권력을 배경으로 이루어졌으므로 수조권자의 권한이 강할 수밖에 없었다. 따라서 수조할 때에 수조권을 가진 권력자들의 노비들이 커다란 폐해를 일으키는 경우도 많았다.

토지 제도의 변화와 개혁론

전시과 체제의 붕괴와 조업전화

시대의 진전과 더불어 고려의 토지 제도도 일정한 변화를 겪었다. 고려 국가는 농업 생산물에 의해 유지되는 사회였으므로 토지 제도의 변화는 다른 모든 변화와 연계되면서도 그 변화를 밑바탕에서 끌어당기는 역할을 했다. 특히 12세기 이후의 변화는 향후 고려 국가의 체제를 위협하는 심각한 양상을 띠고 전개되었다.

토지 제도가 변동하게 된 요인으로 우선 농업 생산력의 꾸준한 발전을 지적할 수 있다. 농기구의 개량과 시비 기술의 발전이 이루어졌으며, 이는 토지를 이용하는 수준을 진전시켰다. 평전平田만이 아니라 산전山田에서도 상경화가 확대되어 나갔으며, 수리 기술이 발전함에 따라 연해안 저습지와 간척지 같은 새로운 토지들이 지속적으로 농지로 개간되었다. 더불어 선명도蟬鳴稻와 같은 종자가 새롭게 도입되었으며, 극히 일부 지역에 한정된 것이기는 하지만 이앙법과 같은 새로운 방식의 벼농사법이 보급되었다. 이러한 생산력 발전은 국가의 권농 정책에 의해 주도되었지만 동시에 재력을 가진 지배층이나 농민층에 의해서도 이루어지고 있었다.

하지만 생산력 발전은 전란과 같은 여러 정치사회적 요인 및 자연재해 등에 의한 농경지의 황폐화와 맞물리면서 농민층의 분해를 가속화시켰으며 지주경제를 더욱 촉진시켰다. 동시에 토지 등급의 변화 및 토지 소유주의 변화가 촉진되고 있었다. 반면 여러 차례의 정변과 계속된 농민·천민의 반란, 외적의 침입 등이 이어지면서 고려 국가의 행정력은 한계 상황에 부딪혔다. 이에 따라 고려 정부가 추진한 양전 사업은 지지부진했으며 이러한 변화를 제대로 파악할 능력을 상실하고 있었다. 결국 조세 부과와 토지 제도의 불균등성은 더욱 심화되었다. 그렇지만 이 시기 토지 제도의 본질적 문제이자 가장 큰 특징은 수조권 분급 제도에 있었다. 토지 제도의 모순은 이 수조권 분급제의 구조적 문제에서 발생한 것이었다.

위에서도 언급한 것과 같이 수조권 분급은 직역을 매개로 해서 이루어졌다. 전정연립 제도로서, 특별한 사유가 없는 한 직역부담자의

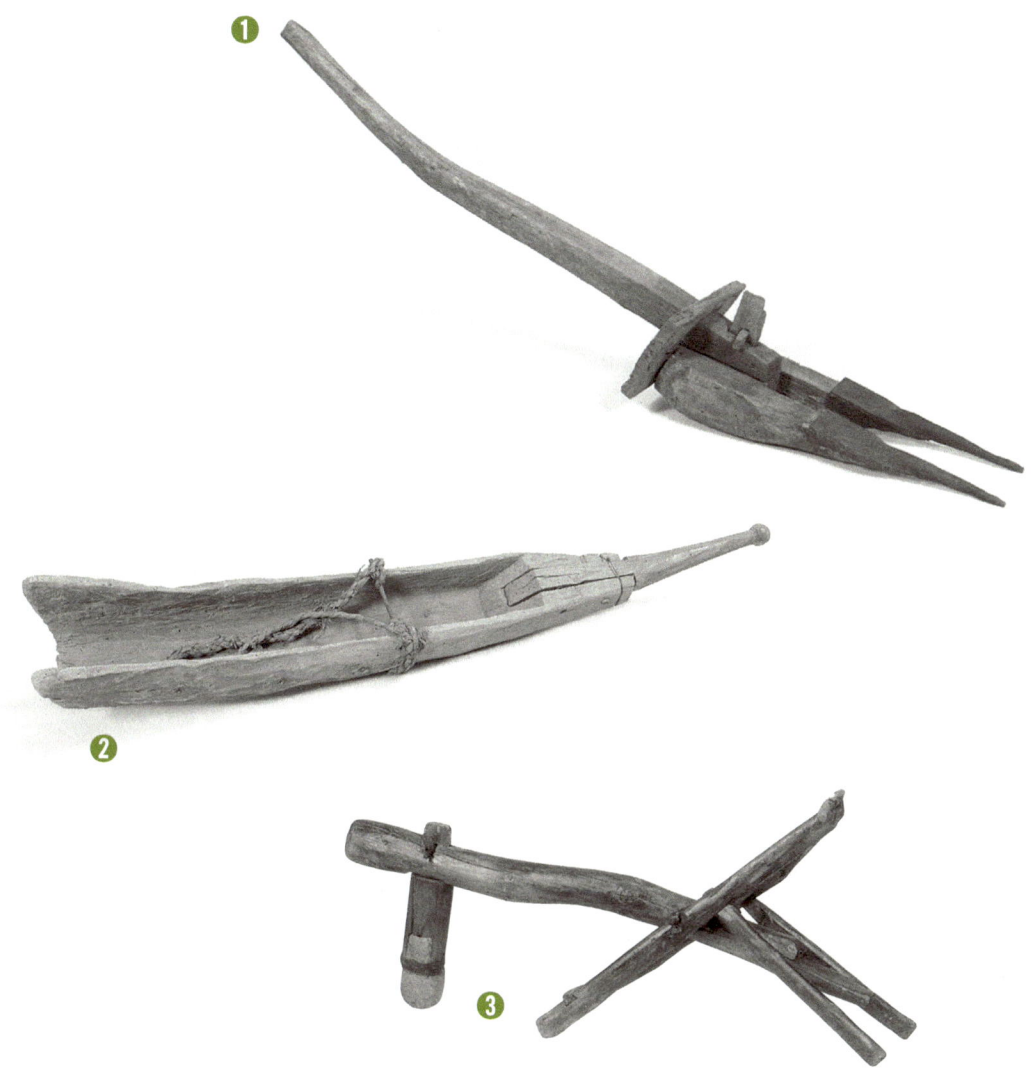

❶ 따비 농경 기술이 도입된 청동기시대부터 널리 사용된 대표적인 농기구. 비탈밭을 일구는 데 쓰는 연장이다.
❷ 용두레 논농사가 시작된 시기부터 사용된 농기구로 물을 퍼 올릴 때 사용했다. 《훈민정음해례》에서는 '드레'라고 기록했다.
❸ 디딜방아 곡식을 찧거나 빻는 방아 연장. 삼국시대부터 사용되었으며 고구려 담징이 일본에 전해 주었다.

자손이 대를 이어가면서 직역과 수조지를 세습하는 제도였다. 이는 수조지로 지급된 토지에 대해 국가가 철저하게 관리를 하고 직역과 연계하여 수조지를 회수하거나 지급하는 것을 전제로 한 제도였다. 그런데 대를 이어가며 수조지를 세습하게 되자 수조지를 지급받은 집안과 지급된 토지, 그리고 수조지를 경작하는 농민 사이에는 사적인 관계가 성립될 수밖에 없었다. 우선 수조권자 입장에서는 직역을 세습하면서 자동적으로 수조지를 세습하고 이러한 일을 대를 이어가면서 반복하자 수조지는 국가로부터 받은 것이라는 생각보다는 조상으로부터 물려받은 토지라는 생각이 강화되었다. 또한 대를 이어가면서 수조지를 경작하는 농민들로부터 전조田租를 거두는 사이에, 수조권자는 자신에게 전조를 바치는 경작농민을 사적으로 지배할 수 있는 여지가 강화되었다. 특히 수조권자는 수조지 농민들의 경작 상황을 점검하고 직접 조를 거둘 수 있었으므로, 사적 지배의 가능성은 더욱 컸다.

　무신 정권 이후 고려 정부의 행정 능력이 저하되면서 이러한 상황은 더욱 악화되었다. 지배층들에 대한 통제가 마비되고 수조지에 대한 관리 능력이 저하되자, 수조권자들은 자기 수조지에 대한 권한을 강화해 나갔다. 우선 수조지 상속에 있어서 국가의 행정적 관여는 배제되었으며, 직역 부담과 상관없이 무자격자가 수조지를 상속하는 현상이 벌어졌다. 수조지에 대한 사유물적 성격이 강화된 것으로, 이를 조업전화祖業田化 현상이라고 부른다.

　국가의 정책도 토지 문제를 악화시켰다. 토지 제도가 마비되어 농민들의 경제적 부담이 커지고 있는 상황에서 몽골과의 전쟁, 삼별초와의 분쟁, 일본원정 등 일련의 전쟁은 농민들의 경작 활동에 커다란 피해를 주었다. 많은 농민들이 유민으로 전락했으며 많은 농토가 황폐해졌다. 경작지가 감소함에 따라 자연히 전조를 납부하는 토지도 감소하여 국가의 재정 운영이 곤란에 처하게 되었다. 정상적으로 토지를 경작하여 조를 납부하고 있던 농민들마저도 군현 단위로 조세가 일정하게 정해진 총액제 때문에 조 부담이 더욱 가중되어 위험에 처할 수밖에 없었다. 이를 타개하는 방법은 진전화陳田化된 농지를 정상으로 회복시켜 농업 생산을 증대시키는 것이었다.

고려 정부는 개간을 장려하는 정책을 폈다. 황무지의 개간을 원하는 사람에게 사패賜牌라는 개간할 수 있는 권한을 주었다. 사패를 받아 황무지를 개간하면 황무지의 소유권을 가졌을 뿐만 아니라 국가에 내는 조租도 면제되었다. 황무지 개간자는 소유권과 수조권을 모두 가지게 된 것이다. 하지만 사패를 받는 사람은 국왕이나 원나라 공주의 측근, 권력자 등 한정된 계층의 사람들이었다. 또한 사패를 통해 황무지가 아닌데도 황무지라 지칭하고 토지를 빼앗는 것이 가능해졌다. 이는 정상적인 토지 제도의 운영을 더욱 불가능하게 만들었다.

농장의 발달

고려 토지 제도의 마비, 조업전화의 최종 귀결은 농장農莊의 발전이었다. 조업전화 현상은 필연적으로 2차적 결과를 가져왔다. 우선, 직역을 부담하지 않는 자가 기존 수조지를 그대로 차지함으로써 수조지의 부족 현상이 나타나기 시작했다. 국가에서는 새로 직역을 부담하게 된 자에게 수조지를 지급할 수 없게 되었다. 이에 따라 지배계층

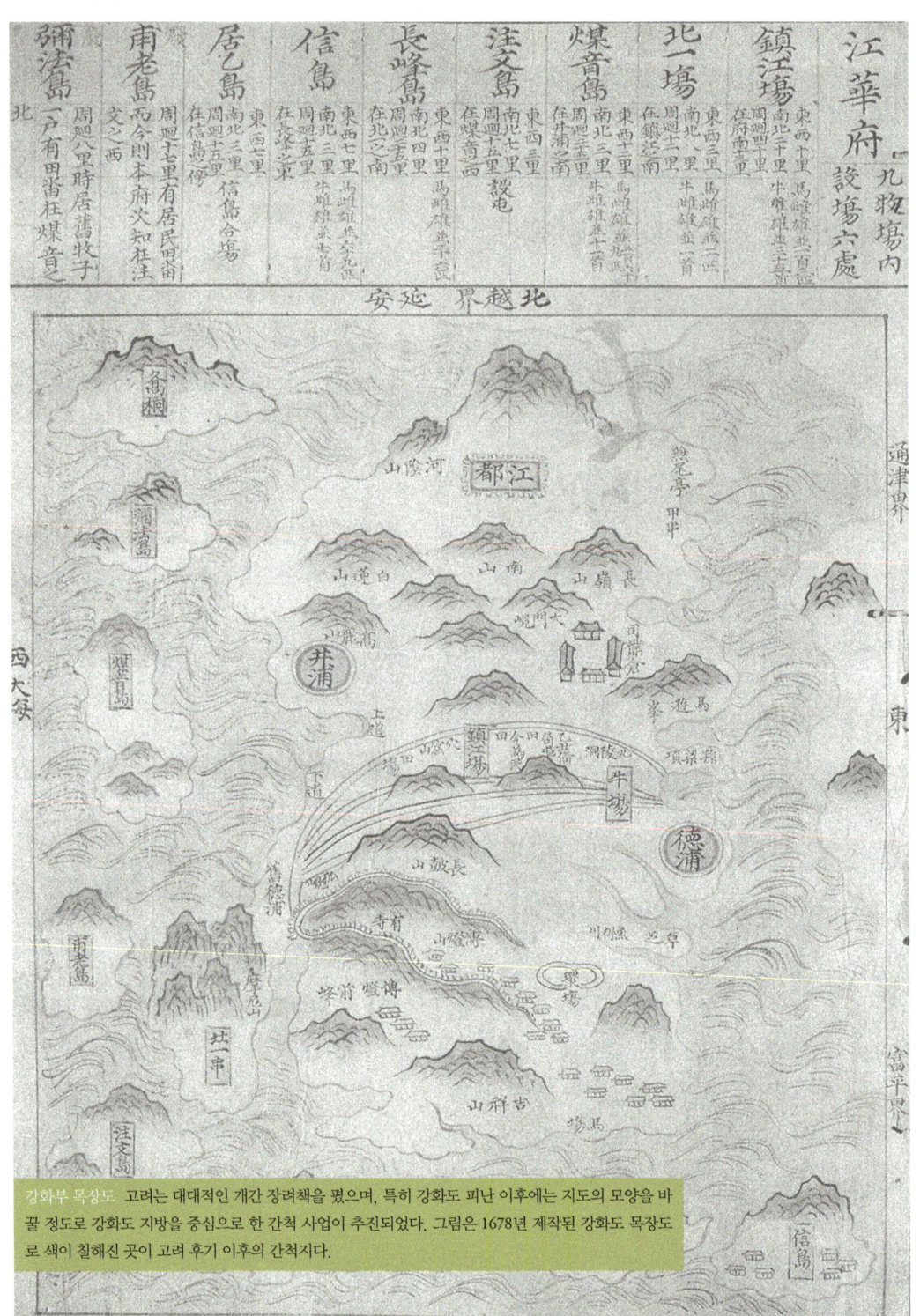

강화부 목장도 고려는 대대적인 개간 장려책을 폈으며, 특히 강화도 피난 이후에는 지도의 모양을 바꿀 정도로 강화도 지방을 중심으로 한 간척 사업이 추진되었다. 그림은 1678년 제작된 강화도 목장도로 색이 칠해진 곳이 고려 후기 이후의 간척지다.

사이에서 수조지를 서로 뺏는 현상이 나타났다. 직역과 수조지가 매개되어 분급되고 상속되었을 때에는 국가의 법적·행정적인 보호를 받았다. 하지만 직역과 무관하게 수조지를 사적으로 세습하여 사유물적인 성격이 강화되었을 때에는 국가의 행정적 관리도 배제된 것이었으므로 더는 국가의 법적 보호를 받을 수 없게 되었다. 따라서 사유화된 수조지는 오직 개인이 지닌 권력에 의해서만 차지할 수 있게 되었고, 이것은 수조지를 서로 빼앗는 수조지 쟁탈이 벌어지게 했다. 하나의 수조지를 두고 여러 명이 서로 정당한 수조권자라고 주장하고 각기 농민들로부터 조를 거두는 일전다주一田多主의 상황도 벌어졌다. 이러한 상황은 권력자들에게 더욱 유리했다. 권력자들은 자신이 받을 수 있는 한도 이상의 수조지를 가지는 것이 가능해졌고, 군인이나 향리 등 권력이 약한 자들의 수조지를 겸병兼幷했다. 토지는 한정된 것이었으므로 수조지 부족 현상은 더욱 심화되었고, 이는 수조지를 빼앗는 현상을 더욱 심화시켰다.

> **겸병**
> 차지하여 자신의 것에 합침.

토지 겸병은 고려 토지 제도의 문제점이 드러나기 시작한 12세기 초엽, 이자겸李資謙(?~1126)과 같은 문벌귀족들이 극성을 부릴 때부터 시작되었다. 이자겸이 몰락한 후 이자겸의 혈족들이 탈점한 토지와 노비는 모두 본래의 주인에게 돌려주게 했다는 《고려사》의 기록을 통해 당시 토지 탈점 현상이 심각했음을 알 수 있다.

무인 정권에 들어와서 토지 겸병은 폭발적으로 증대되었다. 무인 정권의 집권자들은 정권 유지를 위해 사병私兵 등 사적 기구의 확장에 주력했고, 사적 기구를 유지하고 운영하기 위해서는 필연적으로 경제적 토대가 필요했다. 정중부·이의민·최충헌·최의·최항 등 무인 정권의 집권자들을 비롯하여 권신權臣이나 사원 등이 토지를 집적하여 농장을 확대했다.

원나라의 지배를 받게 된 이후에도 농장은 더욱 확대되었다. 장기간에 걸친 원과의 전쟁으로 국토는 황폐해져 생산체제가 붕괴되었고, 수취체계를 비롯한 고려의 공적 행정체계도 와해되었다. 국왕의 정상적인 권력은 원에 의해 제약되었고, 고려의 왕은 원나라 공주와 혼인했을 뿐만 아니라 많은 원나라의 세력이 고려에 침투했다. 반면 고려 국왕이나 원 공주는 개인의 생활을 위해서나, 권력 유지를 위한 측근 세력의 육성을 위해서 경제적 뒷받침이 반드시 필요했다. 원나라에서 침투시킨 기관이나 세력도 자신들을 유지하기 위해서는 경제적 토대가 필요했다. 공적인 수취 및 재정체계가 취약해진 상황에서 이들은 사적인 토지 및 농민 지배, 즉 농장의 확대를 통해 경제적 문제를 해결하려 했다. 충렬왕은 내방고內房庫, 충혜왕은 보흥고寶興庫를 설치하여 전민田民을 겸병했으며, 원나라 공주 출신으로 충렬왕의 왕비가 된 제국대장공주의 전각인 원성전元成殿, 임금의 사랑을 받은 정화원비貞和院妃가 거처한 정화원, 장군방將軍房과 임금의 호위를 맡은 홀지忽只, 치안과 순찰을 담당한 순군巡軍, 매를 잡아 원나라에 바치기 위해 설치된 응방鷹坊 등의 권력기관 역시 전민과 촌락을 탈점奪占했다.

국왕과 원 공주를 비롯하여 여러 권력기관에 의한 농장의 확대는 정상적인 조세체계 및 수조지 운영을 더욱 불가능하게 만들었다. 이에 따라 실제 직역을 담당하는 관료들이나 직역 부담자들은 본인들이 정당하게 받아야만 하는 수조지를 받지 못하는 일이 한층 심각해졌다. 이는 수조지에 대한 사적인 지배를 더욱 확대·조장했고, 수조지 침탈 및 농장의 발달은 전국적인 현상으로 일반화되었다. 권력에 접근한 관료들은 수조지를 집적하여 농장으로 발전시켜 간 반면, 세력이 약한 직역부담자들은 자신의 수조지를 지킬 수 없었다. 국가에서 정상적으로 수조지를 지급하여도 이미 이 수조지는 권력자에 의해 사적으로 지배되고 있었다. 특히 사패전賜牌田은 수조지 침탈 및 농장의 발달에 결정적인 역할을 했다. 촌락 단위로 형성된 권력형 농장 중에서는 산천山川으로 경계를 표시할 정도로 광범위한 것도 있었다.

농장의 발달은 조세를 납부하는 경작농민들에게도 커다란 영향을 끼쳤다. 우선 많은 수조지가 탈점됨으로써 농민들의 조세 부담은 증가될 수밖에 없었다. 가림현의 촌락이 원성전·정화원 등 여러 권력기관에 탈점되자 가림현의 사람들이 부역을 바칠 수 없음을 하소연한 것은 이러한 사정을 반영한다. 국가에서 필요로 하는 재정 부담은 항상 일정한 수준 이상이었고, 이를 위해서는 일정한 조세원을 필요로 했다. 이때 조세를 부담하는 계층이 유망하거나 탈점되어 감소한다고 해도, 국가에서는 일정한 재정 지출이 필요했으므로 일정한 수입이 요구되었다. 따라서 군현 단위로 정해져 있는 조세의 총액을 맞추어 내도록 강제했고, 결국 남아 있는 조세 부담자들이 감소된 조세액까지 부담하여야 했다. 결국 정상적으로 토지를 경작하여 조세를 납부하던 농민들이라고 하더라도 늘어나는 조세 부담을 견디지 못했고, 이들은 자신들을 보호해 줄 수 있는 권력자들에게 자발적으로 투탁投託하여 조세 부담에서 벗어나 경제적 안정을 꾀하려 했다. 자신의 소유지가 여러 명의 수조권자들이 서로 자기 수조지라고 다투는 땅이 되어 그들 모두에게 조를 납부할 수밖에 없게 된 농민들도 커진 부담을 회피하기 위해 자신을 보호해 줄 수 있는 권력자에게 투탁했다.

　수조지만 침탈당한 것은 아니었다. 많은 농민들의 소유지도 침탈당했다. 사패전은 황무지를 대상으로 하여 주어진 것이었지만, 권세가들은 소유자가 있는 민전을 황무지라고 거짓으로 신청하여 빼앗을 수 있었다. 권세가들이 민전을 빼앗아 공안公案을 작성하여 농장으로 만들었다는 기록이 그러한 상황을 표현한 것이다. 또한 수조권 집적에 의해 권세가의 농장으로 편입된 민전들의 소유권도 무사하지 못했다. 사적인 관계가 강해진 수조지에서 농민들의 부담은 갈수록 증대되었다. 1년에 여러 차례 수조를 하거나 수조하는 액수가 증대되었고, 농민들은 그 부담을 상쇄하기 위해 결국 농장주에게 고리대를 빌려 쓸 수밖에 없었다. 그 다음 수순은 빚 때문에 소유지를 빼앗기고 자식들이나 본인마저 노비로 되는 것이었다. 증대되는 부역 부담 때문에 권세가에 의탁하여 자발적으로 직역대장에서 빠짐으로써 노비화를 재촉하는 경우도 있었다.

　이와 같이 고려 후기 농장은 고려 수조권 제도의 구조적 원인, 수조지의 조업전화에서 발생된 것이었다. 그렇지만 국가의 행정적 지배에서 벗어나게 된 수조지는 역설적이게도 국가의 법적·제도적 보호를 받지 못하게 됨으로써, 결국 침탈당할 수밖에 없었다. 수조지 침탈 및 집적은 권력 관계에 좌우될 수밖에 없었고, 농장은 이를 형성·유지·확대시킬 수 있는 권력자에 의해 선도되었다. 뿐만 아니라 농업 생산력을 증대시키기 위해 시도된 사패전과 같은 국가 정책도 농장의 발달을 더욱 촉진시켰다.

토지 제도 개혁론

수조지의 조업전화와 농장의 발달은 여러 가지 문제점을 일으켰다. 우선 한정된 농지에서 일부분의 토지라도 사적인 것으로 전환되어 국가나 수조권자에게 조를 납부하지 않는다면, 국고 수입이 줄어들게 되고 직역부담자에게 지급해야 할 수조지가 부족해질 수밖에 없게 된다. 국고 수입의 감소는 자연히 국가 행정력의 부실을 초래하게 되었다. 또 직역부담자에게 수조지가 제대로 지급되지 못하면 직역부담자는 경제적 어려움을 겪게 되어 정상적인 직역 부담을 할 수 없게 되었으므로, 이것도 국가의 행정체계를 위협하게 되는 요인이 되었다.

두 번째로, 농장의 발달 자체가 고려 국가의 집권력을 약화시켜 고려 국가의 체제 자체를 위협하게 되었다. 농장은 권력자들의 사적인 정치적·경제적 기반으로서 그 존재 자체가 고려 국가의 행정체계를 무너뜨리고 있었다. 농장에 편입된 토지에서는 전조를 수취할 수 없었고, 농장에 소속되어 있는 국역 부담 대상자에게는 국역을 부담시킬 수 없었다. 대표적인 사례로 염흥방廉興邦(?~1388)과 최렴崔濂(?~1415)의 농장에서 벌어진 일을 들 수 있다. 군인을 징집하기 위해 4도道 도지휘사都指揮使의 발군첩發軍牒을 가지고 간 부평부사富平府使 주언방周彦邦을 염흥방과 최렴의 가노家奴 및 그들의 지배 아래 있던 사민화私民化된 농민들이 달려들어 구타한 것이다. 농장주들은 농장의 안정적인 유지와 보호를 무엇보다 우선했고, 따라서 농장에 소속된 민에 대한 정상적인 군역 징발마저도 저지했던 것이다. 농장의 발달은 군역 부담자의 사민화를 초래하여 군역체계를 어렵게 만들었으며, 행정체계 및 수조체계의 마비는 군역체계의 어려움을 다시 가중시켰다. 원나라의 지배 아래에서 약화된 고려의 군사력은 더욱 약화될 수밖에 없었다. 왜구와 홍건적의 침입에 고려 정부는 대처할 수 있는 능력을 상실하게 되었으며, 고려 말에 왜구들이 전국을 돌아다니며 노략질을 벌이는 상황이 전개되었다.

세 번째로, 앞의 두 번째 문제와 연계되는 것으로, 정상적인 행정 관료체계 및 국역체계를 복구하기 위해서는 수조지 제도의 정비가 이루어져야만 했다. 고려 후기 이래로 향리층에서 분화된 지방의 중소 지주층은 중앙정계에 진출하여 일정한 세력을 형성하게 되었는데 새로이 관료로 등장한 이들은 권세가의 농장 발달에 의한 수조지의 부족현상에 의해 직접적으로 영향을 받고 있었다. 부족한 수조지 때문에 이 신진 관료들에게는 수조지가 제대로 지급되지 못하고 있었다.

네 번째로, 수조권에 근거한 농장의 발달은 경작농민들에게도 영향을 끼쳤다. 농장의 경작농민들은 수조권자에게 조租에 대한 부담 의무만이 있었다. 하지만 계속되는 외적과의 전쟁, 흉년, 수조지 감소에 따르는 부담의 증대 등을 피하기 위해 경작농민들은 수조권자인 농장주의 권력에 의거하여 다른 국역 부담에서도 빠져 나가기 시작했다. 국역 부담에서 벗어나려는 경작농민들과 경작농민들을 배타적으로 지배하려는 농장주들의 이해관계가 일치한 결과였다. 국왕마저도 이러한 행위를 일삼았는데, 내고內庫의 처간處干이 그러한 경작농민이었다. 이러한 농민들은 호적에서 빠져 나가 양인인지 천인인지 신분이 불명확해졌고 이후 고리대, 혼인, 양인을 강제로 천인으로 만드는 행위인 압량위천壓良爲賤 등을 통해 점차 노비화되어 갔다. 하지만 이들이 농장주의 사민私民이 되고 나아가 신분적으로 노비화되는 것과 동시에 이들은 국가의 법적 보호를 받을 수 없게 되었다. 경제적 부담은 농장주의 자의에 따라 언제든지 강화될 수 있었으며, 이는 그들이 소유하고 경작하는 토지에 대한 권리를 위협하여 그들의 재생산 기반을 위협하게 되었다. 농장을 확대하려는 농장주들의 욕망은 필연적으로 그들이 소유한 농장에 대해 수조권만이 아니라 소유권까지 확보하려 했다.

이러한 여러 가지 문제점에 따라 조업전화한 사전 문제, 토지 문제에 대한 개혁의 필요성이 제기되었다. 이를 제기한 측은 새로이 관료로 진출했지만 수조지 부족 현상 때문에 수조지를 제대로 받지 못하게 된 신진사대부 계열이었다. 이들은 고려 집권체제의 확립을 위해서는 국역을 담당하고 있는 자에게 수조지가 주어져야 한다고 주장했다.

고려 정부에서도 고려 국가를 유지하는 데 핵심 토대가 되는 관료들에게 수조지를 지급하기 위한 개혁을 일찍부터 모색했다. 1271년(원종 12)에 만들어진 녹과전祿科田 제도가 그것으로, 관료들의 녹봉이 부족한 상황을 해결하기 위해 경기京畿 8현의 토지를 양반관료들에게 지급했다. 이때 녹과전을 지급받은 관료들은 수조지의 집적 및 세습으로 전시과의 부족 현상이 생겨 전시를 지급받지 못한 계층이었다. 이들은 주로 전통적인 관료 집안이 아니라 새로이 관료로 진출한 계층으로 보이는데, 이들에게 수조지를 지급하지 못했을 뿐만 아니라 녹봉마저도 제대로 지급하지 못하는 상황이 발생하자 이들의 경제적 처우를 개선하려는 목적으로 녹과전을 지급한 것이다.

하지만 녹과전은 매우 한정적인 성격을 지니는 것이었다. 1278년(충렬왕 4)과 1345년(충목왕 1)에 다시 지급되거나 보강되기도 했지만,

지속적으로 권력자들의 탈점 대상이 되었다. 또한 녹과전 제도는 고려의 토지 문제를 해결하기 위해서 만들어진 것이 아니었다. 단지 새로이 관료로 진출한 자들에 대한 경제적 처우를 해결하기 위한 것이었다. 군인과 같은 역부담자들은 녹과전에 의해서도 토지를 지급받지 못했다.

따라서 집권체제의 조속한 회복을 위해서는 토지 문제, 사전私田 문제를 어떻게 하든 해결하지 않으면 안 되었다. 고려 정부는 1269년(원종 10) 이후 16차례 진행된 전민변정사업田民辨正事業을 통해 토지와 민의 문제를 올바르게 판정하기 위해 노력했다. 하지만 전민변정사업도 토지 문제의 근본적인 모순을 해결하는 것이 아니었다. 단지 문제가 악화되어 커다란 사회 문제가 되었을 경우에만 이를 조정하기 위한 것에 그쳤다. 이마저도 국왕이나 권력자들의 이해관계에 따라 사업 자체가 왜곡되거나 제대로 시행되지 않았다. 특히 공민왕의 개혁이 실패로 돌아간 이후 토지 문제는 더욱 악화되었고, 토지 문제의 해결에 대한 당위성은 더욱 증대되었다.

1388년(우왕 14) 5월에 이루어진 위화도회군을 기점으로 신진사대부들이 정권을 장악하게 되면서, 토지 제도 개혁에 대한 논의는 전면으로 부상했다. 개혁파 사대부인 조준趙浚의 상서로 촉발된 토지 제도 개혁 논의는 크게 온건론과 급진론의 두 가지로 대별된다.

온건론은 고려의 토지 제도에 구조적인 모순은 없으며 따라서 운영상의 결함만을 제거하면 된다는 것이었다. 기존의 사전은 정당한 것이므로 그대로 인정하되, 단 한 토지에 여러 명의 전주田主(수조권자)가 있는 것이 문제라고 주장했다. 따라서 토지 문서에 의거하여 그 주인

(수조권자)을 명확히 하여 한 토지에 한 명의 주인, 즉 '일전일주一田一 主'의 원칙을 확립하면 토지 문제는 해결된다는 것이었다. 개선론적인 입장이었다. 이대로 시행된다면 기존에 대토지를 점유하고 있는 권력자들의 기득권을 최대한 보장하면서 토지 지배를 둘러싼 대토지 점유자 사이의 갈등을 해소하는 것으로서 토지 문제를 일단락 지우게 되는 것이었다. 단 '일전일주'의 원칙이 확립된다면 조를 납부하는 경작농민들도 수조권자 여러 명에게 조를 납부하지 않게 됨으로써 그 혜택을 볼 수 있는 것이었다.

반면 급진론자들은 고려 토지 제도의 문제점은 조업전화祖業田化한 사전私田에 있다고 보았다. 사전을 국가가 관리하지 못하게 되고 개인의 조업전처럼 됨으로써 사적으로 세습되고, 이에 따라 수조지 부족 현상 등 여러 가지 문제점이 발생하며 직역부담자가 마땅히 받아야 할 수조지를 받지 못하고 있다는 점을 근본적인 문제로 생각했다. 따라서 기존의 사전을 모두 없애고 직역의 부담을 실제로 지고 있는지의 여부에 따라 새로 분배해야만 한다고 주장했다. 사전을 혁파하고 재분배하자는 주장이었다. 만약 급진론자들의 주장대로 사전 혁파가 진행된다면 이는 광범위하게 농장을 형성하고 있는 권문세족만이 아니라 수조지를 세습하고 있던 고려의 지배계층 전체에 영향을 주는 문제였다.

특히 사전 혁파를 전제로 한 기사양전己巳量田이 시작되어 전국의 토지를 조사하자, 토지 문제 해결을 둘러싼 갈등은 더욱 심화되었다. 결국 온건론자들과 급진론자들의 대립은 정치적으로 결말이 지어졌다. 급진론자들은 위화도회군 이후 즉위한 창왕을 신돈辛旽(?~1371)의 자손이라고 공격하는 것과 동시에 이색과 같은 온건론자들을 창왕파라고 공격하여 실각시켰다. 이어서 공양왕이 등극했다. 공양왕이 왕위에 오른 지 2개월 만인 1390년(공양왕 2) 1월에 급전도감給田都監에서 과전科田 수급 대상자들에게 토지 문서를 지급해 주었고, 이어 9월에는 기존의 모든 토지 문서를 소각 처리함으로써 토지 문제는 사전을 혁파하고 재분배하는 것으로 결론지어졌다. 과전법의 시행이었다.

 과전법은 수조권 제도를 부정한 것은 아니었다. 하지만 기존의 수조권 제도가 가진 문제점들을 제도적으로 보완했다. 수조지와 수조권을 받은 사람을 모두 천자문의 글자로만 표기하는 자정제字丁制를 시행하여 조업전화를 불가능하게 했다. 또한 수조지는 오직 경기京畿에만 한정하여 지급했고, 시지는 지급하지 않고 전지만을 지급했다. 이는 토지 제도상 토지 소유권을 억누르고 있던 수조권 제도의 약화를 의미하는 것이었다. 이러한 토지 제도상의 진전은 결국 조선시대에 들어가 수조권 제도의 소멸로 이어지게 되었다.

―박진훈

慈月影落小海門世誕生輝威儼遁辟神遍成文身
滿缽呈導圓袴吉卷綠氣萎桐猪當瓶酒下洛法孔四溫匈罪珠墨
鍊餞浮霞西游名翼得秒 天子迎鶻金門大闊尋師挂梨
朝市騎末鞋并幣情班徒入
底謝過貨龍章朱末
令命文相敕功奏耶士分清黃軼輕鳥惠
君命友歲珠金頹玉珠鶻頻盃鞋三无堠熊
朝敬耶近軒光輔宇象毅收超寶制卷盡天將木
壬辰蘇森錢塘恋勤拜手敬讚

고려는 우리 역사에서 건국부터 멸망까지 조정과 왕실이 불교를 공식적으로 신앙했던 유일한 나라다. 고려의 역대 국왕은 국가 운영과 왕실의 권위 확립에 불교가 중요한 역할을 할 것이라 기대하고 불교를 정책에 적극적으로 반영했으며, 국가 재계 정비와 함께 교단 체제를 수립하여 불교를 후원하고 선양하는 한편 승정 제도를 통해 통제했다. 나라와 임금이 불교를 위해 공덕을 쌓으면 여러 부처와 보살, 그리고 신중들이 그 땅을 보호해 줄 것이라는 믿음은 고려시대 국가적으로 불교가 신앙되고 다양한 불교의례가 열렸던 이유였다. 이러한 배경 속에 고려에서 불교는 유교와 함께 국가를 유지하는 두 기둥이 되었고, 교학불교와 선종은 학문과 실천 수행이라는 측면에서 각기 꽃을 피울 수 있었으며, 불교계를 혁신하려는 결사불교가 등장하여 새로운 흐름을 주도하기도 했다. 그러나 고려 말 급진적인 개혁을 요구하던 성리학자들은 불교 자체를 하나의 비판하며 나라와 백성을 해롭게 하는 존재로 규정했다.

불교사상과 교단

고려 불교의 성립과 변화

고려의 성립과 불교 교단의 정비

태조의 불교 정책

후삼국의 혼란을 극복하고 고려를 건국한 태조 왕건은 새로운 국가를 운영하고 왕실의 권위를 높이는 데 불교가 중요한 역할을 할 것이라 기대했다. 왕건은 정치는 유교로 하되 민심 수습과 안정은 불교를 통해서 하겠다는 원칙을 세우고 정책에 반영했다. 불교에 대한 이러한 자세는 역대 고려 국왕에게 이어져 고려시대에는 불교와 유교가 양립하여 서로 상보적 관계를 유지했다. 〈개태사화엄법회소開泰寺華嚴法會疏〉와 〈훈요십조訓要十條〉에는 불교와 국가의 관계에 대한 태조의 입장이 잘 나타나 있다. 태조는 후삼국 통일 직후 논산에 개태사開泰寺를 창건하고 화엄법회華嚴法會를 개설하면서 작성한 발원문(〈개태사화엄법회소〉)에서 후삼국을 통일한 것은 부처와 신령의 은덕이며, 앞으로도 국가가 안정되고 발전하는 데 불교의 도움을 받기를 기원했다. 후대 국왕에게 남긴 〈훈요십조〉에서는 불교를 국교로 삼고 불법佛法을 숭상하며 사찰을 보호할 것을 강조했지만 과도한 사찰 창건과 그로 인한 경제적 혼란이 신라 멸망의 원인 중 하나라 지적하며 사원 세력의 비대화, 종파 간의 분란, 불교와 정치 세력의 결탁 등은 경계했다. 이처럼 태조는 국가 운영에 불교를 이용하면서도 불교가 지나치게 비대해지지 않도록 주의할 것을 강조했다.

고려에서는 유교에 입각하여 정치를 한다는 원칙이 수립되어 있었기 때문에 불교는 정치와 분리되어야 한다고 생각했다. 하지만 왕권을 높이고 국민을 통합하는 데 있어 불교의 정치적 기능은 간과할 수 없는 것이었다. 특히 집단적으로 설행設行되는 의례儀禮는 대민 동원력을 가지고 있었고 이 과정을 통해 민심을 규합하고 사회 통합을 이룰 뿐만 아니라 국가와 왕실의 권위를 백성에게 과시할 수 있는 기회가 되었기 때문에 여러 가지 불교의례가 국가 주도로 설행되었고 국가적으로 중시되었다. 그중에서도 불교에서 기원한 상원연등회上元燃燈會와 중동팔관회仲冬八關會는 고려에서 가장 중시하던 국가적인 의례였다. 태조는 불교행사인 연등회와 전통적인 산천신앙山川信仰과 불교가 함께 결합된 팔관회를 정성껏 설행할 것을 후손들에게 유훈遺訓으로 남겼다. 이후 팔관회와 연등회는 성종 대와 고려 말 잠시 설행이 중지되거나 규모가 축소되었던 것을 제외하고는 강화 천도江華遷都 시기와 같은 국가적인 비상 상황 아래서도 우선적으로 개최되었다.

국가 운영에 불교를 적극 도입한 태조의 정책은 새 국가의 수도인 개경開京을 건설하는 과정에서도 잘 드러난다. 919년(태조 2) 태조는 철원에서 개경으로 천도하면서 궁궐, 성곽과 함께 10개의 사찰을 창건했다. 태조 때 창건된 사찰은 개경의 중심부인 궁궐 주변과 송악산 기슭에 위치한 경우가 많았으며 법왕방法王坊·자운방慈雲坊·왕륜방王輪坊·흥국방興國坊처럼 절 이름을 따서 방명坊名으로 삼기도 했는데,

금동대탑(왼쪽) 개태사지에서 출토된 금동대탑이다. 개태사는 후삼국 통일을 기념해 936년(태조 19) 태조가 창건한 사찰이다.
개태사지 석조삼존불상 중 좌협시보살(오른쪽) 보물. 개태사에 있는 이 삼존불상은 개태사 창건 당시에 제작된 것으로 추정된다. 고려 초에 조성된 대형 석불의 대표적인 예다.

이는 개경의 도시 구획에서 사찰이 중요한 의미를 갖고 있었음을 보여 준다. 고려시대 개경의 사찰은 국가 신앙의 구심점 역할을 했고, 궁궐, 관청 등과 함께 공적 임무를 수행하기도 했으며, 국가의 수도를 장엄하며 고려 문화와 사상의 중추가 되었다.

태조가 국가적으로 불교를 존숭하는 정책을 취한 것은 오랜 전란을 겪어 피폐해진 민심을 수습하는 데 불교가 큰 역할을 할 것으로 기대했기 때문이다. 하지만 이 같은 정치적인 이유 외에 왕건은 개인적으로도 불교와 관계가 깊었다. 후삼국 시기 대부분의 호족들이 승려를 후원했던 것처럼 송악 지역의 호족 출신인 왕건의 가계家系 역시 선대부터 불교를 신앙하여 승려들을 지원했다. 이러한 분위기에서 성장한 왕건은 교종과 선종 승려들을 적극적으로 후원했으며 진공대사眞空大師 충담忠湛(869~940)의 비문을 직접 짓고 법경대사法鏡大師 현휘玄暉(879~941)의 제액을 직접 써주는 등 긴밀한 관계를 맺었다. 이미 후삼국시기부터 왕건에게 귀부하는 승려들이 매우 많았으며, 고려를 건국하고 개경에 수도를 정한 이후 고승들이 개경으로 몰려들었다.

광종 대 불교 교단의 정비

법안종의 수입과 불교 교단의 통합　태조 사후 혼란한 정치 상황 속에서 즉위한 광종은 중앙집권화와 왕권 강화를 위한 개혁을 추진하고 과거제를 시행하는 등 국가 제도를 정비했다. 광종 대의 불교 교단 정비도 중앙집권체제의 확립 차원에서 추진된 것이었다. 광종은 고려 역대 국왕 중 처음으로 진전사원眞殿寺院을 개창하여 운영했고, 태조 이래로 개최되던 팔관회·연등회 외에도 무차대회無遮大會를 비롯한 다양한 불교 행사를 설행했다. 광종의 불교 정책에서는 승정僧政을 정비하여 불교를 공식적인 국가 운영체계에 포함시켰다는 것과 불교 교단을 정리하려 했다는 점이 주목된다. 광종은 불교 교단을 선종과 교종으로 나누어 각기 정비했는데, 교종은 화엄종에 주목했고, 선종은 중국의 오월吳越에서 법안종法眼宗을 수용하여 정비하려 했다.

선종은 신라 하대 도당渡唐 유학승들을 통해 수입된 뒤 화엄종을 비판하며 불교계의 주도 세력으로 급부상했고 호족 세력과 긴밀한 관계를 맺었다. 개성 지방에서 호족 세력으로 성장하고 있던 왕건 가문은 선종 승려인 순지順之를 지원했다. 고려 건국 전인 903년(효공왕 7) 왕건이 태봉의 수군을 거느리고 나주를 정벌한 뒤에는 중국에서 이곳으로 귀국하는 선승들을 포섭하여 왕경으로 귀환할 때 데리고 가기도 했고, 훗날 후삼국을 통일하자 전국의 선문 거장들이 개경에 모여들기도 했다. 선종은 고려 건국 이후 왕실의 후원을 받으며 안정된 기반을 확보했고 유력한 산문을 중심으로 소위 '구산선문九山禪門'을 형성하며 고려 초 불교 교단의 중심세력이 되었다.

선종은 교종과 달리 근본 경전이 없어 그에 따른 구분이 생기지 않았지만, 수행 기풍의 차이에 의해 중국에서는 오가칠종五家七宗이 성립되어 있었다. 그러나 고려의 구산선문은 선풍禪風의 차이보다는 인적 계승을 기준으로 한 구분이라는 점이 특징이었다.

선종 교단을 통합 정리하고자 했던 광종의 시도는 난립하던 문파들을 정리하기 위한 것으로, 중국에서 법안종을 수입하여 그것을 중심으로 선종을 통합하고자 했다. 광종은 선·교의 사상적 통합을 추구한 법안종의 사상에 깊이 공감했다. 광종은 중국 법안종 승려 영명연수

구산선문

신라 하대 선종 수용 이후 명망 있는 선사를 중심으로 형성되었던 다수의 산문은 점차 후계자들이 번성한 일부 산문을 중심으로 통합·정리되는 과정을 거쳤던 것으로 보이는데, 대략 광종 대에 이르면 안정된 기반을 확보한 유력 산문이 확립된 것으로 추정된다. 이것을 후대에 구산선문九山禪門이라 불렀다. 그러나 고려시대 구산문의 실체에 대해서는 논란의 여지가 많다. 1084년(선종 1) 구산산도들도 3년에 한 번씩 승과를 볼 수 있게 한 《고려사》의 기록이 "구산문"이라는 이름이 확인되는 가장 오랜 것이며, 현재 알려진 아홉 산문과 개산조는 고려 후기 이후 찬술된 것으로 추정되는 《선문조사예참의문禪門祖師禮懺儀文》에 처음 정리되었다. 또한 고려시대 아홉 개의 산문의 존재가 동시에 확인되지도 않을 뿐만 아니라 고려 후기 자료에서의 구산 혹은 구산문은 당시 선종 전체를 아우르는 개념으로 사용되고 있어 고려시대 선종을 구산선문의 틀로 이해하는 것은 재고할 필요가 있다.

고달사 원종대사 혜진탑비(귀부와 이수) 광종 대 도봉원, 희양원, 고달원을 3대 부동사원으로 지정한 내용이 새겨져 있다. 비신은 일제시대 넘어져 깨진 것을 수습하여 현재 여주박물관에 있고, 절터에는 원래의 귀부와 이수에 복제한 비신을 세워 두었다.

永明延壽(904~975)의 《종경록宗鏡錄》을 읽고 감명을 받아 사신을 보내어 연수에게 제자의 예를 표했다. 그리고 지종智宗(930~1018), 영준英俊(932~1014)을 포함한 30여 명의 승려를 연수에게 보내어 법안종을 배우게 했는데, 이들이 귀국한 이후 법안종 사상을 중심으로 선종을 개혁하려고 했다. 광종은 970년(광종 21) 귀국한 지종을 왕사王師로 봉하고 개경 광명사廣明寺에 주석駐錫하도록 했다. 또한 중국 법안종 승려 법안문익法眼文益(885~958)의 문하에 있던 고려승 혜거慧炬(899~974)를 귀국시켜 국사國師로 봉하고, 혜거가 머물렀던 도봉원道峯院과 찬유璨幽(869~958)가 주석했던 고달원高達院 등 법안종 계통의 사원을 특별히 부동사원不動寺院으로 지정하여 그 문하 제자들로만 주지직을 계승하도록 하며 법안종에 대해 전폭적으로 후원했다. 그러나 지종과 영준 등이 귀국한 직후 광종이 죽고 경종景宗이 즉위하여 반동정치가 시작되면서 법안종을 중심으로 선종을 통합하려 한 광종의 노력은 결실을 보지 못했고, 법안종도 종파를 이루지는 못했다. 그렇지만 광종 대 수용된 법안종은 부동사원을 통해 그 맥이 이어져 훗날 의천의 천태종 개창의 기반이 되었다.

균여와 화엄종단 정비 화엄종은 유식학과 함께 통일신라 이래 신라 불교를 이끌어 온 중심 사상이었으나 신라 말 선종의 대두로 큰 타격을 입었다. 신라 경덕왕 대 경주불교의 주도권이 유식학에서 화엄으로 넘어가면서 신라 하대 화엄은 교학불교를 대표하고 있었다. 신라 말 새로 등장한 선종 승려들은 화엄종을 신랄하게 비판했다. 초기의 신라 선승 중에는 원래는 화엄종 승려였다가 선종으로 개종한 이들이 많았기 때문에 화엄종의 입지는 더욱 좁아졌다. 9세기 말 경주를 중심으로 화엄종에서는 역대 화엄 조사를 추모하고 저술을 공부하는 화엄 결사가 이루어져 외부로부터의 비판에 대응하기도 했지만 불교계의 주도권을 회복하기는 쉽지 않았다. 또한 새로운 사회 주도 세력으로 떠오른 육두품과 지방 호족들이 화엄종보다는 선종을 주로 지원하면서 화엄교단은 더욱 위축되었다. 왕건이 후삼국을 통일할 당시 화엄종단은 내부적으로도 분열되어 대립하고 있었다. 관혜觀惠가 중심이 된 남악파南岳派는 후백제의 견훤甄萱을 지지했고, 희랑希朗을 중심으로 한 북악파北岳派는 고려의 왕건을 지지했다. 남악파와 북악파의 분열은 정치적 대립을 넘어서 화엄종단 내부의 사상적 갈등이 표출된 것이었다.

이러한 상황에서 광종은 균여均如(923~973)를 발탁하여 화엄 교학을 정비했다. 균여는 신라 말 이래의 북악파와 남악파의 대립이라는 화엄교단 내부의 갈등을 봉합하고 고려 전기 화엄교학이 발달할 수 있었던 이론적 토대를 닦았다. 황주黃州 지방의 군소 호족 출신인 균여는 953년(광종 4) 기청제祈晴祭를 계기로 광종과 인연을 맺은 뒤 963년(광종 14) 광종이 창건한 귀법사歸法寺의 주지가 되어 화엄종단을 영도하는 등 광종의 우대를 받았다. 그러나 968년(광종 19) 반대파의 모함으로 시련을 겪으며 귀법사 주지에서 물러남과 동시에 중앙무대에서 사라지게 되었다.

균여는 화엄종의 교리체계를 재정비했으며, 활발한 저술 활동을 했다. 균여는 통일신라 이래 화엄학의 주류를 형성하고 있던 의상의 이론에 기반하여 지엄智儼과 법장法藏의 저술을 주석하고 강의하는 등 초

합천 해인사 건칠 희랑대사좌상 왕건을 지지했던 대표적인 화엄종 승려다.

기 화엄학에 주목했다. 그는 화엄학의 주요 연구서들을 망라하여 해설을 붙이고, 화엄학을 전공하는 승려들을 대상으로 심도 있는 강의를 했으며, 쉽게 이해하기 힘든 이론적 문제까지도 치밀하게 다루었다. 균여의 노력으로 고려 화엄학의 수준은 한 단계 높아졌으며, 균여의 화엄 이론은 승과(僧科)에서 평가의 기준이 되었다. 균여는 교학 연구뿐만 아니라 불교 대중화 운동에도 관심이 있어 〈보현십원가(普賢十願歌)〉와 같은 향가(鄕歌)를 지어 유포하기도 했다. 이는 《화엄경》의 보현행을 강조하던 균여의 입장이 반영된 것이었다. 한편, 균여는 《화엄신중경(華嚴神衆經)》에 입각한 신중신앙(神衆信仰)을 제시하기도 했다.

이러한 균여의 성과에 힘입어 고려 화엄종은 교종을 대표하는 종단으로서 위상을 되찾을 수 있었고, 입지가 강해졌다. 왕실에서는 화엄종에 관심을 표시하며 원찰을 창건할 때 화엄종 사찰로 지정하기도 했고 왕자들을 화엄종에 출가시키기도 했다. 고위 관료들도 자신의 자제를 화엄종 교단에 출가시키면서 승려들의 출신 신분과 사회적 위상은 높아지게 되었다. 균여의 불교는 훗날 의천에 의해 비난을 받게 되지만, 균여가 화엄종 교리를 강화하여 선종의 비판에서 화엄종을 지켜냈고 분열된 종단을 통합하는 등 화엄종 정비 작업을 추진한 덕분에 의천이 화엄교학에서 성과를 낼 수 있었다.

균여가 탄핵을 받아 귀법사 주지에서 물러난 뒤 광종은 경기도 고양의 유력 호족 출신으로 태조 대부터 고려 왕실과 밀접한 관계를 맺고 있던 화엄종의 원로 탄문(坦文, 900~975)으로 하여금 화엄종단을 이끌도록 했다. 탄문은 968년(광종 19) 왕명으로 대장경 법회에 참석하기 위해 개경에 올라온 뒤 균여의 뒤를 이어 귀법사에 주석했다. 974년(광종 25)에는 국사로 책봉되었으나 이듬해 광종의 만류를 뿌리치고 보원사(普願寺)로 내려가 후학을 양성했다. 탄문은 당시 화엄종의 최고 원로로 화엄종 전체를 아우를 수 있었기 때문에 균여 이후 화엄종단을 이끌 인물로 발탁되었던 것으로 보인다. 탄문은 국왕과 관련된 공덕신앙을 중시하며 각종 법회와 불교행사를 주관했으나 대중 교화에는 큰 관심이 없었던 것으로 보인다.

승과의 시행과 승정의 정비

광종은 불교종단을 정비하는 것과 함께 교단체제도 정리했다. 이를 위해 광종은 승과를 통해 고위승려를 선발하여 승계僧階·승직僧職을 제수하도록 함으로써 국가가 불교교단을 운영하는 기본체계를 완성했다. 선종과 교종으로 나누어 승정을 정비하여 선종과 교종은 승계조직을 통해 확연히 구분이 되었을 뿐만 아니라 승과도 종파별로 시행하도록 했다.

958년(광종 9) 고려에서는 중국의 제도를 받아들여 처음으로 과거제도를 시행하면서 승과도 함께 시행했다. 국가에서 관장하는 승려들을 위한 시험인 승과는 일반인을 대상으로 하는 과거와 마찬가지로 삼 년에 한 번씩 정기적으로 시행되었으나 비정기적인 특별시험도 있었던 것으로 보인다. 승과는 각 종단별로 실시되었으므로 초기에는 화엄종·법상종·선종의 3종파에서 승과가 시행되다가 의천이 천태종을 개창하고 1099년(숙종 4) 국청사國淸寺에서 천태종 승려를 위한 승과를 개최한 뒤 4종파의 승과가 모두 갖추어지게 되었다.

고려에서는 출가 후 계단사원戒壇寺院에서 구족계具足戒를 받고 장기간의 학업과 수행을 거쳐 대개 15~20세를 전후한 시기 승과에 응시했고, 승과 합격자에게는 승계僧階를 제수하는 것이 원칙이었다. 하지만 특별한 경우에는 승과를 보지 않고도 승계를 받을 수 있었다. 승과 합격 후 처음 받는 승계인 대덕大德과 이후 승차되는 대사大師·중대사 重大師·삼중대사三重大師까지는 교종과 선종에 공통되는 승계였으나 삼중대사를 거치면 교종에 해당하는 화엄종·법상종 승려는 수좌首 座·승통僧統으로 승차되었고, 선종과 선종에 해당하는 천태종 승려는 선사禪師·대선사大禪師로 승차되었다. 승계를 가진 승려들에게는 승직 僧職이 주어지고 그에 해당하는 전시과田柴科를 국가에서 지급했다. 《고려사》〈식화지食貨志〉에 따르면 승과에 합격하여 대덕大德의 승계 를 받은 교종 승려에게는 전田 40결과 시柴 10결을 지급했다고 한다. 또 최고 승계를 가진 승려는 재상들과 동등한 임명 절차를 거치는 등 일반 관료와 같은 대우를 받았다. 그러나 중요한 계율을 어기거나 범 죄를 저질렀을 경우에는 승계뿐만 아니라 승려로서의 신분을 박탈당 해 환속되기도 했다.

  원칙적으로 승과에 합격해야만 주지와 같은 승직도 가질 수 있었기 때문에 승과의 경쟁은 치열했을 것으로 추정된다. 승과를 볼 수 있는 신분에 대한 법제적 제한이 있었는지는 확인되지 않지만, 승과 합격 자들의 출신을 살펴보면 품관 자제나 지방 향리의 자제인 경우가 많 다. 왕자의 경우에는 승과를 거치지 않고도 최고위 승계인 승통을 받 았다. 하지만 《고려사》에 따르면 궁인宮人의 몸에서 태어난 서자庶子 인 소군小君은 어릴 때 출가하여 승려가 되어야 했는데 이들은 승과에 합격해야만 승계를 받을 수 있었다. 예종의 서자였던 현화사의 각관 覺觀(1120~1174)이 고승으로 명성을 떨침으로써 특별히 왕명으로 승 통에 이를 수 있었다고 한 것으로 보아 소군들은 승통과 같은 최고위 승계에 오르는 데에도 제한을 받았던 것을 알 수 있다(〈현화사각관승통

묘지명玄化寺覺觀僧統墓誌銘〉).

일반적인 승계나 승직과는 별도로 왕사王師·국사國師도 있었다. 이 제도는 명망 있는 고승을 초빙하여 국왕의 스승으로 임명하는 것으로, 국왕은 왕사·국사에게 직접 제자의 예를 표했고 보살계菩薩戒를 받기도 했다. 국왕이 즉위하면 왕사·국사도 다시 임명하는 것이 일반적이었으며 왕사·국사는 각기 다른 종단에서 임명되어 종단 간의 힘의 균형을 유지하도록 했다. 고려에서는 국사가 왕사보다 높은 것으로 인식되어 왕사를 거친 후 국사가 되었고, 입적한 고승의 업적을 기려 국사로 추증하는 일도 많았다. 왕사·국사는 승계라기보다는 고승에 대한 명예직의 성격이 강했으나 국왕의 스승이라는 상징성 때문에 국왕에게 조언을 하거나 불교 정책에 관여하는 일도 있었다. 고려 말에는 왕사나 국사가 독립된 부府를 운영하며 승정에 직접 관여하기도 했으니, 충숙왕 대 국통에 임명된 미수彌授의 참회부懺悔府, 공민왕 대 왕사로 임명된 태고보우太古普愚의 원융부圓融府를 꼽을 수 있다. 고려 말 국통·왕사·국사에게 설치해 준 부府에는 승속僧俗 관원이 배치되었다. 고려의 왕사와 국사 제도는 불교의 가르침이 세속의 권력보다 우위에 있음 즉 국가와 국왕의 숭불을 상징하는 것이었으나, 왕사와 국사의 임면권은 국왕에게 있어 현실에서는 국왕권에 종속되어 있었다.

고려에서는 불교와 관련된 사무를 담당하는 관청인 승록사僧錄司를 두었다. 고려에서의 승록사 운영은 국가가 불교 교단을 장악했으며, 불교 교단이 공식적인 국가 운영체제 속에 들어가 있었음을 의미한다. 승록사는 예부禮部에 속했을 가능성이 크며, 중앙관청으로 개경에 설치되어 다른 중앙관청과 마찬가지로 토지가 지급되었고, 서경西京

에는 분사分司가 설치되었다. 승록사가 처음 설치된 때는 정확히 알 수 없으나 965년(광종 16) 광종이 양가승총兩街僧摠 법여대덕法興大德과 내의령內議令·태상太相 황보○○皇甫○○를 사나선원舍那禪院에 있는 정진대사靜眞大師 긍양兢讓에게 보낸 기록과 광종 대 승과가 처음으로 실시된 것으로 미루어 보아 광종 대부터는 불교와 관련된 업무를 담당하는 중앙관청으로 승록사가 운영되었던 것으로 보인다.

승록사의 승관僧官들은 승과에 합격한 이들로 구성되었다. 승록사의 관직체계는 좌가左街와 우가右街로 구성되어 있었는데, 각각 하위 관직인 승정僧正에서 시작하여 부승록副僧錄과 승록僧錄을 거쳐 도승록都僧錄에 이르게 되어 있었고 승록사 전체를 총괄하는 최고 관직인 양가도승록兩街都僧錄이 있었다. 승록사는 승적僧籍을 관리하고 사원 건립이나 불교 의식, 문서 하달 등과 관련된 업무를 주로 담당했다. 왕명을 받아 속관俗官과 함께 불교 의식이나 행사를 주선하는 역할을 했으며, 국사나 왕사가 하산할 때 호송護送하거나 입적했을 때 장례 의식도 감독했다. 사찰 관리도 승록사의 중요한 임무 중 하나였다. 고려에서는 현화사玄化寺와 같이 국가에서 특별히 관심을 가지고 중요하게 관리하는 사원에는 사원의 내부 관리를 맡은 도감都監을 설치하고 승록사의 승관을 파견했다. 한편 승려 및 사찰과 관련된 주요 문서들이나 사찰과 국가 간의 공문서는 승록사를 경유하여 전달되었다. 승록사가 승려와 사찰 등 불교 교단을 관리·감독하는 업무를 담당하고 있기는 했으나 실질적인 승정僧政—특히 인사 행정—은 국가에서 장악하고 있었다. 고려 후기 수선사修禪社 승려인 진각국사眞覺國師 혜심慧諶을 대선사에 임명하는 과정을 보면 고신 발급을 담당한 관직은 예

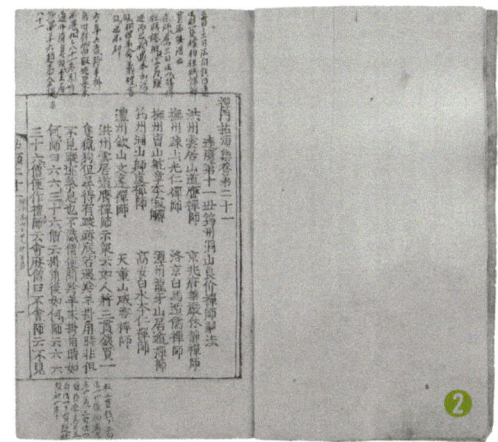
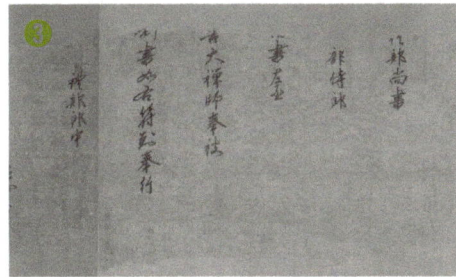
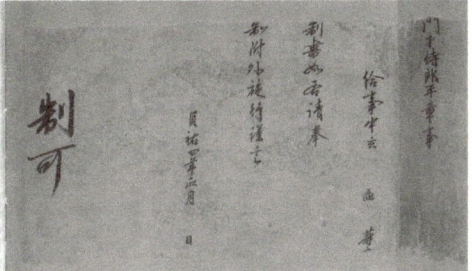

❶ 혜심慧諶(1178~1234) 지눌의 뒤를 이어 수선사 제2세로 간화선을 널리 알렸다.
❷ 《선문염송집》 혜심이 엮은 공안집. 1244년(고종 31) 간행된 후 조선시대에도 여러 차례 개판되었다.
❸ 〈혜심고신〉 국보. 고종이 1216년(고종 3) 진각국사 혜심에게 대선사의 호를 하사할 것을 제가한 문서.

부상서禮部尙書, 형부사랑刑部侍郞, 예부랑중禮部郞中이었으며, 사찰 주지의 임명은 임금의 재가를 받아야 했다. 승려를 선발하는 승과를 시행할 때에도 보조적인 역할을 하는 등 승록사는 불교 교단과 국가가 공식적인 관계를 유지하도록 하는 매개 역할을 하면서 승정에 관한 업무를 담당하는 관청이었다.

광종 대의 승과 제도 및 그에 따른 승계·승직 제도 정비는 그동안 상대적으로 자율적인 질서를 누려 온 불교계에 대한 국가의 통제가 강화되는 계기가 되어 승려의 선발과 승진을 비롯한 교단 운영의 전반이 정부의 관리하에 들어가게 되었는데, 국왕은 승과 선발과 승계의 승차, 승직 임명의 최종권한을 장악하여 불교계에 대한 통솔권을 가지게 되었다. 이처럼 고려에서는 승려들을 우대하고 지원하면서도 승정을 통해 국가 제도 속에 철저하게 포섭하여 운영했다. 정책적으로 국가가 불교 교단과 승려를 보호하고 통제한 고려사회에서 출가자인 승려는 세속권력에서 자유로운 존재가 될 수 없었지만, 한편으로는 사회적 지위를 보장받을 수 있었다. 이러한 분위기 속에서는 승과에 합격하여 고위승직을 제수받는 것이 과거에 급제하여 고위관료가 되는 것 못지않게 집안의 위세를 유지할 수 있는 길이었기 때문에 승려가 되는 것은 전혀 꺼릴 일이 아니었다. 관료 자제들 중 일부는 승려로 출가하는 것이 일반적이었고, 삼촌에서 조카로 대를 이어 출가하는 경우도 있었다.

진전사원의 개창

불교종단 정비·승정 제도의 시행과 더불어 광종 대에서 주목할 것

중 하나는 역대 왕과 왕비의 소상塑像이나 진영眞影을 봉안하여 그들을 제사하고 명복을 빌기 위한 사원인 진전사원眞殿寺院이 운영되기 시작했다는 것이다. 진전사원은 개경 안에 위치하거나 개경의 교외 지역인 사교四郊에 조성되는 것이 일반적이었으며 절을 보호하기 위한 위숙군衛宿軍이 파견되기도 했다. 종묘宗廟와 경령전景靈殿에서 공식적으로 국왕의 제사를 지냈으나 이와는 별도로 불교식 제사를 지내는 진전사원을 설치한 것은 불교국가로서의 고려의 성격을 드러낸 것이다.

951년(광종 2) 광종은 즉위하자마자 고려 최초의 진전사원인 봉은사奉恩寺를 개창하여 아버지인 태조 왕건의 동상을 봉안했고, 모후인 태조비 신명왕후神明王后의 원찰로 불일사佛日寺를 개창했다. 이후 봉은사는 고려시대 내내 태조신앙의 근거지로 중시되었다. 봉은사의 태조 진전에 행향行香하는 행사인 조진배알祖眞拜謁 의식은 국가 불교의례인 연등회에서 가장 중요한 의식이었다. 1232년(고종 19) 몽골과의 전쟁으로 강화도로 천도할 때 궁궐과 함께 가장 먼저 봉은사를 개창했고, 전쟁이 끝나고 개경으로 환도할 때도 역시 봉은사를 우선 수리한 것은 고려시대 봉은사의 위상을 잘 보여 주는 사례다.

광종 이후 고려에서는 자신의 부왕이나 모후 또는 먼저 세상을 떠난 왕후를 위해 원찰인 진전사원을 경영하는 것이 일반화되었고, 왕이 생전에 자신의 원찰을 창건하는 공사를 시작하는 경우도 있었다. 일반 귀족관료들도 자신의 원당願堂을 가지고 있었다. 그리고 왕실과 귀족들은 원찰에서 조상들을 위해 올리는 재齋의 비용을 조달하기 위한 전지田地와 재화를 제공함으로써 사찰의 가장 중요한 후원자가 되었다.

태조왕건상 고려 태조 왕건의 동상이다. 광종이 봉은사에 진전을 개창할 때 만들어 봉안한 것으로 알려져 있다. 옷과 옥대玉帶, 가죽신 등을 착용했던 것으로 보이며 통천관을 쓴 황제의 모습으로 표현되었다. 표면에는 금도금과 채색을 했던 흔적도 남아 있다. 조선건국 후 봉은사의 진전에서 마전현(경기도 연천군) 앙암사라는 작은 절로 옮겨졌다가 세종 때 폐기되는 과정에서 현릉顯陵(왕건릉)에 묻혔는데 1993년 왕건릉 공사 중에 다시 세상에 모습을 드러내었다. 현재 북한의 개성 고려역사박물관에 소장되어 있다.

왕실 원찰은 왕이 부모의 명복을 빌기 위해 또는 자신을 위해 건립한 만큼 절에 쏟는 정성과 지원은 대단했다. 1018년(현종 9) 현종은 불우하게 죽은 자신의 부모를 위해 개경에 현화사를 개창하면서 안서도安西道의 둔전屯田 1240결과 노비 100인·소·말·공구·곡물 등을 시납했고, 송나라에서 간행된 대장경 1질을 봉안하도록 했다. 여러 궁원宮院에서도 현화사에 전지를 헌납했고 여러 신하들도 시납했는데 이에 금종보金鍾寶와 반야경보般若經寶를 두어 절을 운영하는 기금으로 삼게 했다(《영취산 대자은현화사지비명靈鷲山大慈恩玄化寺之碑銘》). 문종文宗이 자신의 원찰로 창건한 흥왕사興王寺는 덕수현德水縣의 치소를 양천楊川으로 옮기고 세운 2800칸짜리 거찰이었다. 1056년(문종 10)부터 12년간 공사가 계속되었는데, 문종은 수시로 현장을 방문하여 각종 지원을 아끼지 않았다. 문종은 1058년(문종 12) 지방에서 무기 제작용으로 바친 쇠를 흥왕사 건설에 투자하려 하자 중서문하성中書門下省이 반대했으나 강력한 의지로 밀어붙였을 뿐만 아니라 경창원景昌院 소유이던 전지와 시지를 흥왕사로 이속시키기도 했다.

귀족불교의 융성과 교학불교의 발달

교학불교의 발달과 대장경 간행

현종 대에는 중앙집권체제가 완성되고, 그 체제를 운영하는 세력으

현화사비와 비문 탁본 고려 현종이 부모의 명복을 빌기 위해 지은 현화사의 창건을 기념하여 지은 비와 비문의 탁본. 비문에는 현종이 부모인 안종安宗과 헌정왕후獻貞王后의 명복을 빌기 위해 현화사를 세웠다는 창건 연기와 절의 규모, 연중행사 및 국가에서 베푼 여러 가지 일들이 기록되어 있다.

현화사 7층 석탑   현화사 석등

로 보수적 성향이 짙은 문벌귀족이 등장했다. 왕실의 외척이거나 과거를 통해 관리로 진출한 이들이 문벌을 형성하고, 소수의 문벌귀족들이 왕실과 함께 정치를 주도해 나갔다. 문벌귀족의 등장과 함께 불교 교단에서는 화엄종이 교단의 주도적 위치를 유지하는 가운데 선종은 중앙문벌귀족과 소원해지고 중앙교단에서의 세력이 약해진 반면 나말여초 쇠퇴했던 법상종이 급부상했다. 그리하여 현종 대 이후 고려 불교는 교종인 화엄종과 법상종을 중심으로 전개되었다.

현종 대 법상종 교단이 대두하게 된 데에는 현종의 적극적인 지원이 큰 힘이 되었다. 불행하게 태어난 뒤 고아가 된 현종을 외삼촌이 되는 성종成宗이 거두어 길러주었으나 목종穆宗이 즉위하면서 현종에 대한 억압이 시작되었다. 현종은 목종의 모후인 천추태후千秋太后에 의해 강제로 삭발당해 숭교사로 출가하게 되었고 천추태후의 암살 시도에 여러 차례 시달리며 삼각산 등지의 사찰에서 지내다가 국왕으로 즉위했다. 현종은 즉위 후 거란전을 승리로 장식한 뒤 부모의 원찰로 개창한 현화사 초대 주지에 법상종 승려 법경法鏡을 임명함으로써 현화사를 법상종 사찰로 삼았다. 현종이 현화사를 법상종 사찰로 정한 것은 자신이 출가했던 숭교사나 천추태후로부터 목숨을 위협받던 시절 자신을 보호해 준 삼각산의 사찰이 법상종 사찰이라는 인연 때문이었다. 현종이 법상종을 후원하면서 법상종은 고려 불교계의 중심종파로 부상하게 되었고 문벌귀족 출신들이 법상종 교단에 출가하기도 했다.

인주이씨仁州李氏는 법상종 교단을 후원한 대표적인 문벌이었다. 인주이씨와 법상종 교단의 관계는 이자연李子淵의 아들이자 문종의 처남인 소현韶顯(1038~1096)이 법상종 승려 해린海麟(984~1067)의 문하에 출가하면서 시작되었다. 소현은 선종 대 현화사의 주지가 되어 법상종 교단을 이끌며 유식학唯識學 전적들을 간행·유통시킴으로써 유식학에 활기를 불어넣었다. 또한 현화사를 보수하고 법상종 사찰에는 중국 법상종의 시조인 현장玄奘·자은규기慈恩窺基의 상과 해동육조海東六祖의 상을 그려 봉안하게 하는 등 법상종의 종파 의식을 고취하는 데에도 노력을 기울였다. 소현이 출가한 뒤 인주이씨에서는 이자연의 손자 세량世良, 이자겸의 아들 의장義莊 등 여러 명이 법상종으로 출가하여 교단을 장악했다. 현화사 승려 의장은 수좌首座의 승계를 받았고, 이자겸의 난 때는 현화사 승려 300명을 이끌고 궁궐로 와 도끼로 신봉문神鳳門 기둥을 부수기도 했다. 이처럼 인주이씨가 현화사를 중심으로 법상종 교단을 장악하자 문종은 자신의 다섯째 아들인 탱竀을 법상종에 출가시켜 도생승통道生僧統의 승계를 내렸다. 왕실은 도생승통을 통해 법상종 교단을 장악하여 법상종단 내에서 인주이씨의 세력이 커지는 것을 견제하려 시도했으나 예종 대 도생승통이 역모에 연루되면서 수포로 돌아갔다.

당대 최고의 문벌로 왕실에 버금가는 위세를 자랑하던 인주이씨 집안이 법상종 교단을 장악하게 되면서 법상종은 왕실의 후원을 받던 화엄종과 양립하게 되었다. 원래 화엄종과 법상종은 모두 이론과 교학 연구를 중요시하는 교종불교였는데, 이 시기 화엄종과 법상종은 불교계의 주도권을 놓고도 갈등을 빚었다. 그리고 두 교단의 대립은 불교 내부의 문제일 뿐만 아니라 왕실과 인주이씨 사이의 정치적 대립이 불교 교단에까지 이어진 것으로 보기도 한다. 화엄종은 왕실 출신의 대각국사大覺國師 의천義天이, 법상종은 인주이씨 출신의 소현이 각기 교단을 이끌고 있었다.

　화엄종단을 이끌던 의천(1055~1101)은 문종의 넷째아들로 11세에 영통사 경덕국사景德國師 난원爛圓(999~1066)에게 출가했고, 왕자 출신이었으므로 특별히 승과를 거치지 않고 승통僧統의 승계를 받았다. 의천은 교학 연구에 몰두하여 불교 전반에 대한 이해의 폭이 넓었을 뿐만 아니라 유학이나 노장老莊도 깊이 공부했다.

　의천은 화엄종의 입장을 강화하여 법상종에 대한 화엄종의 우위를 확립하고자 했는데, 교학적인 면에서는 성상겸학性相兼學을 주장했고 실천적인 면에서는 교관병수敎觀竝修를 주장했다. 이 과정에서 의천은 그동안 잊혀 있던 원효元曉를 재발견했다. 의천은 원효에 대해 마명馬鳴에 짝할 만하다고 높이 평가하며 의상과 함께 화엄종의 조사로 숭상했다. 그리고 원효는 화쟁국사和諍國師, 의상은 원교국사圓敎國師로 추증하고 비석을 세울 것을 국왕에게 건의했다. 의천은 원효의 불교철학 중 성상겸학의 요소를 가장 높이 평가했는데, 원효의 불교철학은 의천이 성상겸학을 주장할 수 있는 근거가 되었다. 또한 의천은 화엄학의 우월성을 주장하고 홍원사洪圓寺에는 ① 마명馬鳴, ② 용수龍樹, ③ 세친世親, ④ 불타삼장佛陀三藏, ⑤ 혜광慧光, ⑥ 두순杜順, ⑦ 지엄智儼, ⑧ 법장法藏, ⑨ 징관澄觀 등 화엄의 구조九祖를 모신 구조당九祖堂을 설립하여 화엄종의 법통을 통일하는 데에도 힘을 썼다.

　의천이 실천적인 면에서 주장한 교관겸수에서 교는 교학을, 관은 천태종의 지관止觀을 뜻하는 것으로 의천은 고려 불교의 과제이던 선교 통합의 문제를 교관겸수의 입장에서 해결하려 했다. 이 과정에서 의천은 자신의 종파인 화엄종에 대해 비판했다. 특히 균여에 대해서는 화엄

대각국사 의천義天 의천은 숙종의 친동생으로 천태종을 개창했다. 삽화는 1805년(조선 순조 5) 승려 도일비구가 옮겨 그린 초상화다.

종을 황폐화시키고 후생 승려들을 현혹시켰다고 혹독하게 평가했다. 의천은 이론과 실천이라 할 수 있는 교관을 함께 배워야 함에도 균여의 불교에는 교만 있을 뿐 관은 없다고 비판했고, 훗날《신편제종교장총록新編諸宗教藏總錄》을 편찬할 때 신라인의 저술뿐만 아니라 송·요 등 중국의 목록까지 망라하면서도 균여의 저술은 전혀 언급하지 않았다.

의천은 교관겸수의 문제 가운데 화엄종에서 해결되지 않는 실천의 부분에 대해 천태종의 지관을 강조했다. 즉 교학에 치우친 화엄종을 보충하기 위해 천태종을 개창하여 선종을 포섭하려 한 것이었다. 의천의 천태종 개창은 이와 함께 화엄종 교단을 키워 법상종을 압도하려는 의도도 있었기 때문에 천태종 개창 후에도 의천은 여전히 화엄종에 속했다. 의천은 송나라에 유학하던 기간 중 항주杭州 혜인원慧因院에서 화엄종 승려 진수정원晉水淨源(1011~1088)을 만나 수학했다. 귀국 후 의천은 혜인원에 경론소초經論疏鈔 7500여 권을 기증하면서 재정적인 지원을 했으며 의천의 후원으로 인하여 원래 선원禪院이었던 혜인원은 교원教院으로 불리고 '고려사高麗寺'라는 이름도 얻게 되었다. 또한 의천은 화엄종의 여러 가지 이설異說을 정리하고자 하는 목적에서《원종문류圓宗文類》를 편찬하고《신편제종교장총록》에서도《화엄경》을 제일 앞에 두는 등 평생을 화엄종 승려로서 살았다.

한편, 국초부터 진행된 교단 정비와 교학불교의 발전으로 고려에서는 여러 차례 대장경大藏經이 간행되었다. 경經·율律·론論의 불교 전적을 집대성한 것을 대장경이라 하는데, 불교사상의 발전과 든든한 재정적 후원이라는 두 가지 조건이 모두 충족되어야 대장경 간행이라는 거대 작업이 가능한 것으로 국가적인 대장경 간행은 그 나라의 문화적 수준을 대변하는 것이기도 했다.

국가적 사업인 대장경 간행은 현종 대 거란의 침입을 계기로 시작되었다. 1011년(현종 2) 거란의 침입으로 개경이 함락되고 국왕은 남쪽으로 피난을 하게 되면서 외침을 불력佛力으로 물리치고자 시작되었다고 전하는(이규보, 〈대장각판군신기고문大藏刻板君臣祈告文〉) 대장경 간행은 1029년(현종 20) 일차 완성되었다. 이 기간 중 현종은 현화사를 창건하고 송에서 구해온 대장경을 현화사에 봉안하고 그것을 바탕으로 대장경을 새로 판각했다. 현종 대 시작된 대장경 간행 사업은 송나라나 요나라로부터 새로 수입된 불교 전적들을 계속 보충하며 지속되어 1087년(선종 4) 완성되었는데, 이것을 흔히 초조대장경이라 부른다. 고려는 초조대장경의 제작으로 자체 대장경을 갖게 되어 중국의 대장경에 의존할 필요성을 느끼지 않게 되었고, 불경을 집대성한 대장경판을 보유하게 됨으로써 경전을 구입하기 위해 중국으로 유학을 가지 않아도 되었다. 대장경 조성은 고려 불교가 더욱 발전하는 기반이 되었으며 고려의 문화적 자긍심도 그만큼 높아지게 되었다. 초조대장경은 최초로 간행된 한문 대장경인 송나라의 개보장開寶藏을 바탕으로 하되 거기에 거란[요]대장경 및 국내 전래본까지 추가하여 당시까지 조판된 대장경 중 수록 범위가 가장 포괄적이었다. 개경에 봉안되어 있던 초조대장경의 경판은 어느 시기엔가 대구 부인사符仁寺로 옮겨 보관했으나 몽골과의 전쟁 때 불타 없어졌다.

거란전이 끝난 뒤 고려는 대내외적인 정치 상황이 안정되면서 평온한 시기를 맞게 되어 고려 귀족문화가 만개했다. 안정된 분위기와 국가적인 지원 속에서 불교사상이 발전했고 그 결과 많은 불서佛書가 수

초조대장경 인쇄본 경竟과 경鏡 등 송 태조의 조부 이름 경敬과 발음이 같은 자는 한 획씩을 생략했다.

집·연구되었다. 주목할 만한 것으로 의천의 교장敎藏 간행과 소현의 유식학 관련 장소章疏의 간행을 꼽을 수 있다. 의천은 대장경에 대한 각종 주석서를 모은 교장을 편집·간행했다. 의천은 고려뿐만 아니라 송나라와 거란, 일본 등에서 유통되고 있던 교장을 폭넓게 수집하여 목록집 《신편제종교장총록》을 완성하고 흥왕사에 교장도감敎藏都監을 설치하여 교장을 간행했다. 의천이 교장을 간행할 당시 동아시아 대승불교권에서 주석서를 모은 교장과 같은 것은 의천만이 이루어 낸 업적으로 교장은 송, 거란, 일본에까지 전해져 동아시아 불교학 발전에 기여했다. 의천이 간행한 교장의 판목은 흥왕사에 보관되었으나, 대몽항쟁기 흥왕사가 불타면서 같이 소실되고 목록집인 《신편제종교장총록》만 현전하는데, 여기에 수록된 책의 제목을 통해 교장의 성격과 내용을 짐작할 수 있다. 한편 간행본의 일부가 조선시대까지 전해져, 세조 때 간경도감刊經都監에서 간행한 불서佛書 중에는 의천의 교장을 중간重刊한 것들도 있다.

의천의 천태종 개창과 불교 교단의 변화

당시 화엄종과 법상종의 대립은 교리적 갈등에 그치지 않고 왕실과 인주이씨의 대립과 연결되어 있었다. 의천은 이러한 상황을 해결하고 당시 불교계를 개편하여 선교 통합을 이루는 방법으로 천태종 개창을 선택했다. 의천의 천태종 개창은 인주이씨와 대립하고 있던 왕실의 입장에도 부합하는 것으로 어머니 인예태후仁睿太后와 형 숙종의 후원하에 이루어지게 됨으로써 그들의 정치적 위치에 따라 의천과 천태종의 입지도 변화했다.

의천의 천태종 개창은 그가 송나라에 다녀온 뒤 본격적으로 진행되었다. 의천은 불교 교리를 좀 더 공부하고 불교 전적을 수입하기 위해 송나라에 가고 싶어 했다. 그러나 당시 고려는 거란과 사대관계를 맺고 송과의 공식적 외교관계는 단절된 상황이었기 때문에 왕자인 의천이 공식적으로 송에 가는 것은 외교 문제를 일으킬 수 있었으므로 밀항으로 송나라에 도착했다. 의천은 송나라 황제의 후원 아래 1년 4개월 정도 머물며 송의 유명한 승려들을 만났다. 송에서의 경험은 의천이 천태종을 개창하는 사상적 근거를 마련해 주었고, 귀국하면서 가져온 3000여 권의 불교 전적은 훗날 교장을 간행하는 바탕이 되었다.

화엄종 승려로서 천태종을 개창하려는 의천으로서는 화엄과 천태의 교리에서 근본적인 차이 여부가 가장 큰 의문이자 해결해야 하는 문제점이었다. 교리 면에서 근본적인 차이가 없어야 천태종 개창이 가능했기 때문이었다. 송에 도착한 의천은 송 조정의 배려로 화엄종 승려 유성有誠과 한 달간 함께 시간을 보내며 이 문제에 대한 의견을 나누었으나 의문을 풀지 못했다. 이에 의천은 진수정원을 만나고 싶다고 황제에게 청하여 개봉에서 항주까지 운하를 타고 여행했다. 이 기간 동안 의천은 중국 각지의 명승 50여 명을 만나 화엄, 유식, 천태, 선종 등과 관련된 불교의 주요 이론에 대한 의견을 나누었는데, 절강浙江에서 정원을 만나 사제관계를 맺고 화엄5교敎와 천태4교敎는 대동大同하다는 해답을 얻어 화엄과 천태의 조화 가능성을 확인했다. 그리고 항주의 천태종 승려 자변종간慈辯從諫을 찾아가 천태종을 정식으로 전수받고 천태종의 개창자인 지자대사智者大師 탑에 가서 고려에서 천태종을 개창하겠다는 서원을 세우고 귀국했다.

의천은 귀국하자마자 천태종 개창에 착수했다. 천태종 개창의 강력한 후원자인 계림공(숙종)과 인예태후는 개경에 자신들의 원찰로 국청사國淸寺를 창건하여 천태종 사찰로 삼고 의천을 주지로 임명했다. 그러나 국청사 공사는 법상종과 인주이씨의 반발로 인해 5개월간 중단되었다. 국청사 창건의 배후세력이던 모후 인예태후가 죽고 이어 형인 선종도 죽으면서 의천은 유력한 후원자를 잃었다. 게다가 헌종이 즉위하자 외척인 인주이씨가 정권을 장악하고, 불교계의 주도권도 인주이씨의 후원을 받는 이들이 장악하면서 화엄종 교단에서조차 의천의 입지는 위축되어 해인사海印寺로 퇴거하게 되었다. 그러나 쿠데타로 즉위한 숙종이 동생인 의천을 개경으로 불러들여 중단되었던 국청사 공사를 재개했고 1097년(숙종 2) 국청사가 완공되자 의천은 낙성도량落成道場에서 《법화경法華經》을 강론함으로써 고려 천태종 교단의 개창을 선언했다.

의천은 천태종을 개창하면서 새로운 종단의 승려를 모두 선종 승려들로 충당했다. 당시 선종 승려 10명 중 6~7명이 천태종으로 개종했다는 말이 있을 정도로 선종 교단은 큰 타격을 받았고, 천태종에 합류하는 쪽과 선종에 남는 쪽으로 분열되었다. 천태종 개창으로 기존 불교 교단의 세력균형은 깨졌고 의천은 흥왕사와 국청사 주지를 겸직하면서 화엄과 천태 양 종단을 모두 거느렸다. 그러나 의천의 천태종 개창은 정치적 목적이 강했기 때문에 내적 결속력이 약해 의천이 입적한 직후 천태종으로 개종했던 선종 승려 대부분이 원래의 소속 산문으로 돌아가 천태종단은 위축되었다.

의천의 천태종 개창에 참여한 승려 1300여 명 중 핵심이 되는 300

여 명은 의천이 선종에서 특별히 발탁한 인물들이었다. 그리고 초기 천태종 승려 중 1000여 명은 거돈사居頓寺, 영암사靈巖寺, 고달사 등 고려 초 중국에서 법안종을 받아 온 승려들이 주석했던 사찰 출신이었다. 이는 의천의 천태종 개창에 힘이 된 선종 승려들 대부분이 법안종 출신이거나 법안종풍에 영향을 크게 받은 인물이었다는 사실을 반영하는 것으로 의천은 천태종을 개창하면서 광종 대 선교 통합을 위해 수용된 법안종의 도움을 받은 셈이었다.

의천은 광종 대 법안종 승려인 지종의 부도를 찾아가 제사를 지내기도 하는 등 지종을 숭앙했으나 천태종을 개창하면서 원효와 체관諦觀을 조사로 내세울 정도로 원효를 중시하고 숭배했다. 원효는 불교 교학 연구에 힘써 많은 저술을 통해 신라 불교의 수준을 높이는 한편, 불교의 대중화에 노력한 두 가지 모습을 모두 가지고 있었으나 원효에 대한 의천의 관심은 불교 교학에만 치중되었다. 의천은 원효의 저술을 정리하고 널리 알렸으나 원효의 가장 큰 업적인 불교 대중화라는 측면에는 관심이 없었다. 이것은 개경·왕실·문벌을 중심으로 할 뿐 불교 대중화에는 무관심하던 의천 불교의 특징이자 한계였다. 또한 의천의 '선교 통합'은 선교의 완전한 통합이 아닌 천태종을 매개로 선종을 포섭하는 절충적이고 과도기적인 것이었다. 천태종 개창으로 고려 불교는 화엄·법상·천태·선의 4개 종파가 성립되어 고려 불교종단이 완성된 셈이었으나 의천이 입적한 뒤에도 이 4개 교단은 각각 문벌과 결탁했고, 결국 무신란이 발발하자 개경을 중심으로 한 기존의 불교계는 타격을 받아 불교 교단의 전면적 개편이 일어나게 되었다.

의천의 천태종 개창으로 가장 큰 타격을 입었던 선종은 가지산문迦

智山門의 학일學一(1052~1144)과 사굴산문闍堀山門의 탄연坦然(1070~1159)을 중심으로 교단을 재정비하여 예종 대 이후 다시 대두했다. 예종과 인종 대에는 선종 승려들이 왕사나 국사로 임명되었으며, 예종의 원찰인 안화사安和寺도 선종사원으로 지정되었다. 담진曇眞은 1076년(문종 9) 송에 들어가 3년간 유학하며 북송 선풍의 영향을 받았으며, 탄연은 송나라 임제종 승려 육왕개심(1080~1148)에게 서신을 통해 인가를 받았고, 육왕개심의 제자들과 교류하기도 했다. 이러한 교류를 통해 당시 북송 선종에서 유행하던 공안선公案禪과 함께 각종 어록들이 수용되었고, 선의 소의경전으로서 《능엄경楞嚴經》이 재인식되었다.

한편, 고려 중기에는 유학을 공부한 관료들이 경전을 공부하고 선 수행을 하여 상당한 수준에 이르기도 했다. 이들은 스스로를 거사居士라 부르며 승려들과 교류했는데, 김부식金富軾은 설당거사雪堂居士, 윤언이尹彦頤는 금강거사金剛居士, 이자현李資玄은 청평거사淸平居士라 했다. 이러한 거사불교는 고려 중기 불교의 또 다른 특징적인 모습이다. 특히 이자현(1061~1125)은 청평산淸平山 문수원文殊院에 은거하며 탄연을 비롯하여 그가 교유하던 선승들에게도 사상적인 영향을 끼쳐 고려 선종계에 《능엄경》이 선의 이론과 실천을 담은 소의경전으로서 확산되어 가는 데 영향을 주었다. 고려 후기 선승들과 탄연의 문인 사이에는 뚜렷한 계승 관계가 확인되지는 않지만, 거사불교의 발달과 함께 북송 불교계의 동향에 민감하게 반응하면서 새로운 선종 전적들을 수용하여 유포하던 12세기 고려 선종계의 새로운 동향은 고려 후기 간화선看話禪이 수용될 수 있는 토대를 마련했다는 점에서 의미가 있다.

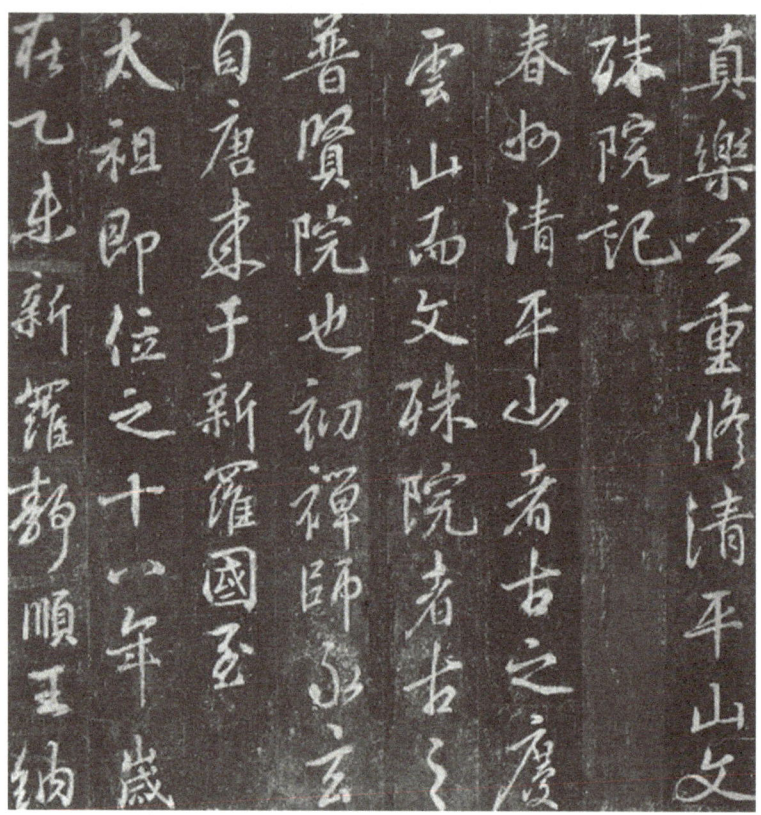

〈진락공중수청평산문수원기眞樂公重修淸平山文殊院記〉(부분) 이자현이 문수원文殊院을 중창한 내력을 새긴 비석이다. 김부식金富軾이 짓고 명필로 유명한 탄연坦然이 글씨를 썼다. 대표적인 문벌귀족인 인주이씨仁州李氏 출신의 이자현은 관직을 버리고 문수원에 머물며 불교를 공부하고 참선을 즐겼는데, 탄연을 비롯한 여러 승려들이 그와 교류하며 그의 문인이 되기도 했다. 1125년(인종 3) 이자현이 문수원에서 병으로 사망하자 인종은 진락공眞樂公이라는 시호를 내렸다. 문수원은 오늘날의 강원도 춘천시 청평사다.

고려 후기 결사불교의 전개

무인 집권기 불교계의 변화

1170년(의종 24) 무인들이 정권을 장악하면서 기존의 문벌귀족체제는 붕괴되고 무인들이 전면에 부상했다. 무인 정권의 등장으로 정치적 변화와 함께 불교계도 큰 변화를 맞게 되었다. 문벌귀족과 밀접하게 연결되어 있던 개경의 불교 사원들은 종파를 막론하고 무신 집권으로 큰 타격을 받았다. 고려 전기 문벌귀족은 유력한 절이나 종단에 자신의 후손을 출가시켰고, 사원은 해당 문벌과 정치적 이해를 같이 했다. 또한 문벌은 사원에 막대한 시주를 함으로써 사원이 풍족한 경제생활을 영위할 수 있도록 해 주었다. 그러나 무신들에 의해 문벌들이 축출·처단당하는 사태에 이르게 되자 문벌과 연결되어 있던 사원으로서는 정치·경제적으로 위기감을 느끼게 되었고, 이는 사원들의 무력행사로 나타나 수백 명의 승려들이 목숨을 잃기도 했다. 게다가 1232년(고종 19) 대몽항쟁을 선언하며 단행된 강화 천도는 왕실·문인 관료·문벌귀족들과 연결되어 있던 개경 사찰의 입지를 약화시켰고 불교계의 중심이 지방 사찰로 옮겨지는 계기가 되었다.

이러한 상황에서 문벌귀족 출신들이 교단의 중심을 이루고 있던 화엄종과 법상종은 세력이 약화되었고 선종과 천태종이 부각되었다. 선종과 천태종은 지방에서 결사結社를 맺고 교단을 혁신하며 불교계의 새로운 흐름을 주도했다. 이러한 결사불교는 네 종단에서 모두 확인되는데 화엄종의 반룡사盤龍社, 법상종의 수정사水精社, 천태종의 백련사白蓮社, 선종의 수선사修禪社가 있었다. 특히 백련사와 수선사는 당시 불교계의 문제점에 대한 해결책을 제시하며 새로운 사상과 신앙운동으로 급부상했다. 고려 후기를 대표하는 수선사·백련사의 양대 결사는 주도세력의 출신성분이 대부분 지방사회의 향리층이나 독서층이었고 결사 초기 그들을 지원하던 단월檀越들 역시 지방사회의 토호층과 독서층이 중심을 이루었다는 점이 가장 큰 특징이었다.

결사불교 외에 무인 집권기 불교계가 이룬 성과로 재조대장경再雕大藏經 조성을 꼽을 수 있다. 1231년(고종 18) 몽골 군대가 고려를 침략한 뒤 1259년(고종 46) 전쟁이 종식될 때까지 고려가 입은 피해는 실로 막대했다. 불교의 경우 개경을 중심으로 한 기존 불교 교단이 쇠퇴했고 대구 부인사에 보관 중이던 대장경판(초조대장경 판목)과 경주 황룡사 구층목탑 등이 몽골군의 방화로 불타 없어지게 되었다. 현종 대에 제작된 초조대장경은 문화국가로서 자부심의 상징이었기 때문에 고려는 다시 대장경을 제작하려고 했다. 몽골과 전쟁하는 국난을 맞이하여 다시 한번 불력佛力으로 외적을 물리치기 위해 대장경을 제작하게 되었고, 이렇게 만들어진 것이 흔히 팔만대장경이라 불리는 재조대장경이다.

재조대장경은 1237년(고종 24) 대장도감大藏都監의 지휘 아래 만들어지기 시작하여 1251년(고종 38) 최종적으로 완성되었다. 강화도에 설치된 도감의 본사本司에서는 대장경 제작을 위한 계획을 수립하고 경비를 조달하는 등 제작과 관련된 제반 사항을 관리했고, 실제 제작은 주로 남해에 설치된 분사分司에서 이루어졌다. 남해는 경판을 만들기 위한 목재 조달에 유리했고, 몽골과의 전쟁에서도 비교적 안전한 지

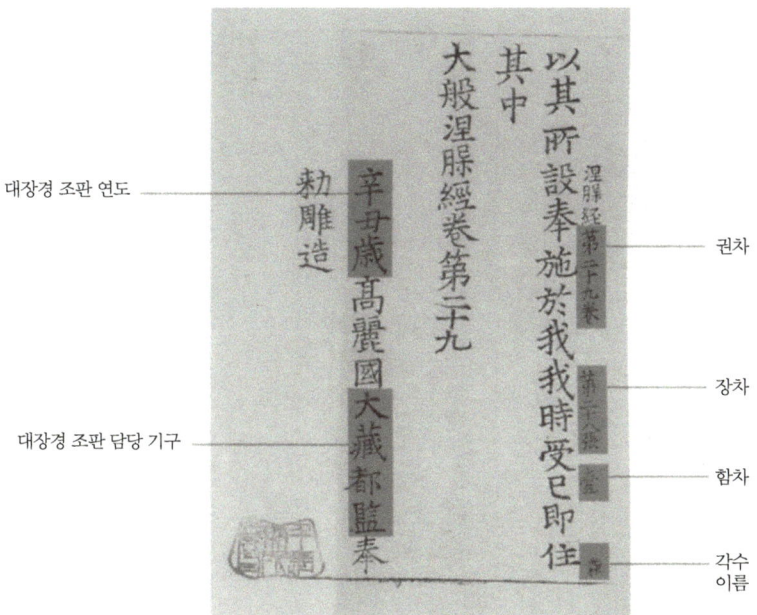

재조대장경 중 《대반열반경大般涅槃經》 권29 몽골의 침략을 불력으로 물리치고자 판각한 재조대장경 중 《대반열반경》 권29의 마지막 경판이다. 우측은 판수제인데 판수제는 각 경판의 맨 앞에 해당하는 부분으로 위에서부터 차례로 권차, 장차, 함차를 표시했고, 함차 아래에는 경판을 새긴 각수의 이름을 새겼다. 좌측의 두 줄은 각 권의 맨 끝에 적는 간기로 신축세辛丑歲 즉 1241년(고종 28) 대장도감에서 새긴 경판임을 알 수 있다.

역이었을 뿐만 아니라 당시 정권을 이끈 최이와 그의 처남 정안鄭晏의 경제적 기반이 있는 곳으로 경비 조달에도 편리하다는 이점이 있었다. 이렇게 제작된 재조대장경은 8만 1137개에 이르는 경판經板으로 이루어졌는데, 그 분량으로 인해 팔만대장경이라는 별칭을 얻게 되었다. 완성된 대장경 경판은 강화성 서문 밖 대장경판당에 봉안되었다가 1398년(조선 태조 7) 서울 지천사支天寺를 거쳐 해인사로 운반되어

해인사장경판전海印寺藏經板殿 팔만대장경 경판을 보관하고 있는 경남 합천 해인사의 전각. 정면 15칸 측면 2칸의 장방형 평면 형태의 수다라장修多羅藏이 남쪽에 동서로 길게 자리 잡았으며, 같은 크기의 법보전法寶殿이 마당을 사이에 두고 북쪽에 동서로 길게 자리하고 있다. 두 건물의 마구리에는 정·측면 각 2칸의 잡판고雜板庫가 놓여 완전한 장방형의 일곽을 이루고 있다. 대장경판고의 바닥에는 흙과 소금과 숯이 켜를 이루도록 쌓여 있어 습기를 제거하기 위한 방도를 취했음을 알 수 있다.

변상도變相圖 초조대장경판의 소실 이후 다시 만든 해인사대장경판 중 변상도. 변상도는 불교 경전을 일반인이 알기 쉽게 그림으로 표현한 것이다.

현재까지도 경판이 전하고 있다.

  재조대장경의 목록 작성과 교감 작업은 화엄종 승려 수기守其가 담당했다. 그는 초조대장경을 저본底本으로 하여 송, 거란 대장경을 비롯하여 구할 수 있는 판본들을 모두 대조하여 교정을 보았으며, 화엄종 승려와 수선사 승려들의 요구에 따라 화엄과 선에 대한 저술도 추가했다. 특히 균여의 저술이 포함된 것은 주목할 만한 것으로 의천에 의해 비판받고 묻혀 있던 균여의 화엄사상이 다시금 조명받는 계기가 되었다. 수기가 균여계였음을 고려한다면 의천 직계에서 균여계로 화엄종단의 주류가 교체되었음을 알 수 있다.

  재조대장경은 방대한 분량뿐만 아니라 송본·거란본·국내본 등 다양한 판본 대조를 통한 꼼꼼한 교정으로 가장 완벽한 판본으로 알려져 있는데, 경판도 완전하게 남아 있어 그 가치가 크며,《법원주림法苑珠林》·《일체경음의一切經音義》 등 재조대장경에만 전하는 불경들도 있다. 고려에서 두 차례에 걸쳐 제작된 대장경은 고려 불교학의 높은 수준과 불교의 사회적 역할과 위상을 보여 준 문화유산이다.

지눌의 수선결사

수선결사를 개창한 보조국사普照國師 지눌(1158~1210)은 하급관료 집안에서 태어나 사굴산문으로 출가하여 1182년(명종 12) 승과에 합격했다. 지눌은 개경 보제사普濟寺에서 열린 담선법회談禪法會에 참석했을 때 결사 창립을 결심하게 되었으나 이때 뜻을 함께했던 동지들이 승과 이후 뿔뿔이 흩어지자 혼자 수행을 하던 중 청원사淸源寺에서 육조혜능六祖慧能의《육조단경六祖壇經》을 보다가 진성眞性에 대한 깨달음을 얻었다. 이것이 1차 깨달음이었다. 그리고 1185년(명종 15)부터 3년간 하가산下柯山 보문사普門寺에서 대장경을 열람하던 중 이통현李通玄의《화엄론華嚴論》을 읽다가 2차 깨달음을 얻었는데 지눌은 화엄사상이 돈오점수頓悟漸修에 적절한 이론임을 깨달았고, 선교 통합을 위한 이론적 토대를 마련하게 되었다. 1197년(명종 27)에는 지리산 상무주암上無住庵에 머물며 대혜종고大慧宗杲의《대혜어록大慧語錄》을 읽던 중 3차 깨달음을 얻었다. 이후 지눌은 이 세 차례의 깨달음을 바탕으로 자신의 사상을 체계화하고 결사를 이끌어 나갔다.

1188년(명종 18) 팔공산 거조암居祖庵에 머물던 지눌은 옛 동지들을 불러 모아 정혜결사를 개창하고 2년 뒤에는 결사의 취지를 밝히는 〈권

지눌知訥 무신 정권 성립 후 불교교단이 재편되던 시기에 수선결사를 일으켜 불교개혁을 추진했다. 간화선에 영향을 받았으며 하택신회나 이통현 등 중국 불교에서 비정통인 사람들의 이론을 원용하기도 했다.

수정혜결사문勸修定慧結社文〉을 반포했다. 지눌의 수선결사에 많은 사람들이 참여하면서 거조암은 자리가 좁아 거처할 수가 없게 되자 1200년(신종 3) 넓은 장소를 찾아 송광산 길상사吉祥寺로 옮기고 정혜사定慧社라 했다. 그러나 동명의 절이 이미 있었기 때문에 1205년(희종 1) 산 이름은 조계산曹溪山, 절 이름은 송광사松廣寺로 바꾸고 평생을 머물며 결사를 통해 가르침을 펼쳤다. 수선사는 송광사 인근 지역 향리층의 적극적인 지원을 받았는데, 이는 중앙의 지배층에 기반을 두고 있던 기존 불교 교단과의 큰 차이점이었다. 지눌의 결사는 선종뿐만 아니라 교종을 포함한 모든 종파에 개방되었으며 출가자뿐만 아니라 세속인들에게까지 문호를 개방한 신불교운동이었다.

지눌은 특정한 스승에 얽매이지 않고 자유롭게 구도행각을 펼치며 오랜 시간에 걸친 자신의 수행과 체험을 토대로 수선사의 사상 전통을 이룩했다. 지눌은 자신의 세 차례 깨달음에 결정적 계기가 된 혜능, 이통현, 대혜종고의 사상을 중시했으며 깨달음에 이르는 구체적인 실천 방법으로 성적등지문惺寂等持門, 원돈신해문圓頓信解門, 간화경절문看話徑截門의 삼문三門을 제시했다. 성적등지문은 지눌의 첫 번째 깨달음의 계기가 된 혜능의 가르침으로 정혜쌍수를 의미하며, 화엄과 선이 근본에 있어서 둘이 아니라는 것을 밝힌 원돈신해문은 이통현의 사상에 바탕한 것으로 자신이 부처임을 깨닫자는 가르침이며, 간화경절문은 대혜가 완성한 간화선으로 화두話頭를 참구하여 단박에 깨달음을 얻는 선수행법이다. 지눌은 이 삼문 중에서도 최종적인 깨달음에 이르는 실천법으로 간화선 수행을 강조했고, 깨달음 이후에도 실천을 강조하는 돈오점수를 주장했다.

송광사 보조국사감로탑과 송광사 전경 송광사 설법전의 오른쪽, 지금의 관음전 뒤뜰 언덕에 있는 보조국사 지눌의 승탑인 감로탑이다. 지눌은 당시 불교계의 현실을 통렬하게 비판하며 새로운 불교개혁운동으로 정혜결사를 주창한 인물이다. 지눌이 입적하자 희종은 시호와 함께 감로탑이라는 탑명을 하사하고 송광사에 승탑과 탑비를 세우게 했다.

지눌은 당시를 말법시대末法時代라 인식하고 고려에서 유행하던 타력적他力的인 정토신앙淨土信仰을 비판했다. 또한 당시 선종과 교종의 문제점을 지적했는데 선종에 대해서는 수행을 게을리하거나 잘못하는 것을 비판했고, 교종에 대해서는 문자에 집착하여 수행을 제대로 하지 않는 풍토를 비판했다. 지눌에게 있어 선·교는 별개의 것이 아니었고, 정과 혜는 불교의 핵심적인 두 요소로 정혜를 모두 닦음으로써 깨달음에 이를 수 있는 것이었다. 이러한 지눌의 선교 통합 노력과 정혜쌍수는 고려 불교의 가장 큰 과제를 해결한 것이었다. 지눌은 자신의 깨달음을 정리하여《수심결修心訣》,《화엄론절요華嚴論節要》,《원돈성불론圓頓成佛論》,《간화결의론看話決疑論》,《법집별행록절요병입사기法集別行錄節要幷入私記》등의 저술을 남겨 이론적 기반까지 마련했다.

1210년(희종 6) 지눌의 입적과 함께 수선사 2세가 된 혜심慧諶(1178~1234)은 24년간 수선사를 이끌었는데, 이 기간 동안 수선사는 크게 발전했다. 혜심은 유학을 공부하여 과거에 합격했으나 모친의 죽음을 계기로 1202년(신종 5) 지눌의 수선사로 출가했다. 수선사의 혜심이나 백련사의 천인天因·천책天頙처럼 유학을 공부하여 과거에 합격하거나 관료생활을 하다가 출가하여 결사불교에 참여한 이들이 많았던 것은 신불교운동인 결사가 지식인들에게 강하게 피력하고 있었음을 보여준다.

혜심은 지눌의 정혜쌍수를 계승하여 스승의 가르침을 선양했는데, 지눌의 삼문체제 중에서도 가장 마지막 단계인 간화경절문에 주목했다. 혜심은 화두참구를 위한 공안을 모은《선문염송禪門拈頌》과 화두참구의 구체적 방법과 화두참구에서 주의해야 할 병통을 지적한《구자무불성화간병론狗子無佛性話看病論》을 저술하여 간화선을 강조했고, 혜심 이후 수선사에서는 간화선을 강조하는 풍토가 조성되었다.

혜심이 교단을 이끄는 동안 수선사는 최씨 무인 정권의 후원을 받으며 고려 불교를 대표하는 교단으로 급성장하게 되었다. 특히 최충헌의 뒤를 이어 집권한 최이崔怡(최우崔瑀에서 개명)는 수선사와 혜심에 대한 지원을 아끼지 않았다. 승과를 보지 않은 혜심에게 선종의 최고 승계인 대선사를 제수했고 자신의 두 아들 만전萬全·만종萬宗을 혜심에게 출가시키기도 했다. 최이 본인이 수선사에 입사하여 재정적인 후원을 했고 최씨 정권의 핵심 인물들도 수선사에 입사하여 주요 단월이 되게 했다. 혜심 역시 수차례 최이와 서신을 교환했고 최이를 위한 축수도량祝壽道場을 개최한 것을 보면 최이에게 호감이 있었던 것으로 보인다. 그러나 중앙세력과 밀착되는 것은 경계하여 수차례에 걸친 최이의 도성都城 초대를 거절하는 등 거리를 두고자 했다. 수선사와 최씨 정권과의 관계는 혜심 입적 이후 더욱 긴밀해졌다. 강화도로 천도한 뒤 1245년(고종 32) 최이는 강도江都에 자신의 원당으로 선원사禪源社를 창건하고 수선사의 별원別院으로 삼았는데, 무신집권기 선원사 사주를 거쳐 수선사 사주가 되는 풍토가 만들어지기도 했다.

천태종과 요세의 백련결사

의천 사후 급속도로 위축된 천태종단이 의종 대 이후 왕실·개경 문벌들과 어떤 관계에 있었는지는 확인되지 않는다. 점차 천태종 개창자로서의 의천의 위상도 약해지다가 의천보다 1세기 뒤에 등장한 요세了世의 백련결사 측에서는 의천을 고려 천태종 개창자로 인식조차

하지 않았던 듯하다.

　원묘국사圓妙國師 요세了世에 의한 백련결사白蓮結社 창립은 고려 천태종에 있어서 획기적인 사건이었다. 지눌의 수선결사와 함께 고려 후기 대표적인 양대 결사였던 요세의 백련결사는 천태종단의 결사운동이었으면서도 의천의 천태종과는 성격이 매우 달랐다. 의천 당시의 천태종은 개경을 중심으로 활동하면서 왕실 및 귀족관료들과 정치적으로도 매우 밀접하게 연결되어 있었다. 하지만 요세의 백련결사는 중앙 집권 세력과는 거리를 두고 지방 세력 및 지방의 평범한 백성들이 결사의 중심이 되었는데 개창 당시 강진 지역의 토호들이 주된 후원자가 되었다.

　요세는 합천 지역의 호장 집안 출신으로 승과에 합격한 뒤 1198년(신종 1) 개경 고봉사高峯寺에서 열린 법회에 참석했다가 실망하고 신앙결사를 만들 것을 결심했다. 지눌의 권유로 정혜결사에 참여했으나 희종 4년(1208) 지눌과 결별하고 천태학으로 돌아갔고, 1232년(고종 19) 보현도량普賢道場을 열어 법화삼매法華三昧와 구생정토求生淨土를 닦으며 천태天台의 《법화삼매참의法華三昧懺儀》에 의거하여 법화참法華懺을 행했다. 1236년(고종 23) 요세는 제자 천책에게 〈백련결사문白蓮結社文〉을 짓게 하고 보현도량 개설을 정식으로 선언했는데 백련결사를 개창하면서 법화法華의 실천신앙을 강조했으며 정토신앙을 적극 수용했다.

　지눌의 수선사에서 중요했던 것은 '정혜定慧'로 지눌은 타력신앙으로서의 정토신앙은 인정하지 않았다. 반면 요세는 선종 승려로부터 '서참회徐懺悔'라는 별명으로 불릴 정도로 참회와 정토를 중시했다.

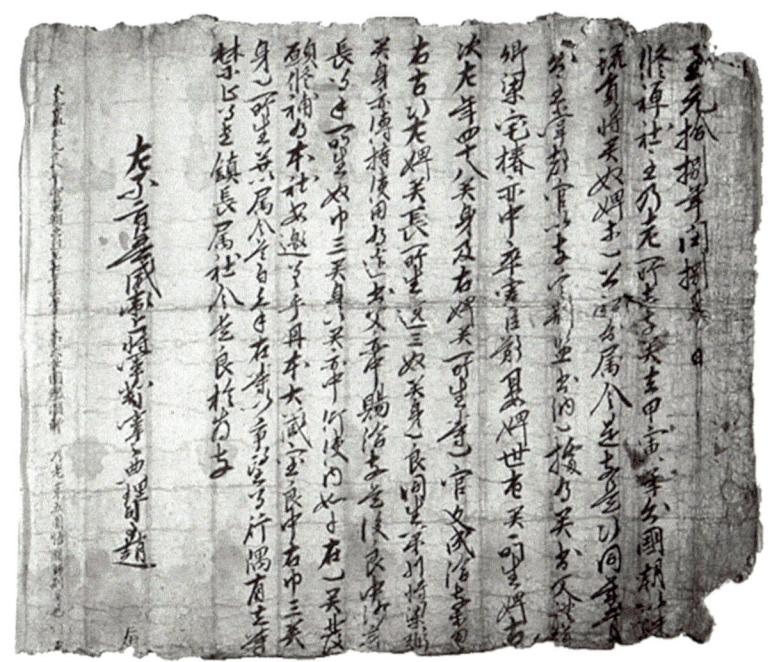

순천 송광사 고려고문서順天 松廣寺 高麗古文書 〈수선사형지안修禪社形止案〉과 〈노비첩〉으로 구성되어 있다. 〈수선사형지안〉에는 수선사의 창건 연혁과 가람배치를 적은 뒤 승려수와 재산목록이 수록된 복전기福田記가 실려 있는데, 1230년에 있었던 전국적 규모의 사원 현황 조사 내용인 것으로 추정된다. 〈노비첩〉은 1281년(충렬왕 7)에 작성한 것이다. 수선사주인 원오국사가 수선사의 대장경을 관리하기 위해 노비를 수선사에 시납한다는 내용이다.

정토신앙에 대한 두 사람의 차이는 중생의 근기에 대한 인식의 차이를 반영한 것으로 이러한 입장 차이는 지눌과 요세가 결별하게 된 중요한 원인이었다. 지눌이 보기에 중생의 근기는 최소한의 지해知解는 있어서 스스로 발심發心할 수 있는 수준이었지만, 요세의 견해는 중생이란 죄장罪障이 깊어 자력으로는 해탈할 수 없는 근기를 가지고 있는 존재였다. 또한 요세는 천태종의 가장 중요한 전적인 천태삼대부天台三大部《법화문구法華文句》,《현의玄義》,《마하지관摩訶止觀》)를 절요하여 간행함으로써 일반 중생들의 불교 이해를 돕고자 했는데 천태전적 절요 작업은 요세의 중생관이 반영된 것이었다.

정토왕생淨土往生과 법화삼매 수행을 중시한 요세의 사상적·실천적 경향은 천태지의天台智顗(538~597)에서 사명지례四明知禮(960~1028)로 이어지는 천태종의 전통적인 방법에 근거한 것으로 요세와 동시대에 성행한 지눌의 수선결사뿐만 아니라 그보다 1세기 앞서 고려에 천태종을 개창한 의천의 천태불교와도 구분되는 특징이다. 의천은 국청사에 조사당을 세우고 여산혜원廬山慧遠의 염불결사에 참여한 18인의 진용眞容을 모시려 했던 모후 인예태후를 기리며 서방극락에 왕생하기를 기원하는 등 말년에는 정토왕생에 관심을 보이기도 했지만, 극락정토와 염불은 의천의 불교에서는 중요한 대상이 되지 못했다. 천태종에 있어서도 의천의 관심은 천태교관天台敎觀에 있었다. 철저하게 교학적이던 의천의 천태종은, 높은 수준의 철학적 사유를 이해할 능력도 없고 각종 논서論書를 읽을 수도 없는 일반 백성들로서는 접근조차 힘든 것이었다. 의천의 천태종은 왕실과 귀족관료층을 대상으로 했고, 이들을 중심으로 받아들여졌기 때문에 다분히 귀족적인 성격을 띠었다. 이에 비해 요세의 천태종은 참회행과 정토신앙 같은 구체적인 실천신앙을 중시하고 법화신앙을 강조했다.

요세의 뒤를 이어 백련결사를 발전시킨 2세 천인과 4세 천책은 모두 과거에 합격한 사람들이었다. 천인은 1228년(고종 15) 동사생同舍生 허적許迪, 전진사前進士 신극정申克貞과 함께 만덕산萬德山의 요세를 찾아가 출가했는데, 신극정이 바로 천책이다. 천책은 과거에 합격한 뒤 자신의 좌주座主인 최종재崔宗梓의 지시로 연경蓮經, 즉 《법화경》을 금으로 필사한 것이 계기가 되어 출가하게 되었다. 천인과 천책은 과거에 합격한 유학자였다는 경력 때문에 출가 이후에도 중앙관료들과의 교류가 지속적으로 유지되었다. 천인의 경우는 최자崔滋 집안과의 교류 외에는 확인되지 않아 여전히 중앙세력과 거리를 두고 있었다고 생각된다. 그러나 관료생활을 하다가 출가한 천책의 경우 중앙관료와의 친분이 두드러지게 나타나기 시작한다. 천책 대부터 전개된 중앙관료와의 교류는 훗날 백련사 출신의 경의景宜와 정오丁午가 개경의 묘련사妙蓮寺 주지로 발탁되어 개경의 왕실 및 귀족관료들과 밀접하게 연결되는 계기가 되었다. 천책은 관료들과 폭넓게 교류를 나누었지만 그가 직접 중앙 불교계에 진출한 적은 없었으며, 주로 서신을 통한 교류였다.

요세의 천태사상과 실천 경향은 천인에게 그대로 계승되었으며, 자신이 요세의 가르침을 받았고 그것을 계승했음을 곳곳에서 언급한 천책도 요세의 사상을 계승한 인물이었다. 《미타경彌陀經》을 강조하고 대재일에 모두 한곳에 모여서 팔계八戒를 함께 수계하고 경전을 읽으며 정토를 찾아가자고 정토왕생을 강조하는 모습이라든지 《해동법화전홍록海東法華傳弘錄》을 저술한 것 등은 그가 요세의 백련사 전통을 계승한 인물임을 보여 준다. 그러나 천책에게서는 요세와 다른 모습도 보이는데, 그는 법화삼부에 대한 절요서와 같이 전적을 간명하게 절요하기보다는 천태종의 소의경전인 《법화경》 자체의 유통과 암송을 무엇보다도 강조하여 수차례 《법화경》을 사경寫經하고 간행 및 유포했다. 이처럼 천책은 경전을 중시해서 상대적으로 경전을 등한시하는 선종에 대해서는 비판적이었다.

불교계의 변질과 배불론

원 간섭기 불교계의 변화

대몽항쟁기 고려 불교 교단은 수선사와 화엄종단이 중심이 되어 재조대장경 제작에 참여하는 등 대몽항쟁에 적극 동참했다. 그러나 원나라와의 강화가 성립되자 대몽항쟁의 구심점이던 고려 불교는 고려에 정치적·경제적으로 막강한 영향력을 행사하던 원과 새로운 관계를 정립할 수밖에 없게 되었다. 원의 입장에서도 고려 사회에 큰 영향력을 행사하던 불교 교단은 중요한 포섭 대상 중 하나였기 때문에 담선법회와 같은 항몽적인 성격이 강한 불교는 경계하면서도 전반적으로는 고려 불교에 우호적인 정책을 취했다. 원은 제국 내 여러 종교에 대해 전통적으로 유지해 오던 자율성을 보장하면서도 원 황제를 위해 기도하는 축성도량이 되는 것에 대한 반대급부로 면세 혜택과 같은 경제적 특권을 부여하는 정책을 펼쳤는데, 고려 불교에 대한 원의 입장도 기본적으로는 이와 비슷했다. 즉 원은 고려 불교계에 경제적인 혜택을 주었고 사찰을 보호해 주었지만 그 반대급부로 원 황제를 위해 기도하는 축성도량祝聖道場이 될 것을 요구했다. 고려는 원 황실을 위한 원찰을 세우고 국왕이 직접 행차하여 불사佛事를 설행하기도 하는 등 원의 요구를 수용했다. 개경에 있던 대찰大刹들은 종파를 불문하고 원 황실과 고려왕실을 위한 축성도량이 되었다. 이러한 목적에서 절을 새로 짓기도 하여 1284년(충렬왕 10) 원 세조世祖(쿠빌라이)와 제국대장공주齊國大長公主를 위한 원찰로 개경에 묘련사가 창건되었다.

한편, 티베트 불교는 원 간섭기 고려 불교가 접한 새로운 불교였다. 이 시기에는 고려가 원나라의 부마국駙馬國(사위의 나라)이 됨으로써 고려 왕실과 원 황실을 중심으로 양국의 지배층이 혈연적으로 연결되어 있었다. 당시 고려에서 활동하던 몽골인들을 중심으로 티베트 불교가 신앙되었으며, 원에서 활동하던 고려인들도 많았기 때문에 고려의 지배층들은 티베트 불교와 접촉할 기회가 있었다. 티베트 불교는 고려 불교에 사상적으로는 큰 영향을 끼치지 못했으나 불교미술과 불교의식에는 영향을 주었다. 원 황실은 고려의 사찰을 원찰로 삼고 중창하면서 공사를 감독할 관리와 공사에 참여할 장인들을 파견하고 불사에 사용될 불구佛具 등을 보내곤 했는데, 이러한 경로를 통해 원의 불교미술품들이 고려에 들어와 고려 말 불교미술에 영향을 끼쳤다. 14세기에 티베트-몽골식 탑 모양에서 영향을 받은 사리기舍利器가 조성된다거나, 원대 티베트 불교의 불·보살상에서 나타나는 특징이 고려의 불·보살상에서도 발견되는 점 등이 그 예다. 또한 원나라 출신 왕비가 중심이 되어 행하던 불교 행사는 티베트 불교의 의식을 따랐던 것으로 보인다.

원은 고려의 명산대찰名山大刹에서 불사를 설행하기도 했다. 그중에서도 금강산은 《화엄경》에 나오는 담무갈보살曇無竭菩薩의 상주처常住

금동관음보살좌상 강원도 회양군 장양면, 즉 금강산에서 발견된 것으로 알려져 있는 관음보살상이다. 14세기 말 조성된 것으로 보이는데, 큰 화반형 귀걸이나 잘록한 허리, 대좌의 형태 등 화려한 모습은 고려 후기 보살상에서 유행한 원나라 티베트 불교의 영향이다.

이성계 발원 사리구 이성계가 조선 건국 직전인 1390~1391년 금강산에서 발원하여 봉안한 사리장엄구 중 가장 안에 있는 사리탑(좌)은 내면에 합장한 부처의 모습이 표현된 티베트-몽골식 탑 모양 사리기로 이성계와 부인 강씨康氏의 이름이 기록되어 있다. 은으로 탑을 만든 뒤 도금을 했다.

處라 하여 인기가 무척 많았다. 금강산 사찰에 대한 적극적인 지원은 원 황실이 금강산을 주목하면서부터 시작되었다. 원 왕실과 지배층들은 금강산 외에도 고려 각지의 사찰에 막대한 시주를 하며 재정적인 후원을 하고 고려에 자신의 원찰을 직접 운영하기도 했다. 해주 신광사는 원 순제順帝가 자신의 원찰로 삼음으로써 고려 말 고려 조정에서 중요시하는 사찰이 되었다.

이 시기 고려 불교는 원으로부터 일방적인 영향만 받은 것은 아니었다. 원에서는 대장경 사경寫經과 관련된 공덕신앙功德信仰이 유행하여 원은 수차례 고려에 사경 제작이나 사경승寫經僧 파견 또는 사경지寫經紙의 공급 등을 요구했다. 이러한 원의 요청은 고려의 사경 솜씨를 높이 평가했기 때문으로 고려에서는 충렬왕 대 사경 전담 기구로 금자원金字院과 은자원銀字院을 설치하고 본격적으로 사경을 제작하는 등 왕실이 주도하여 금·은으로 대장경을 사경하는 대규모의 불사를 자주 벌였다. 사경은 특정 교단에서 주도했다기보다는 종파를 초월하여 유행했다. 그중에서도 법상종 교단의 활동이 특히 두드러져 원에 사경승을 파견함으로써 원 간섭기에 교단이 급부상하게 되었다.

원 간섭기에는 원에 들어가 생활하던 고려인들이 많은데, 이들은 원나라에 거주하면서 교단이나 사찰을 후원하는 경우가 많아 원나라 불교계의 중요한 단월이 되었다. 원에 머물던 고려인들은 경전을 간행하여 사찰에 기증하거나 토지나 금전을 시주했고 직접 사찰을 중수하기도 했다. 또한 고려 승려가 원나라 사찰에서 주지로 머물거나 법회를 주관하는 등 매우 활발하게 활동했고, 고려인이 세우거나 중창한 사찰의 경우 주로 고려 출신 승려들이 주지직을 계승하기도 했다.

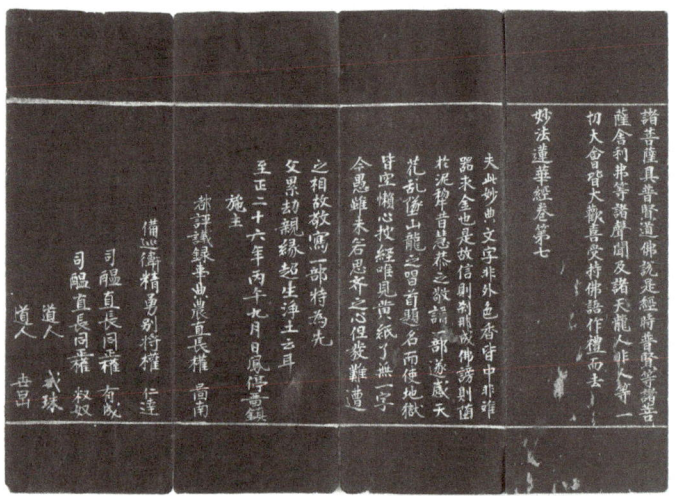

감지금니묘법연화경紺紙金泥妙法蓮華經 전농직장典農直長 권도남權圖南 등이 돌아가신 아버지와 선조들의 명복을 빌며 조성한 법화경 사경이다. 1366년(공민왕 15) 《묘법연화경》을 감색으로 물들인 종이에 금니로 베껴 썼다. 고려후기 사경의 주된 발원층이 국왕이나 귀족들이었던 것에 비해 이 사경은 하급관료나 무관들의 발원과 시주로 이루어진 것이 특징이다. 사경이 유행하면서 사경 제작 계층이 확대되었으나 경제력이 없는 이들은 기존의 사경을 재활용하는 방법을 강구했던 것으로 보이는데, 이 사경 역시 기존 사경에 발원문을 적은 부분만 새로 쓴 것으로 알려져 있다.

충선왕은 원에 머물며 원나라 불교를 후원한 대표적인 인물로 남송 말 이래 금지되었던 백련종白蓮宗이 인종仁宗 대에 일시 복교되는 데 큰 영향을 끼쳤고, 대각국사 의천의 후원으로 고려사라는 이름을 얻었던 항주 혜인원을 또다시 적극적으로 지원하는 등 중국 강남 지역의 불교에 대한 후원도 아끼지 않았다.

결사불교의 변질

몽골과 강화를 맺고 개경으로 환도하면서 고려 불교에도 변화의 모습이 나타났다. 전쟁기간 중 훼손된 개경의 사찰들이 복구되면서 다시 각 불교 교단의 중심 사찰이 되었다. 그와 함께 개경은 고려 불교의 중심지로서의 위상을 회복했다. 그리고 대몽항쟁기 불교계에 혁신적인 기풍을 불러일으키며 고려 불교의 양대 축을 이루던 결사불교도 원간섭기 변질되었다. 선종의 수선결사와 천태종의 백련결사는 결사 초기의 정신을 잊고 중앙정계와 적극적으로 관계를 맺으며 친원화했다.

수선사는 2세 혜심 이후 혼원混元·천영天英 대에 최씨 무인 정권과 결탁하여 고려 불교의 최대세력이 되었고 경제적으로 많은 지원을 받았다. 국초부터 개경 보제사에서 정기적으로 개최되던 담선법회는 원래 선승들이 모여 선을 토론하고 참선 수행하는 모임이었으나 최충헌과 최이가 주목하면서 무신정권기에 대대적으로 설행되었고, 몽골 침입으로 강화도로 천도한 이후로는 대표적인 호국 불사가 되었다. 강화 천도 기간 동안에는 수선사의 강화분원이자 최이의 원찰이던 선원사를 중심으로 담선법회가 설행됨으로써 수선사에서도 적극적으로 참여했다. 이 시기 담선법회는 항몽적 성격이 강한 국가불교 의례로 개설되었기 때문에 원과의 강화가 성립된 이후 담선법회는 원이 고려에 정치적 압력을 가하는 빌미가 되기도 했으며, 1371년(공민왕 20)까지 거의 설행되지 못했다.

최씨정권으로부터 많은 지원을 받으며 대몽항쟁기 불교계를 주도한 수선사는 원의 입장에서는 가장 경계하면서도 한편으로는 적극적으로 회유해야 할 불교 세력이었다. 한편, 원은 일본 원정을 위한 군량미 확보를 위해 그동안 면세 혜택을 누려오던 수선사의 사유지에 전세田稅를 징수했기 때문에 수선사의 경제적 사정은 매우 어려워졌다. 수선사 6세 충지沖止는 수선사가 재정적인 어려움을 겪게 되자 원 황제에게 면세를 요구하는 표문表文을 올려 전세를 면제받았고, 이에 다시 감사의 표문을 세조에게 올리면서 축성祝聖에 힘쓸 것을 맹세했으며 1275년(충렬왕 1)에는 원에 가서 원 세조를 만나고 돌아오기도 했다. 충지를 대표로 하는 수선사와 원 세조와의 관계는 상층 승려를 회유·포섭하여 불교 교단이나 사찰을 강력하게 통제하고자 한 원의 불교정책을 잘 보여 주는 것이었다. 수선사의 강화분원인 선원사는 원 세조에 의해 원찰로 지정되어 토지를 하사받았고, 원 성종成宗도 선원사에 대한 지원을 계속했으며, 충숙왕 대에는 원의 어향사御香使의 지원으로 중수되기도 했다. 강화 천도기 가장 중요한 사찰이던 선원사가 원 간섭기에도 사세寺勢를 유지할 수 있었던 것은 원 세조의 지원에 힘입은 바가 컸기 때문인데 수선사는 초기의 결사 정신을 잊은 채 친원화되고 있었다.

원 간섭기 천태종단은 백련결사의 전통을 계승하는 계통과 백련결사의 전통과는 단절되는 계통으로 나뉘었는데, 백련사 출신의 정오와 이안而安이 개경으로 진출한 것이 계기가 되었다. 원 세조와 충렬왕·제국대장공주를 위한 사찰인 묘련사에 백련사 사주이던 원혜圓慧가 초대 주지로 임명되면서 묘련사는 천태종 소속 사찰이 되었다. 원혜에 이어 묘련사 3세 주지가 된 정오는 고려 천태종의 종찰이던 국청사國淸寺를 중창하고 충렬왕·충선왕·민지閔漬 등과 교류하는 등 개경을 중심으로 활동했다. 그리고 역관譯官으로 출세하여 원 간섭기 대표적인 권문세가가 된 조인규趙仁規 집안에서 의선義旋 등 천태종 승려 네 명이 배출되면서 묘련사는 조인규가와 밀접하게 연결되어 갔다.

천인을 거쳐 천책에게까지 계승된 요세의 결사 정신은 묘련사 계열에서는 찾아보기 어렵다. 묘련사 계열에서도 천태종의 기본 전적을 중시했고 참회와 정토신앙을 행하기는 했으나 그보다는 천태교학 연구에 관심이 있었다. 묘련사계에서는 천태종의 교리를 태조에 의한 후삼국 통일 및 고려 왕실의 안정·지속과 직접 연결시키고 있었다. 이들은 천태종의 중요한 사상인 회삼귀일會三歸一 및 일심삼관一心三觀이 후삼국 통일의 사상적 기반이 되었다는 점을 강조했다. 또한 정오는 요세·천인과는 달리 의천을 적극적으로 앞세우며 천태종의 종찰이던 국청사 중건에 노력을 기울였다. 그러나 요세를 계승했다는 의식은 찾아볼 수 없는데, 이는 백련사 결사 정신의 망각이기도 했다.

고려 후기는 사찰의 소속을 두고 교단 간에 다툼이 벌어져 국가가 중재에 나설 정도로 알력이 매우 심한 상태였다. 이러한 상황에서 묘련사계에서는 천태사상이 고려가 건국될 당시부터 국가를 위해 공헌한 바가 크고 오래 되었음을 강조함으로써 자신들의 역사적 정통성을 확립하여 다른 종단보다 우월한 위치를 차지하고자 했다. 충선왕 대 묘련사계를 중심으로 한 천태종에서 나타나는 의천에 대한 재인식과 국청사 중건은 천태종단의 역사를 개창 당시부터 정리했다는 의미는 있으나 순수한 천태신앙과 실천으로 돌아가려는 노력이 없었고, 종단을 혁신적으로 개혁한 요세에 대한 인식도 없었다. 이는 묘련사 계열의 역사인식에 있어서의 한계를 나타내는 것이며, 또한 묘련사 계열이 귀족화되고 보수화되는 모습과도 맥을 같이한다. 고려 말 묘련사 계열이 귀족적이며 친원적인 성격을 띤 반면, 지방에 머물며 수행과 저술에 힘쓰던 운묵무기雲默無寄는 불교계를 강하게 비판하며 당시 사회를 말법시대로 규정했는데, 백련결사의 정신과 전통을 계승하고자 한 대표적인 승려였다.

임제 간화선의 확산

원 간섭기 고려 불교의 가장 큰 변화는 수선사의 기풍이 퇴색하는 가운데 선종에서 원의 임제종을 적극 수용하여 불교계에 새로운 바람을 불러일으키려 했다는 것이다. 고려 말 승려들은 중국 강남 지역의 임제종 승려인 몽산덕이蒙山德異(1232~?)의 영향을 크게 받았다. 무자화두無字話頭를 중시하는 몽산의 선풍은 수선사를 통해 간화선풍에 익숙해진 고려 선승들이 쉽게 받아들일 수 있는 것이었다.

원 간섭기 중국 임제종과의 교류는 1290년대 몽산덕이와의 교류를 시작으로 활발하게 전개되었다. 1297년(충렬왕 23) 충렬왕을 수행하여 원나라에 들어간 이들이 휴휴암休休庵으로 몽산을 방문했는데, 이들 중에는 충렬왕의 공주, 염승익廉承益이나 김방경金方慶과 같은 고위관료, 그리고 가지산문의 영수였던 혼구混丘도 있었다. 몽산은 만항萬恒, 혼구, 이승휴李承休 등과는 서신을 통해 교류했고, 만항은 몽산본 《육조단경》을 1300년(충렬왕 26) 강화도 선원사에서 간행했다. 수선사의 만항이나 가지산문의 혼구와 같이 당시 선종을 대표하는 승려들과 왕실을 포함한 지배층에서 몽산과 긴밀하게 교류함으로써 몽산불교는 고려 선종에 급속도로 영향력을 확대해 나갔다.

무자화두를 참구할 것과 깨달음을 이룬 뒤 본분종사本分宗師, 즉 임제선의 종사를 만나 인가印可를 받을 것을 강조하는 것은 당시 중국 임제선의 일반적인 경향이기는 했지만, 몽산이 특별히 강조한 것이기도 하다. 몽산의 영향으로 고려에서는 깨달음의 경지에 이른 승려들이 자신의 깨달음에 대한 확인을 위해 중국에 들어가 임제종의 종사를 만나 문답을 통해 인가를 받고 귀국한 뒤 그것이 주요 경력이 되고 명성을 얻어 당대의 고승으로 활동하는 분위기가 조성되었다. 인가라는 형식을 통해 지눌과 같은 고려 선승 대신 원 임제종 승려에 자신의 법맥을 연결하는 풍토는 조선 중기 형성된 불교법통설의 중요한 근거가 되었다. 고려 말을 대표하는 승려인 태고보우太古普愚(1301~1382), 나옹혜근懶翁慧勤(1320~1376), 백운경한白雲景閑(1298~1374) 역시 원나라에 들어가 임제종 승려인 석옥청공石屋淸珙이나 평산처림平山處林 등을 만나 인가를 받고 스스로를 임제법손이라 했으며, 몽산을 흠모하여 몽산의 유적지를 방문했다.

태고보우는 1313년(충선왕 5) 가지산문의 회암사檜巖寺 광지선사廣智禪師에게 출가한 뒤 화엄학을 공부하여 화엄선과華嚴選科에 합격했으나 다시 선종으로 돌아와 선 수행을 하여 1339년(충숙왕 8) 깨달음을 성취했다. 보우는 19세 때 만법귀일萬法歸一 화두를 참구하는 것을 시작으로 무자화두, 천칠백 공안 등 간화선에서 전통적으로 중시해 오던 화두들을 참구하여 깨달음을 이루었는데, 그의 선 수행은 간화선 풍으로 일관되었다. 국내에서 깨달음을 이룬 보우는 1346년(충목왕 2) 중국의 선승들에게 인가를 받기 위해 원에 들어가 1년을 머물며 하무산霞霧山 천호암天湖庵에서 석옥청공을 만나 깨달음의 경지를 노래한 〈태고암가〉를 보여 주고 인가를 받은 뒤 귀국했다. 그는 귀국 후 석옥청공으로부터 임제종의 법을 이어받았다는 것을 강조하며 간화선을 적극 내세워 문도들을 이끌었다. 동시대를 산 혜근이나 경한이 간화선 외에도 무심선無心禪이나 지공의 불교를 수용한 것과는 달리 보우는 철저하게 임제 간화선 수행을 강조했다는 점에 특징이 있다.

나옹혜근은 1320년(충숙왕 7)에 태어나 사굴산문의 요연선사了然禪師에게 출가했고, 회암사에서 수행하던 중 깨달음을 얻었다. 1347년(충목왕 3) 자신의 깨달음을 확인하기 위해 중국으로 떠나 10년을 머물며 임제종 승려인 평산처림을 만나 법통을 이었고, 인도승 지공指空에게서 수학했는데 황제의 명으로 대도大都의 광제사廣濟寺에서 개당법회를 주관하여 이름을 널리 알렸다고 한다. 1358년(공민왕 7) 귀국한 혜근은 공민왕 대 활동하며 공부선工夫選을 주관하고, 태고보우가 신돈에 의해 밀려난 뒤 왕사에 임명되었으며, 신광사·송광사·회암사 등 주요 사찰의 주지를 맡기도 했다. 고려 말의 다른 승려들과 마찬가지로 혜근 역시 화두 참구를 통해 깨달음을 얻었으며, 중국에 들어가 본분종사에게 인가를 받고 귀국하여 활동했고, 간화선을 강조했다. 그러나 혜근은 간화선 외에도 지공의 전법제자傳法弟子로서 지공을 현창

신륵사 보제존자석종神勒寺 普濟尊者石鐘 보물. 여주 신륵사에 있는 나옹혜근의 사리탑으로, 1379년(우왕 5)에 세웠다. 널찍하게 마련된 단층 기단 위에 2단의 받침을 둔 후 종 모양의 탑신塔身을 올린 모습이다. 혜근은 회암사 중수를 기념하는 낙성식을 개최했는데, 그것이 빌미가 되어 대간의 탄핵을 받았다. 밀양으로 쫓겨 내려가던 중 신륵사에서 입적했고, 그의 제자들이 절 뒤에 부도를 조성했다. 고려 말 조성된 대표적인 석종형 부도다.

하는 데에도 노력을 아끼지 않았다. 혜근은 출가자뿐만 아니라 재가자들과도 교류가 많았는데, 혜근의 문도들 중에는 이색과 깊은 친분을 나누던 이들도 있었다. 고려 말뿐만 아니라 조선 초까지도 혜근의 제자라고 자처하는 승려들이 많았을 정도로 여말선초 불교계에 많은 영향을 끼친 선승이었다. 그리고 혜근의 입적 후 일어난 그의 사리舍利에 대한 숭배 열기와 현창 운동은 이색이 수백 년 불교 역사상 유례가 드문 일이라고 놀라워할 정도였다. 혜근의 문도들은 혜근의 현창 과정을 통해 여말선초 불교계의 대표적인 세력이 되었다. 특히 이들은 이색, 이숭인 등 신흥유신과도 친분을 유지하고 있었다. 또한 혜근의 제자인 무학자초無學自超(1327~1405)는 이성계의 조선 건국에 협력했고, 조선 건국 후에는 왕실세력과 긴밀한 관계를 맺고 왕실 불사에 참여함으로써 조선 전기 불교는 나옹혜근 계통이 중심을 이루었다.

백운경한은 1351년(충정왕 3) 54세에 원에 유학하여 석옥청공과 지공을 찾아가 수학하고 인가를 받은 뒤 이듬해 귀국했고, 공민왕 19년에는 나옹혜근의 주관하에 광명사에서 개최된 공부선에 참여했다. 경한은 석옥청공에게서 받은 《불조직지심체요절佛祖直指心體要節》(일명 《직지심경》)을 상·하 2권으로 증보했는데, 경한이 입적한 뒤인 1377년(우왕 3) 그의 문도들이 금속활자로 간행했다. 현재 하권만 전하는 이 책은 현존하는 세계 최고의 금속활자본이라는 점에서 매우 가치가 높고 경한의 불교사상을 이해하는 데에도 중요한 자료다. 경한 역시 고려의 다른 선승들과 마찬가지로 임제 간화선을 수용하여 당시 명망 높은 원나라 임제종 승려인 석옥청공에게서 인가를 받았고, 고려 선승들이 숭앙한 몽산이 머물던 휴휴암을 찾아가기도 했다. 그러나 경한은 간화선만을 주장한 것은 아니어서 석옥과의 만남 이후 무심선을 중시하는 모습을 보였고, 지공의 가르침에 깊은 감화를 받기도 했다.

이처럼 몽산덕이와의 접촉 이후 임제 간화선은 고려 불교에 급속도로 확산되어 가고 있었다. 몽산덕이의 영향을 크게 받은 고려 말의 간화선은 선종 측에서만 적극 수용한 것은 아니어서 간화선풍과 몽산의 영향력은 화엄종을 포함한 고려 불교 전반에 영향을 끼쳤고, 고려 불교는 급속도로 임제 간화선을 중심으로 통합되어 갔다.

설산천희雪山千熙는 공민왕 대 국사를 역임했을 만큼 화엄종을 대표하는 고승이었다. 그러나 그는 소백산·금강산 등에서 선지禪旨를 참구하다 몽산의 꿈을 꾸었고, 이후 원에 들어가 몽산의 진영을 봉안하고 있던 휴휴암을 방문했으며, 원 임제종 고승인 만봉시울萬峯時蔚을 만나 가사와 선봉禪棒을 받기도 했다. 천희는 화엄종 고승임에도 현전하는 자료에서 확인되는 그의 행적은 간화선을 수행하던 고려 말의 일반적인 선종 승려와 무척 흡사하다. 당시 사람들은 원나라에서의 천희의 활동에 대해 그가 몽산과 만봉에게서 인가를 받은 것으로 여겨 매우 높게 평가했다. 천희의 행적과 그에 대한 당시인들의 평가는 14세기 후반 고려 불교에서 간화선이 주류가 되었으며, 교학불교로서의 화엄종이 약화되었음을 보여 주는 것으로 주목된다. 고려 화엄종은 14세기에 들어서면서 화엄 관련 저술에 대한 주해서註解書들이 나오기는 했지만, 화엄 교학에 대한 본격적인 논의를 다룬 것은 아니었다. 화엄종으로 대표되는 고려 말의 교종은 체원體元처럼 주로 실천 신앙을 강조하여 신앙적인 면에 관심이 많거나, 천희처럼 선지 참구에 몰두하는 분위기가 형성되면서 불교 교학 자체의 발전을 기대하기는 어려웠다.

배불론의 등장과 불교계의 대응

고려 불교계는 원으로부터 수용한 임제 간화선풍을 중심으로 교단에 새로운 기풍을 진작시키려는 노력을 했다. 원 간섭기 수용된 간화선풍은 고려 말이 되면 고려 불교를 주도하게 된다. 14세기 원에서 수용한 새로운 유교사상인 성리학으로 사회 전반을 개혁하려 했다면 불교에서는 원에서 수용한 임제 간화선풍을 통해 고려 불교계를 일신하려 했던 것이다. 그 결과 임제종을 수용한 선종의 우위 속에서 지나치게 간화선 일색으로 경도된 측면도 있었다. 선종과 함께 고려 불교를 이끌어 나간 양대 축이던 교학불교는 고려 말 주로 실천신앙에 집중되어 있었다. 이러한 풍조는 불교 교단의 사회적·경제적 폐해와 더불어 여말선초 불교가 성리학자들에 의해 비판을 받으면서도 그에 적절한 대응을 할 수 없는 결과를 낳았다.

불교계도 스스로 폐해와 모순을 인식하고 자정 노력을 펼쳤다. 1356년(공민왕 5) 왕사로 책봉된 태고보우가 원융부圓融府를 세우고 구산선문을 통합하고자 한 것이라든지 《칙수백장청규勅修百丈淸規》와 같은 청규서淸規書를 국가적으로 간행·보급하고 계율戒律을 강조한 것은 불교계 자정 노력의 일환이었다. 보우가 고려 말 불교계의 폐해를 인식하고 이를 바로잡기 위해 노력을 했다고 하지만 보우의 개혁은 불교 교단 전체로 확대되지 못했고, 고려 말 불교의 본질적인 문제를 해결할 수 있는 것도 아니었다. 승정은 원래 국가가 관장해야 하는 것이었으나 고려 말 보우와 같은 왕사나 국사가 독립된 부府를 설치하고 승정을 좌우한 것은 고려의 승정이 파행적으로 운영되던 모습을 보여 주는 것이었다. 또한 보우가 권문세족과 마찬가지로 막대한 농장을 소유하고 있었던 점은 그 자신도 불교계의 경제적 폐단을 개혁하기에는 근본적인 한계가 있었음을 의미한다. 그리고 임제종의 간화선을 적극적으로 선양한 결과 교종 계통의 종파가 위축되는 결과를 초래하기도 했다. 혜근의 회암사 중창과 지공 현창 역시 불교계에 새로운 기풍을 세우기 위한 시도였고, 혜근의 제자인 환암혼수幻庵混修가 《호법론護法論》을 비롯한 여러 불서를 간행한 것이라든지, 경한의 《직지》 간행 역시 선종의 새로운 흐름을 보여 주는 것이었다.

이처럼 원 간섭기 이후 고려 불교가 원 임제종풍을 수용한 선종을 중심으로 통합되고, 불교계를 정화하려는 자정 노력도 했으나 내부적인 한계로 인해 각 종단 간에는 여전히 사원과 토지의 점유와 같은 세속적인 문제를 둘러싼 분쟁이 자주 일어났다. 영원사瑩原寺, 만의사萬義寺 등 주요 사찰들이 종단 간의 쟁탈전에 휘말리게 되어 국가의 개입으로 분쟁이 조정되기도 했다.

고려 말 불교에 대한 비판은 원에서 성리학을 수용한 신진 유학자들이 주도했다. 이들의 불교 비판은 당시 고려사회의 절실한 현실적 요구와 맞물려 있었으며, 권문세족·친원세력이라 불리는 지배층에 대한 비판과도 상통하는 것이었다. 신진 유학자들의 불교 비판은 불교 이론 자체에 대한 깊이 있는 논박보다는 불교계의 부패와 정신적 지도력의 상실이라는 지점에 대한 비판이었고, 사원이 소유한 불법적인 토지와 노비가 문제가 되었다.

신진 유학자들의 불교 비판은 불교계가 왕실·권문세족과 밀착되어 토지와 노비를 점유하는 것과 승려로서의 자질이 없는 이들이 출가하여 일으키는 사회적인 문제에 대한 것이 중심이 되었다. 그리하여 불교사상 자체에 대한 비판이 아닌 불교가 일으키는 사회적·경제적 문제를 거론하는 것이 불교 비판의 주된 내용이었고, 그 해결책으로 사찰의 재산을 축소하고 승려의 자격을 강화할 것이 제시되었다. 이색의 불교 비판이 대표적으로 그는 고려의 지배이념인 불교의 역할을 인정하는 가운데 현실적인 폐단을 문제 삼았다. 그러나 위화도회군을 기점으로 정국의 주도권을 쥔 정도전鄭道傳과 같은 이들은 보다 적극적으로 불교를 비판하여 현실적인 문제뿐만 아니라 불교 교리 자체를 문제 삼기 시작했으나 이들의 비판은 중국 당나라 한유韓愈·송나라 주희朱熹의 불교 비판의 수준을 뛰어넘지는 못했다. 이색처럼 고려사회에서의 불교의 역할을 인정하는 이들은 소위 "온건개혁파"로 고려왕조 체제 내에서 각종 문제를 개혁하려 했다면 정도전과 같은 이들은 고려의 국가체제 자체를 부정하고 새로운 왕조 개창을 주장한 인물들이었다. 불교에 대한 양자의 차이는 고려왕조의 긍·부정과도 일맥상통하는 것으로, 이러한 배불론이 공양왕의 구언교서求言敎書 이후 격렬하게 대두되었던 것은 주목되는 현상이다.

결국 급진개혁파의 주도로 조선이 건국되었고, 조선 초 억불정책抑佛政策이 진행되는 가운데 불교계 일각에서는 여말 불교에 대한 반성 및 배불론에 대한 대응이 일어났다. 1398년(조선 태조 7) 흥천사 감주監主 상총尙聰은 고려 말의 불교를 비판하면서 보우가 수용한 《백장청규》 대신 송광사의 제도대로 할 것을 주장했다. 비록 조선은 억불정책을 내세우고는 있었지만 국왕에 따라 불교정책은 변화를 겪기도 했다. 또한 왕실의 불교 후원은 여전히 지속되고 있었고, 민간에서의 불교신앙도 조선시대 내내 지속되었다.

-강호선

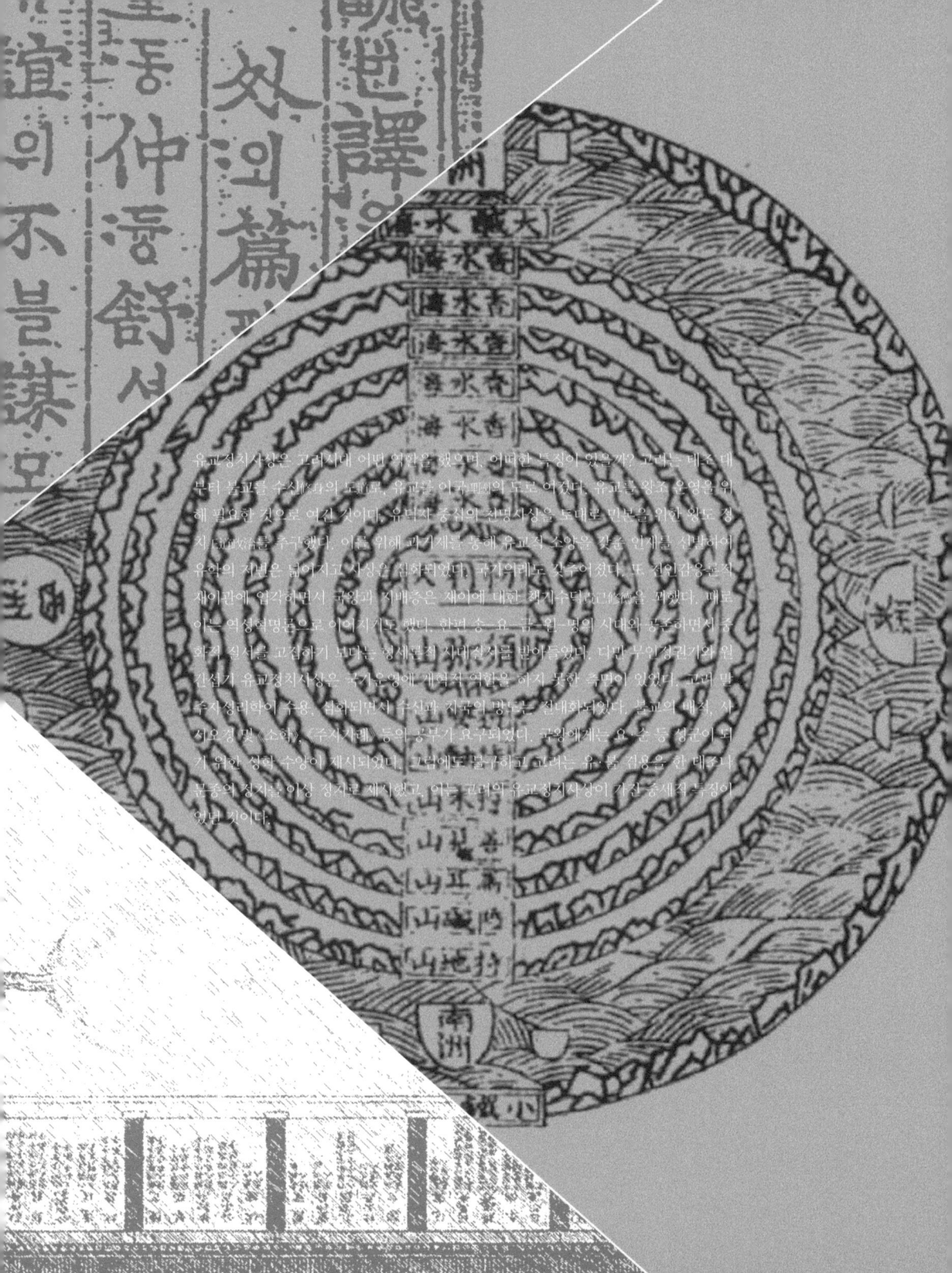

중세 통치규범으로서의
유교정치사상

유교, 하늘과 땅 그리고 인간에게 왕도를 묻다

⟨훈요십조⟩ 체제 구상과 유교 사상

신라는 왜 멸망의 길을 걸었을까? 신라 말 후삼국시기 사회를 보면 골품제적 신분제에 기초한 왕조의 운영, 지나친 불교의 혹신과 사원의 남설, 제어되지 못한 군주의 폭정, 전국 각지 호족세력의 분란 등 격심한 혼란 상황이 읽힌다. 건강한 권력과 합리적 통치이념의 부재가 낳은 결과였다. 이러한 문제점을 인식하면서 고려왕조는 지금까지와는 다른 군주상과 관료제의 적용, 의례에 대한 주목, 국제질서의 해석, 사회 안정을 위한 구체적 조처 등을 통해 새로운 왕조를 건설할 것을 표방했다.

태조 왕건이 죽기 직전 남긴 ⟨훈요십조訓要十條⟩에 그것이 잘 드러나 있다. 훈요는 태조 자신의 경험을 바탕으로 후대 왕들이 경계해야 할 정치의 핵심적 내용을 정리한 것이었다. 때로는 태조가 남긴 옛 교훈이라는 의미의 '태조구훈太祖舊訓'이라고 하여 고려왕조의 대헌장처럼 여겨졌다. 따라서 태조의 ⟨훈요십조⟩를 보면 고려왕조가 어떻게 천하를 통치하려 했는지와 군주는 어떠한 자세로 정치에 임해야 하는지라는 정치사상적 요소가 나타난다.

이러한 태조의 〈훈요십조〉는 결국 무엇을 말하는 것일까. 훈요는 정치를 행함에 있어 유교의 도덕적 규율에 따라 몸과 마음을 바르게 하는 수신修身과 덕치를 행하기 위해 노력한다는 수덕修德을 기본으로 삼고 있다. 더불어 풍수도참과 불교, 민간신앙의 요소를 아우를 것을 제시했다. 따라서 〈훈요십조〉의 정신 계승이 고려왕조의 정치이념을 구성하는 큰 틀이었다면 고려왕조에서는 정치사상에 있어 유교를 수용하면서도 절대적 가치화하지 않았다는 지적이 가능하다. 바로 이 점이 고려의 유교사상사 접근에서 전제라 할 수 있다.

고려시대의 유교사상사는 크게 본다면 새로운 세계관과 인간관, 그리고 철저한 자기 수양론을 통한 군자 및 성인의 상을 추구한 성리학의 수용 이전과 이후로 나누어 볼 수 있다. 성리학의 수용은 고려시대 사상사에 있어 분명 획기적인 변화임에 틀림없다. 그렇지만 고려 전체를 놓고 볼 때 고려사회에서 성리학을 포함한 유교사상은 왕조 체제의 유지를 위한 '쓰임'의 차원에서 중요시되었다. 따라서 고려시대에 유교사상의 어떤 면이 어떻게 이해되고 쓰였는지 살펴보는 것은 고대사회를 발전적으로 계승한 고려사회의 중세적 성격 규명에 도움이 된다. 특히 고려왕조는 유교를 정치사상으로 수용하면서 공공성을 실현하고자 했다. 다른 한편으로는 불교를 수신의 도로 여겼고, 풍수지리를 왕조 연장을 위한 방편으로 여겼다. 또한 팔관회八關會에서 나타난 바처럼 천령 및 산천·용신신앙 등을 계승하여 성대한 국가적 대회大會로 열었다. 이처럼 고려사회에는 유교사상이 치도이자 수신, 수덕의 방도로 자리 잡으면서도 다양한 사상과 종교, 신앙 등이 상호 보완적으로 공존한 측면이 있다. 여기서는 〈훈요십조〉 체제를 큰 틀로 규정하면서 몇 가지 중요한 테마를 중심으로 정리해 가고자 한다.

천명사상과 왕도 정치의 제시

천명사상과 민본 정치의 틀

고려 태조의 성은 '왕王'이며 이름은 '건建'이다. 태조 왕건의 성과 이름이 표현 그대로 삼한일통의 의지와 새로운 왕조의 건국을 뜻하는 것이었다고 한다면 새로운 왕조의 건국과 통치의 시작은 태조의 성과 이름에서 비롯한 것임을 알 수 있다.

918년 6월 홍유·배현경·복지겸 등은 궁예를 축출하는 거사를 일으키고 태조를 추대했다. 즉위 후 태조는 이해 6월 병진일에 국호를 '고려高麗'라 하고 연호를 하늘이 내려준 것이라는 뜻의 '천수天授'라 정하게 된다. 단적으로 본다면 고구려 계승의식과 천명의식의 표출이었다. 그것은 후백제나 신라와는 다른 성격의 정치세력임을 자임함과 동시에 궁예의 혹독한 정치와는 차별화된 정치를 하겠다는 하나의 선언이었다.

태조가 연호에서 뜻한 천명이 무엇인지 살펴보기 위해 그의 즉위 직전 상황에서 연출된 홍유나 배현경, 복지겸 등의 추대 논의를 보자. 그들은 태조를 임금으로 추대하면서 궁예의 정치가 걸과 주의 폭정 이상의 것이라 밝히고 천하의 대의를 품어 탕과 무의 일을 행할 것을 청했다. 그리고 때는 만나기 어렵고 잃기는 쉬운 것이며, 하늘이 주는 것이니 오히려 받지 않으면 그 해를 크게 입는다 했다.

홍유 등의 주장은 태조의 즉위 조서에서 다시금 정리되었다. 즉위 조서에서 궁예의 실정 내용으로 ① 혹독한 폭정, ② 간사함, ③ 위협과 모욕, ④ 번거로운 요역徭役과 과중한 부세賦稅, ⑤ 사치스런 궁궐의 건축, ⑥ 사사로이 칭한 존호尊號, ⑦ 부인과 자식 살해 등을 들면서 이 7대 실정으로 인해 천지와 신인神人이 그를 벌한 것이라 했다. 이들은 소위 망국의 대표적인 행위에 해당한다. 태조는 이에 천명을 자각하면서 천리, 천도에 따라 법규를 개혁하고 백성을 편하게 하며 인재의 등용을 꾀했다. 신하들에 대한 상벌을 공정히 하고 간언을 중히 여기겠다고 했다. 이것이 고려의 건국과 관련한 천명의 해석이었다.

따라서 태조의 즉위 전후 이해된 천명은 궁예에 대한 방벌과 왕건의 등극, 그리고 새로운 왕조의 개창과 후삼국시대의 통일, 즉 삼한일통에 있었다. 또한 민심을 헤아려 요역과 부세를 줄이고 상벌을 공정히 행하며, 인재를 등용하고 충언을 잘 듣는 이른바 덕정德政을 행하는 것이었다. 이는 중세 유교정치사상이 본격적으로 적용되는 단계에 들어선 것이라 볼 수 있는 면이다.

고려의 건국 이후 태조와 그의 신료들은 강렬한 천명의식을 갖고 있었다. 더불어 궁예의 정치와는 달리 백성에 토대를 두는 민본과 덕치를 또 하나의 소명으로 여겼다. 군주 중심의 지배체제 하에서 민본이란 무엇일까? 그것은 군주 자신이 직접 혹은 신료를 통해 민의를 살피고 정치적 행위를 통해 백성을 편하게 하는 것, 즉 '편민便民' 하는 것이라고 할 수 있다. 기본적으로는 백성들이 자신들의 직업에 충실하도록 하는 생업 안정을 이념적으로 제도적으로 추구하는 것이기도 하다. 하지만 이러한 민본사상은 정치 현실에서 기만적으로 추구되는 경우가 많았다. 겉으로는 이 표어를 내세우면서도 실제로는 수탈을 자행하는 일이 숱했던 것이다.

918년(태조 1) 6월 즉위 후 이어지는 조서 속에서 표방한 것은 실질적인 민본이었다. 그것은 가장 강력한 경쟁 상대인 후백제와 다른 정치의식의 소산이라 할 수 있었다. 예컨대 공직龔直과 그 아들인 직달이 후백제에 대해 말하기를, "이제 이 나라를 보니 사치함이 도道가 없어 내 비록 가까우나 다시 오고 싶지 않노라"라고 한 것이나 "볼모로 온 이래로 그 풍속을 살펴보니 오직 부강함만 믿고 다투어 교만하고 뽐내기만을 힘쓰니 어찌 능히 나라를 이룩하겠습니까"라고 한 것, 그리고 귀부한 후 공직이 태조에게 "신이 폐읍弊邑에 있으면서 오래 풍화風化를 들은 바 비록 천명을 도울 힘은 없으나 바라건대 신하된 절개를 다 할까 하나이다"라고 말한 내용은 이를 반영한다.

그렇다면 고려는 어떠한 실효 있는 정치를 구사했을까? 918년(태조 1) 6월 을축일의 조서에 보면, "나라를 다스림에는 마땅히 절약하고 검소함에 힘써야 할 것이니 백성이 부유하고 창고가 차 있으면 비록 물난리나 가뭄과 기근이 있더라도 능히 근심이 되지 않을 것이다"라 한 바 있다. 이는 백성의 생계를 충족시킨다면 민본정치의 틀이 마련되며 결국 교화가 완성되어, 풍속이 순하게 바뀔 수 있다는 표현이었다. 이를 위한 정책은 녹읍에서의 과도한 공역 및 취렴 금지, 백성을 위한 소송의 신속한 판결 등으로 나타났다.

태조는 후일 이러한 정신을 〈훈요십조〉 중 제7조항으로 정리했다.

태조 왕건상과 태조의 친필 시 본래 태조 왕건상은 951년(광종 2)에 처음 제작되어 태조의 원당인 대봉은사 태조 진전에 모셔진 것으로 추정하고 있다. 현재 전하는 태조왕건상은 1992년 태조의 현릉을 확대 공사하는 과정에서 발굴된 것으로 고려왕조에서의 태조추숭의 면을 보여준다. 태조 친필 시는 고려 말 정몽주가 명나라에 사신으로 가서 가져온 것으로 2013년에 처음 보고된 '백원첩白猿帖'에 수록되어 있었다. 시의 제목은 〈소사所思〉로 정몽주 등은 이 시를 감상하고 그 감회 등을 남겼다.

즉 백성의 마음을 얻기 위해서는 간언을 따르면서 참언을 멀리하는 것이 필요하다 하면서, 농사 때에 맞춰 백성을 요역에 동원하되 그 요역을 가볍게 할 것, 부세를 적게 할 것, 임금이 친히 농사의 어려움을 알 것, 상벌을 올바르게 할 것 등을 민심을 얻어 통치한다는 민본의 큰 요체로 제시했던 것이다.

군주의 수신과 수덕에 따른 치도론

태조는 자신을 포함하여 신료들에 대해 정치적 수신修身을 강조했다. 검소할 것, 예의와 염치를 알 것, 중용을 지켜 공정할 것, 백성을 아낄 것 등이 그것이었다. 이것은 왕과 정치권이 천명을 수행할 자격이 있는지와 관련되는 것이었다. 태조 자신은 누차 자신의 정치를 반성하고 새롭게 마음을 가다듬은 바 있고, 신료들에 대해서도 이를 강조했다.

932년(태조 15) 서경에서 암탉이 수탉으로 변하고 큰 바람으로 인해 관사가 무너진 일에 대해 태조는 반성하며 그 원인을 찾았다. 이때 그가 제시한 내용은 백성들이 빈번한 요역과 과중한 공부로 인해 원망을 품지 않았는지 신하들이 공명정대하지 못해 백성들이 원한을 가지게 된 것이 아닌지였다. 이를 통해 자책하고 두려워하면서 신료들에게도 정치적 수신을 잘 지키도록 한 것이다.

태조는 선왕先王의 고사에 의거하여 양로養老를 행하고자 했다. 925년(태조 8) 10월 태조는 당제 왕신王信을 인질로 교환하면서 자신보다 10년 연상인 견훤에 대해 '상보尙父'라 칭했고, 935년(태조 18) 6월 견훤이 입조入朝하자 다시 '상보'라 했다. 또한 신라 재암성 장군으로 있다가 고려에 귀의한 선필善弼에 대해서도 연로하다 하여 '상보'라 칭하고 후대하는 조치를 취했다. '상보' 호칭은 태조의 수덕과 연결되는 면이 있었다. 양로를 잘하는 군주라야 덕정과 선정을 이룰 수 있다는 주周 문왕文王과 무왕武王의 고사가 그것이다. 백이伯夷가 문왕이 양로를 잘한다 하여 귀의한 것이나 무왕이 태공 여망을 태사太師이자 상보로 삼은 것은 결국 군주수덕과 덕정이 행해짐을 뜻했기 때문이다. 이는 이후 국가의례로서 양로의養老儀라 할 노인사설의老人賜設儀로 연결되었다.

태조는 936년(태조 19) 9월 경북 성주 일리천에서 벌인 후백제와의 마지막 전투 후 궁궐 위봉루에서 삼한을 정벌하여 일통한 데 대한 조하를 받았다. 이때 태조는 신하들의 예절을 밝게 한다는 명목으로 《정계政戒》 1권과 《계백료서誡百僚書》 8편을 직접 저술하여 중외에 반포했다. 이들의 내용은 전해지지 않으나 위에서 밝힌 정치적 수신의 도를 밝혀 백성들을 편하게 한다는 큰 뜻을 담고 있으리라 본다.

〈훈요십조〉에서 태조는 군주의 치도는 곧 군주의 수신에 달려 있음을 인식했으며 그 방법은 경사經史를 중심으로 중국 상고시대에서 주나라에 이르기까지의 정치적 경험이 담겨 있는 《서경》을 이해하는 데 있다고 보았다. 즉 "국가를 경영하는 자는 항상 만일을 경계하며, 경사를 널리 읽어 통해 교훈으로 삼아야 한다. 주공周公은 대성인으로서 〈무일無逸〉 1편을 성왕成王에게 올려 경계한 바 있다. 의당 그림으로 그려 출입할 때 보고 성찰토록 하라"라 했다. 그러면서도 〈훈요십조〉 전체 조항에 대해 마음속에 간직하고 실천할 것을 당부하는 '중심장지中心藏之'를 남기기도 했다.

이처럼 태조는 정치를 하는 군주의 마음 자세를 나라를 다스리는 큰 도로 생각했다. 다만 이때 마음 자세와 관련해서는 이해가 필요하다. 이는 성리학 수용 전후로 차이가 보이기 때문이다. 성리학 수용 단계에서는 수기修己를 통해 도덕적으로 완성된 인간상으로서의 '군자君子'이자 '성인聖人'의 경지를 단계적으로 이루어 나가는 과정을 중요시했다. 성리학 단계에서 말하는 인성론과 수양론 속의 이기理氣, 성정性情, 천리天理에 뜻을 두고 욕망을 절제한다는 이해가 이에 해당한다. 나아가 군주 역시 성인이 아닌 '보통사람'이므로 성인과 같은 인격적 완성을 목표로 하는 성학聖學의 공부와 그 실천이 강조되었다.

성리학 수용 이전 단계의 경우 이와 비슷하지만 차이가 있다. 태조가 말하고 있는 군주의 마음가짐과 치국의 도라는 점은 후대 군주들이 명심하고 있는 것이기는 하지만, 유교사상에서의 본질적인 '수기치인修己治人'과는 다르기 때문이다. 불경 공부 등으로 대표되는 군주의 다양한 수신修身은 이 같은 면을 보여 준다. 따라서 '수기치인'을 이상으로 하는 유교에서 치인을 전제한 수기를 강조하는 것은 성리학 수용 이후부터라 할 수 있을 것이다.

그렇다면 태조 이래 군주의 수신과 치국의 도는 성리학 수용 단계에서 논의되는 성학군주관聖學君主觀과는 달리 이해해야 할 것이다. 태조 이래의 군주의 수신이 거론되는 것은 정치적 이유에서였다. 재이 및 전란의 발생 등에 따른 책임 통감의 차원에서 주로 나타난 것이다. 이러한 배경에는 고려의 군주관이 있었다. 즉 태조 이래 고려의 왕들은 천명과 부처의 가호를 받은 신성한 존재로 설정되었다. 따라서 군주는 수양론에 바탕한 수신보다는 지배자로서의 역할 수행에 무게를

둘 수밖에 없었다.

결국 태조 이래 고려의 왕들은 태생적 신성함을 가진, 성인으로서 존중되는 존재로 인식되었다고 볼 수 있다. 이에 따라 재이와 전란 발생시 요구된 군주의 수신은 자신의 부덕을 책망하고 반성하며, 덕치를 이루는 조치를 행하는 '책기수덕責己修德' 단계에 있게 된 것이다. 그렇지만 이러한 군주의 모습은 태조의 군주상이 투영되면서 이상적인 것으로 받아들여졌다는 점도 주목할 만하다.

유교 지식인층의 성장과 과거제

궁예와 태조를 둘러싼 방벌放伐과 천명의 논리는 유교정치사상의 이해에서 비롯되었다. 말하자면 그동안 교육 및 윤리의 차원으로 이해하고 있었던 유교정치사상에 대한 재발견이자 현실 정치의 개혁 논리로 그 역할을 자리매김한 것이었다. 천명론을 사회 및 정치 전환의 논리로 이해하고 이를 직접 정치에 접목하기 위해서는 그에 해당하는 현실적 지식인층과 정치세력이 존재해야 한다. 그렇다면 고려의 건국 전후 유교 지식인층의 부류는 어떠했으며, 고려에서는 그들을 어떻게 등용하려 했을까?

신라 말 후삼국기 유교적 지식인층의 구성은 대략 네 부류로 나눌 수 있다. 첫째는 경주의 국학 출신, 둘째는 도당유학생층, 셋째는 지방에서 수학한 지식인층, 넷째는 중국의 혼란을 피해 들어오는 중국계 귀화지식인 부류다. 이들 가운데에는 후삼국기의 어지러운 상황에서 직접 정치에 뛰어들어 정치적 도움을 준 사람들도 있는 반면 정세를 관망하며 은거하고 있던 이들도 있었다. 이들의 학문은 대략 《역경

易經》,《서경書經》,《시경詩經》,《예기禮記》,《춘추春秋》,《효경孝經》,《논어論語》,《맹자孟子》,《이아爾雅》 등의 유교 경전과 《한서漢書》 등의 사서에 기초를 두고 있었다. 이들 외에도 승려층을 들 수 있을 것이다.

태조는 918년(태조 1) 6월 신유일에 인재의 등용에 대한 조서를 내리면서 "관제官制를 설치하고 직분을 나눔에는 유능한 사람을 임명하는 길이 있고, 풍속을 이롭게 하고 백성을 평안하게 하는 데는 현명한 사람을 고르는 일이 급한 것이다"라 했다. 이른바 설관분직設官分職의 조치였다.

건국 초의 일이기는 하지만 이 조서의 영향은 컸다. 유능하고 현명한 사람을 등용하겠다는 것은 결국 치국의 도를 알고 임금을 보좌할 수 있는 자를 시험하여 쓰겠다는 것을 뜻한다. 당시 태조가 등용하여 쓴 인사에 대해 《고려사》에서는 평하길, "모두가 품성이 단정하고 일을 처리함이 공평하고 성실하여 창업의 시초부터 천명을 받은 임금을 보좌하는 공로를 다한 사람들이었다"라든가, "다 일찍부터 사무에 숙달하고 청렴하고 신중하여 가히 봉공奉公에 태만함이 없고 결단을 민첩하게 하여 진실로 여러 사람의 마음에 맞는 사람이라고 일컬을 수가 있었다"라든가, "대개 개국開國의 시초에 현명한 인재를 잘 골라 뽑아서 모든 일을 고르게 했다"라고 했다.

태조의 이러한 조치는 궁예 및 견훤의 휘하에 있었거나 신라 왕실에 봉사하던 자들, 그리고 산중에 은거하고 있던 많은 인재들을 불러들였다. 최응崔凝(898~932), 최언위崔彦撝(868~944), 왕유王儒(초명은 박유朴儒), 태평泰平, 서필徐弼 등이 부름을 받아, 태조에게 유교적 치도에 대해 조언을 하고 인재 선발 및 외교문서 작성 등을 담당했다. 결국 이들의 역할과 태조의 만남은 '중폐비사重幣卑辭'라는 외교 정책을 낳았고 태조의 덕망을 높여 지방에 자리 잡고 있던 왕순식王順式(명주 호족), 이총언李恩言(벽진군 호족), 윤선尹瑄(골암성 호족), 홍달興達(고사갈이성 호족), 선필善弼(재암성 호족), 공직(연산 매곡 호족)과 같은 호족세력의 귀부를 가져올 수 있었다.

신라 하대 사회는 혈연과 신분세습에 기초한 골품제적 기반을 유지했다. 혈연적 세습적 신분구조의 틀 속에서 유교사상은 충과 효의 정신을 강조했다. 반면 전체 사회가 필요로 하는 정치권력과 부의 재분배, 수취구조의 조정 등은 어려웠다. 이에 유교적 지식인층이나 지방사회에서 성장한 호족들은 신라사회의 경주 중심, 진골 중심의 골품제적인 사회지배구조에 대한 변화를 요구하면서 새로운 사회로의 전환을 꾀했다.

고려를 건국하면서 태조는 바로 이러한 사회 전환의 욕구와 필요성, 새로운 사회에서의 정치사상을 토대로 한 인재의 등용 방식을 검토했다. 그것은 혈연과 신분을 토대로 한 고대적 지배구조를 극복하고자 한 것이었다. 태조는 보다 합리적이면서도 도덕적 요소를 담고 있는 유교사상에 주목했다. 동시에 경주 출신의 귀족 혹은 진골귀족들이 아닌 새로운 지배층의 등장에 관심을 가지고 살피면서 본격적인 중세적 통일국가로의 성공적인 전환을 이루고자 했다.

이렇게 봤을 때 유교지식인층의 존재와 그들의 능력은 단순히 문장 서술에 그치는 것이 아니었다. 그들은 보다 도덕적이고 합리적인 사회사상을 현실 사회에 적용할 수 있는 주도층으로 자리 잡아 가고 있었다. 이들에 대한 객관적 평가가 제도적으로 요구되는 시점에 와 있었던 것이다. 광종 대 후주後周에서 귀화한 쌍기가 건의하여 실시된 과거제科擧制는 문벌귀족 등 새로운 지배층 등장의 직접적인 계기가 되었다. 과거제는 유교적 소양을 가진 지식인층을 양산하고 이들에 대한 객관적 능력 평가의 기회로 기능했고, 이후 이들은 정치적 역할을 수행하면서 민본과 왕도정치王道政治를 완성해 나가는 중요 축이 되었다.

왕도 정치론의 전개와 국가의례

최승로와 김심언의 유교 정치론

고려의 유교사상에 대한 이해와 관련해서는 최승로의 역할을 살펴볼 필요가 있다. 그에 대한 일화로 태조가 열두 살의 최승로를 불러 《논어》를 읽어보게 한 다음 칭찬과 함께 상을 내렸다는 내용이 전한다. 그만큼 최승로는 어렸을 때부터 유학에 대한 깊은 이해로 유명했다. 그는 태조 대에 관계에 진출해 경종 대에 이르기까지 관직에 종사하며 정치를 경험했다. 이 기간에 그는 오경五經 및 《맹자》 등의 경전과 《정관정요貞觀政要》 등에 대해 깊이 통찰하고 있었다. 이 가운데 당 태종의 정치를 정리한 《정관정요》는 강력한 군주가 중심이 되면서도 신권과의 조화를 꾀하고 있었다는 점에서 최승로의 입장에서 볼 때 고려 초 왕권 강화의 방향과 관련해 모델이 될 수 있었다. 이에 광종

> **오경**
> 《시경》, 《서경》, 《주역》, 《춘추》, 《예기》.

초에는 군주수신의 책으로 주목되기도 했다. 최승로는 이러한 학문적 소양을 바탕으로 고려왕조가 통치를 위해 어떠한 면에 힘써야 하는지, 어떠한 것을 버리고 조심해야 하는지 등을 제시하고자 했다.

982년(성종 1) 6월, 성종은 새로운 정치 개혁의 방향을 찾기 위해 경관京官 5품 이상 관료들에게 봉사奉事를 올리라는 명을 내렸다. 이러한 왕명에 응하여 최승로는 장문의 상서문을 올렸다. 그것은 〈서문序文〉, 〈오조정적평五朝政績評〉, 〈시무 28조時務二十八條〉로 구성되었다.

최승로는 〈오조정적평〉을 통해 태조, 혜종, 정종, 광종, 경종 등 5대 치세의 장단점과 교훈이 될 만한 것을 논했다. 그 가운데서도 군주의 수덕과 신하와의 관계에 대해 논한 것을 보면 다음과 같다. 군주의 수덕과 관련해서는 게으르지 말 것(무일無逸)과 도덕 및 절검을 숭상할 것, 현인을 우대하고 선함을 즐길 것, 예로 사양할 것, 부지런하며 이치를 구할 것을 먼저 이야기했다. 다음으로 신하를 대함에 있어서는 현인을 등용할 것, 사람의 능력을 잘 판단하여 쓸 것, 예의와 겸양 등을 통해 신하를 대할 것을 지적했다. 〈오조정적평〉에서의 이러한 지적은 군주의 수신과 수덕을 통해 군주로서의 위상을 갖추고 그 위에서 신하를 예로써 대접하고 등용하며 현상賢相들의 협조를 얻어 정치를 해 나가는 군신공치君臣共治의 정치 운영 방향을 제시한 것이었다.

이어 그 바탕 위에서 성종 즉위 당시 여러 가지 문제와 그에 대한 해결책, 군주의 수덕 자세 등과 관련하여 〈시무 28조〉를 올렸다. 그 내용은 불교의 혹신으로 인한 여러 폐단의 폐지 및 개선책, 복제와 거마, 의복, 가사家舍 규모 등을 정할 것, 군졸을 줄이고 국경을 바로 하며 수령을 파견하여 향호들의 침탈을 금할 것, 양천을 구별하며 월령

《고려사》에 등장하는 최승로의 〈오조정적평〉 최승로는 982년(성종 1) 성종이 정치 개혁을 위해 신하들에게 구언求言을 하자 태조·혜종·정종·광종·경종 등 다섯 임금의 정치 득실을 논하는 〈오조정적평〉과 다방면의 개혁 방향과 개혁안을 담은 〈시무 28조〉 등을 지어 올렸다.

을 따라 공덕과 정사를 닦을 것, 음사淫祀를 제한할 것 등이었다.

최승로는 이 상서문을 작성하면서 《논어》, 《서경》, 《춘추》, 《예기》, 《주역》, 《맹자》, 《한서漢書》, 《양서梁書》, 《남사南史》, 《문선文選》, 《정관정요》 등을 폭넓게 활용했다. 주로 군주의 수덕 및 수신, 군신과의 관계, 치도의 요체 등과 관련하여 인용·해석·적용하고자 했다. 그러면서도 토풍을 강조하여 중국식을 지나치게 수용하지 않을 것을 주장한 것은 특징적인 면이었다. 일면 광종 대 쌍기의 등용 이후 귀화인에 대한 지나친 대우로 쌓인 불만의 표출이라고도 할 수 있으나 전래적 제도와 풍속의 가치를 인식한 결과이기도 했다.

최승로의 〈시무 28조〉에서 가장 강조된 것은 불교와 관련된 것이었다. 불교에 대해 비판하면서도 불교를 수신修身의 근본으로 여기고 유교를 이국理國의 근본으로 생각하여 정교의 분리를 주장했다. 당시의 사회적 현실에서 불교는 이미 국교화되어 있으므로 이를 현실적으로 인정하는 선상에서 나온 것이었다. 이와 함께 유교적 경세의 입장을 가진 최승로는 군주의 수덕과 어진 인재의 등용과 어진 재상과의 공치共治, 위민爲民과 민본民本의 정치 등을 포함하는 이상적 정치로서의 왕도정치를 주장했다. 고려왕조의 안정을 위한 유교정치사상의 역할을 인식하고 그 틀을 제시했던 것이라 하겠다.

한편 성종 대에 활동한 김심언金審言은 990년(성종 9) 7월 임금에게 상서하여 〈봉사 2조〉를 올렸다. 이 봉사문은 신료된 자가 어떠해야 하며, 군주는 이들을 어떻게 기용할 것인지와 관련하여 유교적 신료관을 제시하고 있다. 그는 여기서 올바른 신하(육정六正)와 그릇된 신하(육사六邪), 지방관의 의무(자사 6조刺史六條) 등에 대해 간언했다. 신하된 자로서 군주를 보필하는 자세와 관련하여 성신聖臣, 양신良臣, 충신忠臣, 지신智臣, 정신貞臣, 직신直臣을 올바른 신하 상으로 제시했고, 그렇지 않은 경우 구신具臣, 유신諛臣, 간신姦臣, 참신讒臣, 적신賊臣, 망국지신亡國之臣으로 나누어 말했다. 성종 대 들어와 특히 강조되기 시작한 지방관의 역할에 대해서는 《한서》의 '자사육조정刺史六條政'을 거론했다. 그 내용은 대체로 서민의 어려움을 헤아리고 지방서리의 간교함이나 문서의 허위 기재를 금하며, 형률과 금령을 준수함과 함께 효행 및 선행을 살피는 것 등이었다.

이처럼 김심언은 신하 및 지방관의 역할 원칙을 제시했다. 이를 통해 군주가 현신賢臣을 얻어 직사職司를 나누고 도都와 열읍列邑을 열어 다스릴 때 비로소 권선계악勸善戒惡이 이루어진다는 이해를 보였다. 군주의 역할과 책임을 다하기 위해 필요한 것이 바로 현신의 등용에 있다는 것이자 군신공치의 도리를 말한 것이라 하겠다.

'위기'와 '경세'의 유학

고려시대 유교지식인들은 어떠한 유교 경전을 수학하면서 자신의 학문과 도덕 수양이라 할 '위기爲己'와 세상을 다스릴 지혜를 얻을 '경세經世'를 얻고자 했을까?

최승로가 보인 유교사상에 나타나듯 성리학 수용 이전의 고려사회에서는 《주역》, 《상서尚書》, 《주례周禮》, 《예기》, 《모시毛詩》, 《춘추》 등의 5경이나 6경, 혹은 9경 중심의 경전 수학이 주류를 이루었다. 여기에 《효경》과 《논어》는 반드시 배워야 하는 필수 과목이었다. 이는 관학이든 사학이든 크게 다르지 않았다. 관학의 경우 이를 잘 보여 주는 것이 문종 대 서경유수의 보고와 예종 대 및 인종 대 경연 강의의 주요 과목, 인종 대에 식목도감式目都監에서 상정한 학식學式이다.

사학의 경우는 해동공자 최충이 사학을 열고 이를 문헌공도文憲公徒라 하여 구재九齋*로 나누어 강학한 데서 나타난다. 더불어 문헌공도를 포함한 사학 12공도公徒, 즉 홍문공도弘文公徒(정배걸鄭倍傑), 광헌공도匡憲公徒(노단盧旦), 남산도南山徒(김상빈金尙賓), 서원도西園徒(김무체金無滯), 문충공도文忠公徒(은정殷鼎), 양신공도良愼公徒(김의진金義珍 혹은 박명보朴明保), 정경공도貞敬公徒(황영黃瑩), 충평공도忠平公徒(유감柳監), 정헌공도貞憲公徒(문정文正), 서시랑도徐侍郎徒(서석徐碩), 구산도龜山徒, 문헌공도文憲公徒(최충崔冲) 등이 사학 12공도公徒로 형성되어 사학의 융성을 가져오기도 했으며, 이들 사학 12공도에서 강학한 경전은 9경의 범위 안에 있었다. 예종의 국학國學 7재齋는 여택麗澤《주역》, 대빙待聘《상서尙書》, 경덕經德《모시毛詩》, 구인求仁《주례周禮》, 복응服膺《대례戴禮》, 양정養正《춘추春秋》, 강예講藝《무학武學》등으로 구성되었는데, 무학재를 제외한 나머지 6재에서는 전문적인 경학을 다루었다.

이처럼 9경을 중심으로 이루어진 강학에서 경전 공부는 난이도와 중요도 등에 따라 순서를 나누었다. 이를 잘 보여 주는 인종 대 학식은 이를테면 오늘날의 수업 과정에 대한 규칙이라고 할 수 있다. 이를 보면, 대략《효경》·《논어》가 우선이며, 다음으로는《상서》·《춘추공양전》·《춘추곡량전》이고, 그 다음이《주역》·《모시》·《주례》·《의례》였으며, 마지막이《예기》·《춘추좌씨전》이었다. 이후 여가가 있으면 자학字學으로《국어國語》,《설문說文》,《자림字林》,《삼창三倉》,《이아爾雅》를 학습한다고 정했다.

구재
악성樂聖, 대중大中, 성명誠明, 경업敬業, 조도造道, 솔성率性, 진덕進德, 대화大和, 대빙待聘 등이 이에 해당함.

특히 《효경》과 《논어》는 각기 윤리서와 초학자를 위한 학습서로서 이용되었다. 위로는 왕으로부터 아래로는 어린아이들에게까지 폭넓게 읽혔다. 1132년(인종 12) 3월에 이 두 경서를 항간의 아이들에게 나누어주어 읽도록 한 고려왕조의 조처가 이를 말해 준다. 효는 인륜의 근본이자 만행의 시작이라는 점에서 효의 윤리 강조는 가정과 마을, 그리고 국가를 운영하는 데 있어 유교적 교화의 시작이자 끝이 된다. 따라서 고려 초부터 효는 강조될 수밖에 없었고 효에 대한 정려와 포상을 적극 시행한 것은 효를 바탕으로 신분질서를 안정화시키는 결과를 가져왔다. 《논어》는 수학자를 위한 기본 경전으로 제시되었는데 공자와 그 제자들의 문답을 중심으로 폭넓게 개인의 수양을 위한 '위기爲己'와 치도治道를 위한 '위인爲人'의 가르침을 담고 있어서였다.

예종 및 인종 대는 고려시대에서 가장 모범적으로 경연이 행해진 시기였다. 이때 주로 이용된 경전과 그 편명을 보면, 《상서》에서는 〈태갑太甲〉·〈열명說命〉·〈무일無逸〉·〈홍범洪範〉·〈주관周官〉 등이, 《예기》에서는 〈월령月令〉·〈중용中庸〉·〈대학大學〉 등이, 《시경》에서는 〈반수泮水〉·〈운한雲漢〉·〈칠월七月〉 등이, 《역경》에서는 〈건괘乾卦〉·〈태괘泰卦〉 등이 있었다. 이외에도 《당감唐鑑》, 《사마광유표司馬光遺表》와 같은 사서도 이용되었다.

《맹자》가 이미 최승로 때부터 이용된 점이나 〈중용〉과 〈대학〉이 예종 및 인종 대 경연에서 강의된 것은 의미심장하다. 이 경전들에 대한 이해를 도모했다는 점은 후일 이들이 사서四書의 하나로 자리 잡았음을 고려할 때 고려에서 이미 성리학 수용과는 별도로 수신과 치도의 요체에 대한 철학적 접근을 시도했음을 보여 준다. 따라서 고려왕조

《중용주자혹문》 1371년(공민왕 20)에 진주목에서 개판(開板) 발간한 《중용주자혹문》의 일부. 본래 원나라 학자인 예사의(倪士毅)가 주자가 쓴 《중용혹문》에 대해 후학들이 주석을 단 것을 모아 편찬한 것을 진주목에서 목판을 개판하여 간행한 것이다. 고려인들이 가졌던 주자성리학의 수용에 대한 관심을 단적으로 보여 준다.

에서 유교 경전의 수학을 통해 목적한 바는 일차적으로 효를 중심으로 한 인륜 수신으로 사회질서 안정, 즉 교화였고, 다음이 경전의 수학과 실천에 그 뜻을 둔 수기修己와 위기爲己라 할 수 있다. 그렇지만 무엇보다도 경학 수학을 통해 목적한 것은 현량賢良의 육성과 그 등용에 있었다. 그렇기 때문에 국가 경영과 통치를 위한 경세학經世學 중심의 유학이 주류를 이루었으나 한편으로 문장 저술의 가치도 매우 높게 평가받아 이 두 가지의 겸용이 주목되었다.

천인감응론과 월령사상

고려의 군주는 천명을 받은 존재였다. 이에 입각하여 하늘과 군주는 인간관계로 본다면 부자의 관계로 비유되는 매우 유기적인 사이로 이해되었다. 하늘은 군주를 인애仁愛하고, 군주는 하늘을 본받고 때에 순응하며 하늘의 뜻에 따라 선정을 베푸는 것이 올바른 천인 관계로 여겨진 것이다. 고려의 군주는 천명을 부여받은 태조의 후손이기 때문에 천자라 자임했으며, 군주를 해동천자라 칭하기도 했다.

재이災異는 인간세계에 재앙이 되는 괴이한 일 또는 천재天災와 지이地異를 가리키며, 비정상적인 자연현상뿐 아니라 인간사회의 질서를 교란시키는 사회적 현상까지도 포함한다. 예컨대 가뭄과 홍수, 많은 송충이 발생, 여우의 궁궐 출현, 일식, 월식, 성변, 비정상적 출산 등이 여기에 해당한다.

《서경》에서 하늘이 상서祥瑞와 재이災異를 내리는 연유가 천자의 덕德과 부덕不德에 있다고 한 것은 군주의 정치와 하늘의 유기적 관계 설정에 따른 것이었다. 공자 역시 《춘추》를 기록하면서 일식과 성변星變

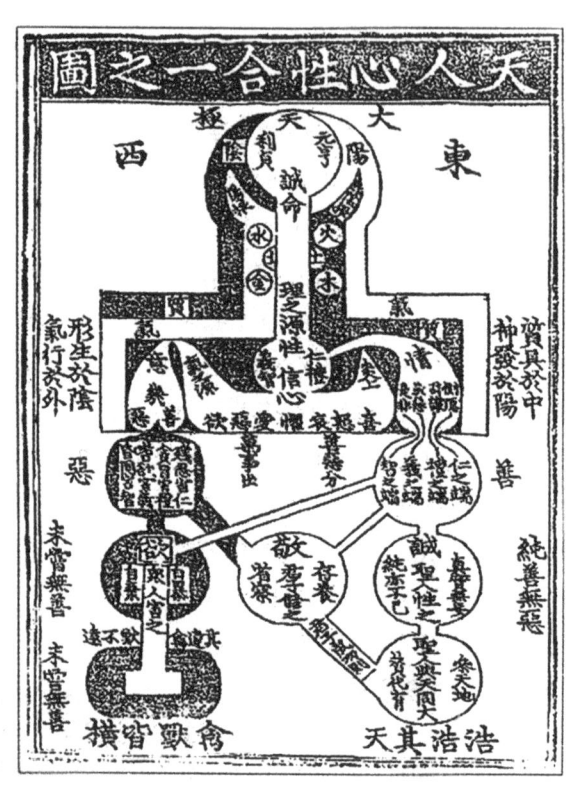

천인심성합일지도 권근이 1390년에 지은 《입학도설入學圖說》에 실려 있다. 권근은 고려 말 조선 초 성리학자로서 한 장의 도상 속에 태극·천명·이기·음양·오행·사단(혹은 오상)·칠정·심·기질·경·선악의 이해 내용을 담아 성리학의 이상적 단계인 천인심성합일을 설명했다.

의 이상 현상을 그대로 기록하고 하나도 삭제하지 않은 것은 그것이 군주 및 정치의 성패와 반란, 전란 등의 변화를 뜻하기 때문이었다. 《한서》〈열전〉 동중서董仲舒에 보면 《춘추》의 재이 기록과 군주의 정치 사이의 상관관계를 연구한 동중서가 무제武帝에게 올린 상서문의 내용이 나온다. "제왕이 된 자는 하늘의 뜻을 받들어서 정치를 행해야 한다", "국가가 올바른 도리를 잃어 패망하게 될 때는 하늘은 먼저 재앙을 일으켜서 견책하고 경고한다. 그러나 스스로 반성할 줄 모르면 또 괴변과 재이를 내보내어 놀라고 두렵게 만든다. 그럼에도 불구하고 개선할 줄 모르면 손상과 패망에 이르게 만든다. 이러한 일로써 하늘은 어진 마음으로 군주를 사랑하여 나라의 난리를 그치게 하고 싶어함을 알 수 있다"라고 되어 있다.

고려왕조 역시 이러한 재이의 현상이 왕조의 흥망과 직접적 관계가 있다고 보고 정치적 사회적 혼란을 막기 위해 노력했다. 먼저 고려에서는 재이의 원인에 대해 규명하고 이어 그에 따른 대책을 강구했다.

1025년(현종 16) 6월의 기록에 나오는 것처럼 "하늘을 본받고 때에 순응한 뒤에야 재앙을 막을 수 있고 화평을 이룩할 수 있다"는 것이 고려왕조의 기본적인 재이관이었다. 이러한 재이관 속에서 재이 발생의 가장 큰 원인은 천명을 받은 군주 자신의 실정과 박덕에 있는 것으로 보았다. 즉 군주 자신의 부덕不德, 박덕薄德, 과덕寡德, 양덕凉德으로 인해 가뭄 등이 심하다는 이해가 《고려사》의 연대기 기록에 자주 등장한다. 다음은 시정득실 속에서 찾았는데, 그 내용은 어진 인재 등용이 잘 이루어지지 않았다거나 형상刑賞 및 형정刑政의 불공정, 억울한 옥살이(원옥冤獄), 월령月令 혹은 시령時令을 지키지 않았다거나 하는 것, 궁궐 및 사찰 건설 등에 따른 과도한 공역에 기인한 백성들의 원망 등이었다.

1088년(선종 5) 4월에 가뭄이 심하자 선종이 자책한 구절은 이러한 요소들을 포함한다. 이때 선종은 백료를 거느리고 남교南郊에 나아가 우제雩祭를 지내고 여섯 가지 일로 자책했다. "정사政事가 한결같이 않았는가, 백성이 직분을 잃었는가, 궁실이 높아서인가, 부알婦謁˙이 성행했는가, 포저苞苴˙가 행해졌는가, 참부讒夫˙가 횡행했는가?"라 했던 것이다. 이 육사자책六事自責은 탕 임금이 행한 내용으로 이는 《후한서》 권41에 나오는 종리의의 가뭄에 대한 상소에서 인용한 것이었다. 죄기조罪己詔라 불리는 이 내용은 역대 왕조에서 가뭄 등의 재이에 대한 제왕의 인식과 대응에 관례라 할 정도로 영향을 주었다.

이러한 원인 규명에 따라 대책이 다양하게 마련되었다. 그 가운데서도 무엇보다 우선시된 것은 군주가 자신을 책하고 덕을 닦는다는 '책기수덕責己修德'이었다. 책기에 해당하는 노력을 《고려사》에서 찾아보면, 근신勤慎과 무일無逸, 금기禁忌 등과 관련한 행위가 중심이 되고 있다. 여기에 해당하는 조치로는 피정전避正殿,˙ 감상선減尙膳,˙ 오경五經 및 《정관정요》 등의 강경講經, 철악徹樂,˙ 단익렵斷弋獵,˙ 노좌청정露坐聽政,˙ 철조輟朝˙ 등을 들 수 있다.

이와 함께 고려왕조에서는 수덕에 해당하는 조처를 취했는데, 주로 덕정과 인정을 베푸는 데 집중되었다. 이를 통해 천지간의 생기를 살림으로써 음양의 조화를 꾀하여 천도天道에 순응케 한다는 의미를 부여했다. 억울한 죄수를 풀어주거나 감형을 하는 것, 긴요치 않은 토목공사의 중지, 진휼 및 양로의 은혜를 베푸는 것, 농사를 걱정하고 권

부알
아녀자들의 정치 참여.

포저
뇌물.

참부
거짓과 아첨을 행하는 자.

피정전
정전에서의 정치를 피함.

감상선
수라상의 반찬 수를 줄임.

철악
음악을 중지함.

단익렵
사냥을 중지함.

노좌청정
지붕이 없는 뜰에 자리를 펴고 앉아 정치를 행함.

철조
조정에서의 정치를 거둠.

농하는 것, 시정득실을 논하는 구언求言의 교를 내리는 것, 어진 인재를 등용하고 잘못된 인사를 바로 잡는 것 등이 덕정에 해당했다.

마지막으로는 책기수덕과 차이는 있으나 제사와 기도를 통해 해결하려는 면이 있다. 여기에는 불교의 각종 도량과 법석, 도교적인 초제, 민간신앙으로서의 성황신사에서의 기도, 무격을 동원한 기우, 유교적 제사의식의 거행 등이 있다. 고려시대에 이들 제사와 기도는 다양하게 이용된 바 있지만 대체로 도량과 초제, 민간신앙 등의 면은 실효가 없는 것으로 여겨져 제한을 가하자는 의견이 많았다. 하지만 왕실의 입장에서는 오히려 이것이 대외적으로 군주의 노력을 보여 주면서 공덕을 쌓는 일로 여겨져 중지되지는 않았다. 예컨대 인종 대 임완林完은 동중서의 천인감응론을 인용하면서 이른바 천의에 응하기를 실實로써 하고 문文으로 해서는 안 된다고 했다. 여기서 실은 덕이며 문은 도량, 재초와 같은 것으로 보고 태조의 유훈과 문종의 정치[舊典]가 중요하다고 했던 것이다.

1194년(명종 24)에 가뭄이 6월까지 계속되자 태사는 군주가 수성해야 할 바를 7가지로 나누어 아뢰었다. 이른바 7사로 첫째 원옥을 다스리고, 둘째 환과고독鰥寡孤獨을 진휼하고, 셋째 요역을 가볍게 하고 부세를 적게 하며, 넷째 현량을 진용進用하고, 다섯째 탐사貪邪를 쫓아내고, 여섯째 원광怨曠을 구휼하고, 일곱째 선수膳羞를 줄이는 일이었다. 이로써 군주 스스로 책망하고 마음을 가다듬어 수행하여 천의를 만족시킬 것을 요청한 것이다.

이상에서처럼 천인감응론은 천명사상과 함께 고려왕조를 운영하는 데 있어 중요한 정치 이데올로기로 이용되었다. 그것은 때로 천명을 받은 군주의 신성성을 재확인하고 왕권의 동요를 막기도 했다. 민심의 이반을 막으면서 신료들에 대해서도 수신과 개혁의 필요성을 인식케 함으로써 왕조체제를 유지하는 수단이 되기도 했다. 가뭄 등의 재이가 일어났을 때 그 해결을 위한 노력을 왕조체제의 구조적 폐단 개혁 추진으로 연결시키지 못한 면이 있었다. 재이 극복과 관련하여 가장 중요한 산업인 농업과 민을 위한 개혁 등 정치·경제·사회적 개혁이 크게 요구되었으나 군주의 책기수덕이라는 이념적 대응에 그치는 한계가 보이기도 했던 것이다. 재이에 대해 책기수덕한다는 논리가 실천적 차원에서 전개되지 않음으로써 본래의 천인감응론적 재이사상이 갖고 있는 개혁성은 기존의 왕실과 지배 귀족층의 봉건체제를 유지하는 원리에 그친 면이 있었다.

위에서와 같이 천인감응론과 천명사상은 하늘과 인간의 관계를 유기적으로 해석한다. 이에 기초하여 왕조국가에서는 통치를 하는 데 있어 하늘을 본받고 때에 순응해야 한다[法天順時]는 이해를 통해 시간과 일, 월, 년, 절기, 절후, 계절을 나누고 이를 통해 때에 맞는 정치의 명을 세워야 한다고 생각했다. 동양사회에서 '순시順時'는 이상적 정치인 왕도 정치의 중요한 요소라고까지 여겼다. 지배층의 입장에서 볼 때 산업의 주기성을 파악하고 이를 구분하여 역역을 시키고 조세를 거두며, 농사를 짓게끔 해야 하기 때문이었다. 말하자면 왕조체제의 유지를 위해 가장 필요한 것으로 이해된 것이다.

고려왕조가 이러한 시간의 요소를 이해하고 이를 정치에 적용하여 통치의 일원성을 꾀한 것은 《서경》과 《논어》, 《예기》의 사상을 깊이 이해한 데서 기인했다. 《서경》〈우서虞書〉 요전堯典에서는 "호천昊天을

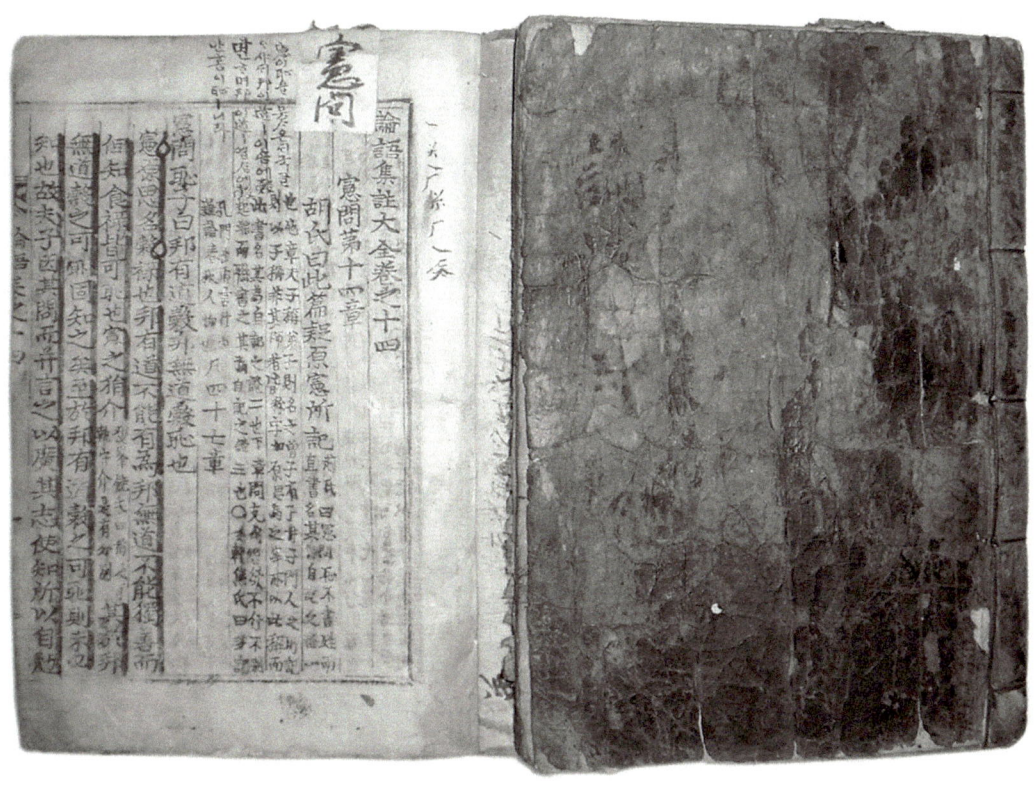

《논어집주대전》《논어》는 고려사회에서 《효경》과 함께 지식인 교육의 필수 교재였다. 이 책은 송의 주희가 기존 《논어》의 주석을 정리하여 성리학의 이기론적 관점에서 집주集註한 것이다. 고려사회에서 《논어》와 《논어집주》 등은 유학의 기본 경전으로 이해되었음을 알 수 있다.

공경히 받들어 삼가 백성들에게 때를 알려준다[欽若昊天 敬授人時]"라고 했고, 《논어》에서는 "백성을 부리되 때를 헤아려 행한다[使民以時]"고 했다. 《서경》과 《논어》에서 이해된 때는 곧 천시天時이자 농시農時이기도 하다. 《예기》〈월령〉에서는 이러한 인시人時이자 천시天時를 더욱 명확하게 구분하면서 정령政令을 연결했다. 따라서 〈월령〉편은 중국사의 오랜 전개 속에서 정치적 경험과 천문 자연의 관찰 등을 통해 성립된 것으로 볼 수 있다.

고려왕조에서 월령에 대한 본격적인 이해와 그 적용 노력이 나타나기 시작한 것은 최승로의 〈시무 28조〉에서부터였다. 이후 988년(성종 7) 이양李陽의 봉사에서 더욱 구체화되었으며, 1025년(현종 16) 6월의 기사에서 "월령을 지켜 나의 뜻에 맞도록 하라"고 한 것이나 1168년 (의종 22) 3월에 "모든 행사는 월령에 의할 것" 등이 보인다.

월령의 적용은 국가를 운영하는 데 있어 여러 가지 의미를 갖는다. 고려 건국 전후는 이른바 호족의 시대라 일컬어질 정도로 지방 세력의 활동이 왕성한 시기였다. 각 지방과 호족들, 그리고 그에 속하는 지방민들은 지역적 특색 혹은 풍속에 따라 다른 문화를 향유했다. 이는 통일 후 왕조를 운영해야 하는 고려 정부의 입장에서 본다면 일원화하여 보다 통치에 용이하도록 수단을 강구해야 하는 요인이었다. 따라서 정치와 농업, 그리고 시간을 유기적으로 연결시켜 이해하는 합리적 방안으로 구상될 수 있었던 것이 바로 월령이었던 것이다. 이러한 면에서 본다면 월령사상의 수용에 따른 가장 큰 의미는 시간과 정령의 일원화일 것이다. 여기에 군주의 정치 일정, 행정, 일상생활 및 농업 생산, 제사와 같은 의례의 시간 등을 규정함으로써 통치의 원

활함을 얻을 수 있었던 것이다. 따라서 고려왕조에서는 천명天命과 천시天時, 그리고 인사人事라는 요소가 결합됨으로써 왕도 정치의 축이 갖추어질 수 있었다.

왕조의례로서 오례의 성립과 전개

유교사상에서 국가를 운영하는 두 가지 큰 원리는 명분과 질서다. 명분과 질서를 하나의 마음과 행위로 일치시키는 것이 예禮다. 유교사상에서 말하는 덕치德治나 덕정德政, 인정仁政은 예치와도 연결된다. 다른 한편으로는 폭넓은 사회윤리의 하나로 이해되는데, 자기보다 위 혹은 아래, 같은 신분 등의 사람들과의 관계 설정을 하고 그에 따라 위치에 맞는 행위를 해야 한다는 것이다. 예를 들어 사양이나 염치, 인사를 할 줄 알아야 한다.

국가와 사회를 운영하는 데 있어서는 질서가 필요하다. 질서는 사람에게 주어진 명분에 따라 나눠지며, 따라서 예는 신분에 따른 자기 역할의 규정이자 행위라 할 수 있다. 예는 사대부에까지 미치는 것으로 보며 백성은 그 교화의 대상이 된다. 이런 면에서 유교에서는 군주 통치의 명분, 사대부 지배층의 역할을 예로 정함으로써 국가 운영의 질서를 만들고자 했다.

《순자》에서 논한 예론을 보면, "예에는 세 가지 근본이 있다. 하늘과 땅은 생명의 근본이고, 선조는 종족의 근본이고, 훌륭한 임금은 다스림의 근본이다. 하늘과 땅이 없다면 어떻게 생명이 있겠는가? 선조가 없다면 사람이 어디서 나왔겠는가? 훌륭한 임금이 없다면 어떻게 다스려지겠는가? 세 가지 중에 어느 하나가 없어도 안락한 사람은 없을 것이다. 그러므로 예는 위로는 하늘을 섬기고 아래로는 땅을 섬기며 선조를 높이고 훌륭한 임금을 존중해야 한다. 이것이 예의 세 가지 근본이다"라 했다.

고려왕조는 국가 및 사회질서의 차원에서 유교사상에서의 예를 수용했는데, 그 가운데서도 순자가 논한 예론, 즉 국가적 예치의 성격을 갖추고자 노력했다. 그것이 곧 국가례國家禮다. 국가례의 가치에 대해 평한 한나라의 고조 유방의 고사는 유명하다. 천하를 통일한 후 "군신들은 술을 마셨다 하면 자신의 공적을 뽐내면서 망령되이 고함과 함께 칼을 뽑아 기둥을 찌르는 등의 꼬락서니였다"라 하고 군신의 상하가 구분되지 않는다 했다. 이때 숙손통叔孫通이 의례를 정했고, 기원전 200년(한 고조 7) 장락궁長樂宮에서 조회의례를 시행하게 된다. 조회의례가 끝난 후 한 고조는 "오늘에서야 황제의 존귀함을 알았다"라고 했다.

고려왕조에서도 국가례에 대한 관심을 가져 통치의 합리화, 정당화를 꾀했다. 먼저 태조는 즉위 후 선조를 높이기 위해 선조를 추존하고, 이들에 대한 제향을 올렸다. 군신의 의례에 대해서도 이미 그 가치를 발견하여 935년(태조 18) 12월에 신라를 복속하면서 신라왕으로부터의 알현과 신하들의 조하를 받음으로써 고려 군주의 존귀함을 과시했다.

983년(성종 2) 정월에는 하늘에의 제사를 위한 원구단이 갖추어졌고, 그 의식 절차에 따라 풍년을 비는 기곡의 교사郊祀를 행한 뒤 자전藉田을 친히 가는 친경자전례를 행했다. 이어 백관을 위로하는 자리까지도 마련했다. 991년(성종 10) 윤2월에는 사직단이 비로소 그 격식을 갖춰 세워졌다. 992년(성종 11) 12월에는 종묘의 격이 갖추어져 역대 군주와 왕후의 신위가 모셔짐으로써 왕실의 위엄과 존엄함이 상징화되었다.

고려왕조에서는 이처럼 천지와 왕실의 조상 등에 대한 의례를 갖추었다. 더 나아가 중국 당나라에서 시행한 《대당개원례》와 같은 수준의 국가의례를 오례五禮로 구성하기까지 했다. 이는 후에 의종 대 평장사 최윤의崔允儀가 《상정고금례詳定古今禮》로 정비했고, 《고려사》 예지의 내용으로 재편집되었다. 고려의 국가례는 크게 오례로 구성된다. 길례吉禮는 천·지·인의 여러 신에 대한 의례로 사祀·제祭·향享·석전釋奠의 의식과 절차를 포함하는 것이며 군주만이 이를 행할 수 있다는 점에서 권위가 부여되었다. 가례嘉禮는 왕실의 통과의례적 성격을 갖는 것으로 관례冠禮·혼례婚禮·책봉례册封禮 등이 포함되며 군주, 그리고 신민이 함께 화합하는 자리로 마련되었다. 빈례賓禮는 국가 간의 외교적 의례와 국내의 중앙과 지방 간의 의례로 구성되며 역시 국왕을 최고의 정치적 구심으로 자리매김했다. 군례軍禮는 군대통수권을 갖는 군주가 절대적 책임과 권위를 가질 수 있도록 의식 절차를 마련한 것이었다. 흉례凶禮는 질병과 사망, 주변국가의 상喪, 여러 신하들의 상, 상복과 관련한 오복 제도, 대권의 계승 등이 포함되어 왕을 중심으로 슬픔을 위로하고 극복하고자 하는 내용이 담겨진 것이었다.

이처럼 고려왕조에서는 유교문화 및 사상을 수용하면서 국가의례를 갖추고자 노력했다. 이는 유교문화 및 사상을 통해 군주의 권위와 국가질서를 확립하고 이를 수식하려는 것이었다. 천지인에 대한 제사를 통해서 천명을 확인하고 신의 가호를 기원함으로써 왕실의 신성함

志卷第十三　　　高麗史五十九

禮一

夫人函天地陰陽之氣有喜怒哀樂之情於
是聖人制禮以立人紀節其驕滛防其暴乱
所以使民遷善遠罪而成美俗也高麗太祖
立國經始規模宏遠然因單創未遑議禮至
于成宗恢弘先業祀圓丘耕籍田建宗廟立
社稷㑹唐宗始立扃定禮儀然載籍無傳至毅
宗時平章事崔允儀撰詳定古今禮五十卷
然闕遺尚多自餘文籍幷經兵火十存一二
今據史編及詳定禮旁采周官六翼式目編
錄籓國禮儀等書分纂吉凶軍賓嘉五禮作
禮志

吉禮大祀
圜丘
圜丘壇周六丈三尺高五尺十有二陛三壝

《고려사》 예지 첫 장　고려시대에 이르러 국왕과 왕실을 중심으로 한 국가의례로서 오례五禮가 갖추어졌다. 그것은 각각 길례吉禮·흉례凶禮·빈례賓禮·가례嘉禮·군례軍禮로 이루어졌다. 의종 때 최윤의가 《상정고금례詳定古今禮》 50권을 정리하여 국가의례를 정비했고, 《고려사》 예지에는 유교적 의례만이 아니라 고려에서 행한 전통신앙 및 도교, 불교적 의례 등이 기록되었다. 예컨대 길례에서는 고려에서 행한 산천신 제사 및 도교적 초제 등을 잡사雜祀로 정리했을 뿐만 아니라 가례에서는 상원연등의와 중동팔관의를 가례잡의嘉禮雜儀로 실었다. 그만큼 고려시대에는 국가 및 왕실 차원에서 다양한 요소들이 국가 운영을 위한 의례 장치로 수용되었음을 알 수 있다.

과 왕조정치의 정당성을 얻고자 함과 동시에 의례를 통해 신민의 조화와 화합을 꾀한 것이기도 했다. 또한 의례를 통해 각각의 신분층이 갖는 명분과 각각이 지키고 행해야 할 행위에 대해 규정함으로써 예치에 맞는 신분제 사회를 지향할 수 있었던 것이다.

시대 전환과 유학의 성격 변화

국제질서의 변화와 시각

유교사상의 기본 축의 하나는 중화주의적 화이론華夷論이다. 이는 한족을 중심으로 설명되는 것이었다. 그러나 몽골의 등장과 함께 국제관계를 설정하는 논리의 수정이 가해졌다. 원은 한족이 아닌 몽골에 의해 세워졌기 때문이다.

왕조의 계승과 국제질서를 해석하는 데 있어서는 정통과 명분이 중요시된다. 그러나 한편으로 현실의 형세가 이러한 정통과 명분을 지배했을 때는 이해가 달라질 수 있었다. 이 같은 관점에서 종족 중심의 문화적 화이론에 대해서는 이미 원 내부에서 조정이 이루어졌다. 문화론적 관점에서 볼 때 한족이 오랑캐의 예를 받아들이면 곧 오랑캐가 되고 오랑캐가 중국에 들어오면 곧 중국이 된다는 논리다. 이는 한편으로 이족의 중국화라는 논리로도 설명되지만 당시의 형세를 중심으로 원에게도 정통성이 있다는 방향 설정이 된다. 이것이 원의 형세론적 화이관이었다.

한편 칭기즈 칸의 손자 쿠빌라이 칸은 오랜 전쟁기를 거치면서 남송을 멸망시켰다. 고려 역시 몽골과의 오랜 전쟁을 겪으면서 국토가 유린된 반면 무신 정권은 종말을 고했다. 고려 왕실은 원의 간섭을 받고 원 황실의 부마국이 되는 대신 고려의 지배권을 보장받았다. 원의 간섭 속에서 고려의 왕들은 자주적 개혁을 시도하는 데 한계가 있었다. 이러한 고려와 원의 관계는 고려사회를 크게 변화시켰다. 왕실의 호칭이나 왕실혼의 방식이 바뀌고 관제 역시 크게 변했다.

이러한 변화에 대해 유교지식인들은 크게 항거하지 않았다. 무신정권기의 수탈과 왕권의 허약성, 몽골의 막강한 군사력과 전쟁으로 인한 황폐화 등으로 지배층 중심의 대몽전쟁에 점차 동의하지 않는 민심의 한 면을 읽었기 때문이다. 더구나 원 세조는 고려에 대해 부마국으로 받아들이면서 '풍속을 바꾸지 않는다'는 원칙을 제시했다. 유교지식인들은 이러한 현실을 긍정하면서 새로운 강대국인 원 제국을 동경했다. 이들은 형세론적 화이관을 받아들인 것이다.

이에 대해서는 역사적 배경에 대한 이해가 필요하다. 고려의 건국을 전후하여 중국 대륙은 당나라 이후 약 70여 년간 5대 10국의 시대를 겪었고 이를 송나라가 통일했다. 그러나 송나라도 거란이 세운 요나라와 여진이 세운 금나라와 충돌하면서 남송으로 밀려났으며, 결국 몽골에 의해 망했다. 이러한 국제질서의 변화 속에서 고려는 필요에 의한 국제외교를 맺었으며 정통과 명분에 입각한 종족적 중화주의나 화이론은 고려에서 굳이 받아들일 이유가 없었다. 더구나 태조나 최승로가 이미 고려 초에 밝힌 바처럼 고려는 중국의 선진문화를 동경했을지언정 고려 자신의 문화를 소중히 했기 때문에 비교적 쉽게 형세론적 화이관을 수용할 수 있었다.

송대의 성리학은 천명과 성리에 따른 명분과 정통을 매우 중요시했다. 특히 송대 성리학은 한족 중심의 정통론과 명분에 입각한 화이론을 갖고 있다. 이러한 송대 성리학의 특징은 원 간섭기의 고려사회에서 수면 위로 부각되지 않았다. 원의 쇠망 이후 새로이 등장한 명나라와 관련하여 새롭게 이를 조명하고자 하는 경향이 성리학의 심화와 함께 등장했고 고려 말 유교지식인들은 명과의 국제관계를 설정하는 데 있어 형세론적 화이관이 아닌 중화주의적 화이론을 수용하고자 했다.

이러한 입장은 홍건적과 왜구 문제가 일단락지어진 후 우왕 대 요동정벌론이 일어났을 때 정벌불가론을 지지하는 밑바탕이 되었다. 즉 요동정벌론의 명분을 약화시키면서 이후 사대교린적 외교적 입장을 취하는 논거가 되었다. 따라서 국제질서와 그 변화를 바라보는 고려의 유교지식인들의 시각은 매우 현실긍정적, 현실주의적 성격이었다고 볼 수 있다.

성리학의 수용과 불교 비판

사실 원 간섭기 왕도 정치를 바탕으로 한 유교사상은 왕실이나 신료들에게 있어 크게 논란이 되지 않았다. 이미 무신정권기를 거치면서 왕권은 그 신성성이 약화되었고 왕의 역할 범위는 매우 축소되었다. 이러한 왕실에 대해 왕도를 행해야 한다는 것은 공허한 외침에 불과했다. 최씨 무인 정권은 이를 적극 조장하면서 정방을 두어 관료의 등용에 전권을 발휘했고, 등용된 이들은 경세經世보다도 문장과 행정에 밝았다.

이는 원 간섭기에 들어가서도 크게 변하지 않았다. 다만 관료의 구성에서 특징적인 것은 역관 출신의 진출이 두드러져 이들이 권문세가를 형성하기도 했다는 점이다. 한편으로는 몽골의 황실 및 지배 귀족과 혼인 관계를 맺어 이를 배경으로 권력을 장악하거나, 원 공주의 측근 세력으로서 혹은 왕의 근시를 자처하면서 정치권력을 농단하는 경향이 많아지기도 했다. 이른바 친원·부원 세력의 등장이었다. 지배층의 이러한 성격은 과거시험에도 반영되었다. 대표적 사례가 1385년(우왕 11) 3월 국자시國子試에서였는데 당시 합격한 자들이 세가의 젖내 나는 아이들이었고 이때 급제한 자들에 대해서는 '분홍방粉紅榜' 이라 풍자했던 것이다.

이러한 시대적 흐름 속에서도 안향의 활동 및 충선왕의 연경 만권당 운영을 통해 원의 성리학이 수용되었다. 이제현이나 이색 등 유교 지식인들은 문장보다도 수신과 경세를 중요하게 여기기 시작했고, 그들이 과거의 좌주座主로 있으면서 영향을 끼치기 시작하자 그 저변이 넓어졌다. 그러나 수용 초기 충렬왕 대 안향이 회암, 즉 주자의 진영을 걸고 경모했다는 데서 보듯이 우상에 대한 예불의 태도를 보인다. 즉 초기에는 학문적 호기심과 주자에 대한 경모 차원에서 성리학을 받아들였다는 것을 알 수 있다. 하지만 원의 과거 과목이 사서오경이 되고 주자주朱子註의 경전을 텍스트로 사용하면서 원뿐만 아니라 고려의 유교지식인들은 더욱 주자성리학을 중히 여기게 되었다. 이와 함께 고려에서도 1344년(충목왕 1) 8월에 시험과목으로 초장에 육경의六經義와 사서의四書疑가 들어갔으며 이때부터 공식적으로 주자성리

이제현 충선왕이 진감여陳鑑如라는 원나라 화가로 하여금 그리게 한 것으로 전한다. 그림 속의 이제현은 30대였는데, 그림을 그린 지 31년 만에 이를 다시 보게 되어 감회에 젖었다 한다. 이제현은 안향 등과 함께 고려의 유학을 정리하면서 원의 성리학 수용 및 후학 양성에 큰 역할을 했다.

안향 1318년(충숙왕 5) 2월에 그린 안향의 초상화로 1319년(충숙왕 6) 문묘에 봉사할 때 모사한 본을 소수서원에 봉안했다가 조선 후기에 다시 모사한 것으로 알려져 있다. 안향은 고려 후기 섬학전을 설치하고 박사 김문정에게 공자 및 그 제자의 초상화를 그려오게 했으며 육경과 제자서, 사서 등을 구입해 오도록 하여 유학 진흥에 힘썼다. 또한 주자의 초상화를 걸어두고 사모하여 호를 회헌晦軒이라 했다. 그의 노력으로 주자의 저술 등이 고려에 보급된 것으로 알려져 있다.

학에 대한 폭넓고 심도 있는 공부가 시작되었음을 알 수 있다.

예컨대 1330년(충숙왕 17) 12월에는 《소학小學》에 통달할 것을 요구한 바 있으며, 이곡李穀은 《소학》의 배움에 힘쓸 것을 말하여 그 공부의 중요성은 이색에게까지 이어졌다. 《소학》은 《대학》과 달리 아동 및 초학자들이 일상생활을 하면서 지켜야 하는 예의범절과 붕우, 장유의 도리에 대해 서술한 것으로 유교적 윤리관을 담은 수신修身의 책이었다. 따라서 《소학》의 공부는 고려의 사회문화 풍속을 변화시킬 수 있는 요소가 있었다.

이제현은 충목왕 대의 일이기는 하지만 군주의 경신敬愼과 수덕의 요체가 향학嚮學에 있다 하면서 《논어》·《대학》·《맹자》·《중용》을 강경하고, 이 4서의 공부를 통해 격물치지格物致知와 성의정심誠意正心의 도를 익힌 후 6경에 대한 공부를 지속할 것을 언급한 바 있다.

4서의 공부에 대해 주자는 각각의 독법讀法을 제시한 바 있다. 예컨대 《중용집주中庸集註》의 독중용법讀中庸法에서, "독서의 순서는 모름지기 우선 힘을 붙여 《대학》을 보고, 또 힘을 붙여 《논어》를 보고, 또 힘을 붙여 《맹자》를 보는데, 이 세 책을 보고 나면 《중용》은 반절을 모두 마치게 된다"라고 하여 《대학》·《논어》·《맹자》·《중용》으로 이어지는 독서를 말했다. 특히 《대학》에 대해 "《대학》은 학문을 하는 강목綱目이니 먼저 《대학》을 읽어 강령을 세우면 다른 책은 모두 잡설雜說하여 이 속에 들어 있다. 《대학》을 통달하고 다른 경서를 보아야 바야흐로 이것이 격물치지格物致知의 일이며 이것이 성의정심誠意正心의 일이며 이것이 수신修身의 일이며, 이것이 제가치국평천하齊家治國平天下의 일임을 보게 된다"라 하여 그 공부를 강조했다. 이러한 수학 방법론은 주

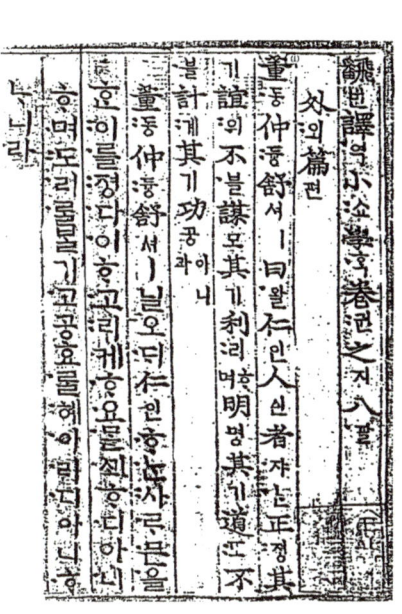 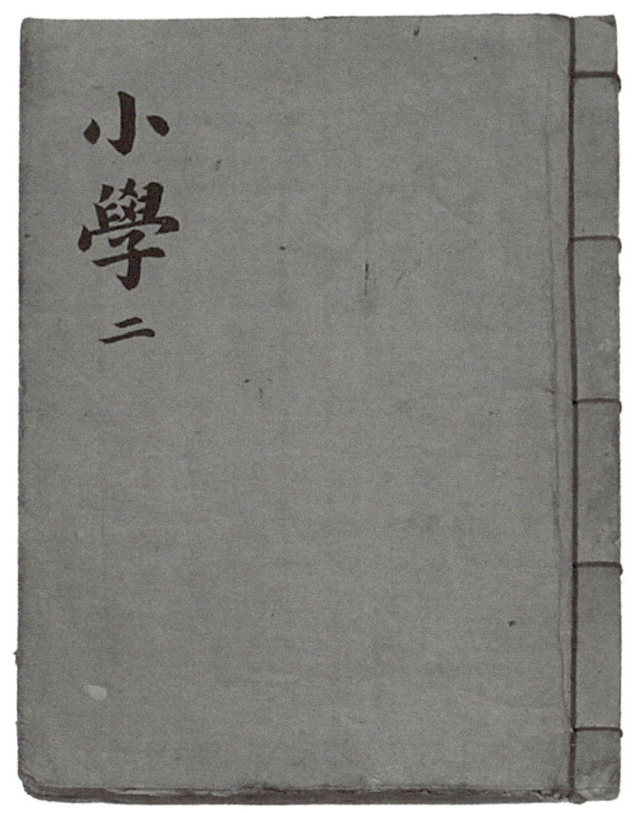

《소학》과 조선 중종 대 한글로 번역한 내용 《소학》은 《대학》에 대칭하여 쓴 것으로 아동 및 초학자의 입문 수신서였다. 내용은 크게 내편과 외편으로 구성되었는데, 내편은 입교立敎·명륜明倫·경신敬身·계고稽古로 외편은 가언嘉言·선행善行으로 되어 있었다. 고려시대에 간행 이용된 《소학》은 전하지 않으나 이미 1330년(충숙왕 17) 12월 과거 응시 자격으로 율시 100수를 외우고 《소학》과 《오성자운五聲字韻》에 통할 것이 요구됨으로써 유가의 중요 입문 경전으로 자리잡기 시작했다.

《효경》 《효경》은 본래 공자와 그 제자 증자가 묻고 답한 내용 중 효와 관련한 내용을 정리한 책으로 유교의 기본 경전인 13경의 하나다. 《효경》은 신라 독서삼품과의 시험과목으로 지정되었으며, 고려시대에 들어와서는 통치의 근간으로서 효의 중요성이 인식되자 유교 입문서인 《논어》와 함께 윤리서로서 아동과 민간에 널리 보급되어 읽혀졌다.

〈여효경도〉(부분) 《여효경》은 당나라시대 사람인 후막진막侯莫陳邈의 처 정씨鄭氏가 편찬한 것으로 여성 교육을 위한 교재였다. 이 그림은 송대의 어느 화가가 《여효경》의 내용을 바탕으로 그린 것이다. 여효경도로 불리는데 타이완 고궁박물원에 소장되어 있다. 비록 송나라의 그림이기는 하지만 고려에서도 《효경》이 많이 읽혀졌음을 고려할 때 효윤리 교육의 확산을 짐작할 수 있다.

자 성리학에 심취해 있던 사림들이 많이 따랐던 것이고 이제현의 독서법도 이 같은 흐름 속에서 그 강학을 강조하고 있었던 것이다.

앞서 《소학》의 수용이 일상생활의 변화를 가져올 수 있다 했는데, 이와 함께 《주자가례》의 수용도 주목할 면이다. 《고려사》의 기록을 보면, 부모 3년상이나 가묘家廟 설립, 조상 제사와 관련하여 《주자가례》가 쓰이고 있다. 우왕 대의 정습인鄭習仁은 부모상에 대해 3년 여묘를 하면서 그 상사를 《주자가례》에 근거하여 다스렸다 했고, 정몽주鄭夢周는 《주자가례》에 의거, 가묘를 세워 제사를 받들 것을 권장했다. 조준趙浚 역시 《주자가례》에 따라 "대부大夫 이상은 3세를 제사하고 6품 이상은 2세를 제사하고 7품 이하 서인庶人에 이르기까지는 다만 그 부모만 제사하되 깨끗한 방[室] 1칸을 택하여 각각 한 감실[龕]을 만들어 그 신주神主를 갈마 두고 서쪽을 상上으로 삼아 초하루와 보름에 반드시 잔을 올리고 출입 시에는 반드시 알리며 새 곡식을 먹을 때에는 반드시 천신薦神하고 기일忌日에는 반드시 제사할 것입니다"라 했다.

이처럼 고려 말의 유학은 성리학을 위주로, 거경궁리居敬窮理●와 정심성의正心誠意●의 수신이 강조되고 이를 바탕으로 정치윤리와 치도를 이루는 공부가 강조되었다. 그것이 사서육경의 공부였다. 한편 이를 생활에서도 실천하는 《소학》과 《주자가례》의 수용으로 이어져 사회 변화를 가져오고 있었다.

성리학이 수용되면서 불교적 사회윤리와 사회풍조는 비판되었다. 유교지식인들이 효를 바탕으로 한 가족윤리와 도덕, 의리를 바탕으로 한 충, 경세를 위한 현실 참여라는 점에서 볼 때 불교는 오히려 이를 해칠 뿐 이익됨이 없는 것이라고 비판했던 것이다. 이는 이른바 '배불排佛·척불斥佛'로까지 이어졌다.

이상에서 정리한 바처럼 성리학의 수용 배경은 원에서의 주자성리학과 과거제에서의 텍스트화에 따른 고려 지식인층의 관심, 역관 출신 및 부원 집권 세력에 대한 반감 그리고 학문적 수양론과 실천 노력, 승려의 일탈과 사원 남설 등에 따른 불교 비판 등에 의한 것이었다. 문화적으로 본다면 원의 문화 및 불교의 사회적 역할 비판 등에 따른 금욕적 인간형의 추구 경향, 부원 세력 및 왕의 측근 세력 등에 의해 호도된 고려 말의 사회에 대한 개혁이라는 적극적 경세의식의 표출과 새로운 사회주도계층으로서 신흥사대부의 등장 등이었다. 그

거경궁리
경으로써 마음을 다스리고 반성하며 천지만물의 이치를 깊이 연구함.

정심성의
마음을 바르게 하고 뜻을 성실히 하는 것.

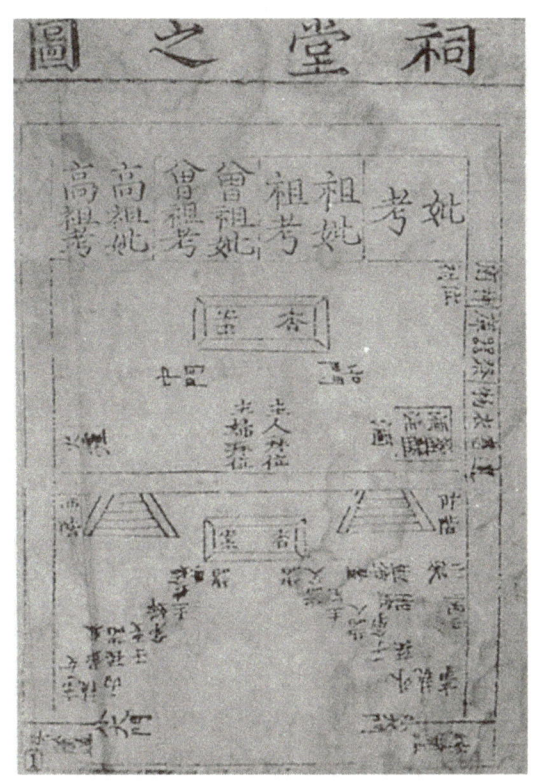

《주자가례》에 실린 사당도 《주자가례》는 본래 주희가 사회질서의 근간인 예禮가 형식적으로 드러나는 관혼상제 의례에 대해 규범을 제정하고 이에 대한 실천을 설명한 책이다. 고려 말기 성리학과 함께 전래되어 지배층 사회에서 그 실천이 서서히 논의됨으로써 관혼상제의 풍속은 바뀌게 되었다.

렇기 때문에 고려 후기에서 말기에 거쳐 형성된 성리학은 거경궁리와 정심성의의 수신과 효와 충의 도덕적 실천, 그리고 《주자가례》에서 서술한 통과의례의 시행, 정치·경제·사회·종교 등 많은 면에 있어서의 현실 개혁을 위한 적극적 경세, 즉 치인이자 치국이라는 성격을 가지게 되었다.

성학 군주의 강조와 천명사상의 재해석

앞서 고려 왕실은 천명을 받았으며, 천견에 응해 왕실의 신성성과 성인군주의 역할을 자신할 수 있었다고 언급했다. 고려 말 천명 사상이 다시금 등장하게 된 것은 원의 쇠퇴와 공민왕의 반원개혁의 분위기에 의해서였다. 1352년(공민왕 1) 2월 경내를 선유하면서 즉위교서로 사면과 개혁 정책을 발표하고 월령의 준수를 밝히기도 했다. 개혁은 1356년(공민왕 5) 5월 정유에 기철 일파의 제거와 정동행성이문소의 혁파 등을 통해 본격화되었다. 같은 해 6월 원의 지정至正 연호 정지로 상징되는 반원개혁교서의 반포 등은 이를 말해 준다. 1359년(공민왕 8)의 기근에 이어 이듬해에도 가뭄과 기근, 홍수, 천문의 어지러움 현상이 있자 1361년(공민왕 10) 2월에 구언의 교를 내리면서 군주 자신이 하늘을 두려워하고 애민하며 조훈祖訓을 법 받고자 노력한다고 했다. 천명에 응하는 데는 지성至誠으로, 애민하는 데는 실혜實惠가 있어야 한다는 이 구언교의 내용은 원 간섭기 이전 고려 왕실의 책기 수덕과 실實에 해당하는 태조 유훈 및 문종의 정치를 본받겠다는 것이라 할 수 있다.

그러나 1374년(우왕 즉위) 10월에 천둥우박, 안개가 심하고 공민왕의 현릉 장례 때 무지개가 해를 둘러싸고 해 곁에 또 크고 작은 해가 두 개 있었다고 하는 점이나 11월에 태묘 섭행 때 큰 비와 뇌진, 지진이 생기고 올빼미가 대실에 들어와 울었다는 기사는 우왕이 공민왕과의 혈연적인 면에서 정통성이 없으며 따라서 우왕에게는 천명이 닿지 않았다는 것으로 해석될 수 있었다. 반면 재이가 잇따른 뒤 1391년(공양왕 3) 4월 구언교에 나타난 군주 자신의 책기 8사●는 천명과 정통성

책기 8사
① 덕이 닦이지 않아서 상제의 마음에 부합되지 못하는가. ② 정령이 잘못되어 여러 사람의 기대에 부합되지 못하는가. ③ 형벌과 상을 주는 방법이 정도에 어긋났는가. ④ 사람을 임용함에 혹시 사사로운 정에 따랐는가. ⑤ 아랫사람의 사정이 위에 통하지 않고 원통하고 억울한 일이 풀리지 못한 것이 있는가. ⑥ 민폐가 제거되지 않고 재용이 낭비되는 것이 있는가. ⑦ 뛰어난 재주를 가진 인재로 천거되지 않은 사람이 누구인가. ⑧ 참소하고 아첨하는 무리로 물러가지 않은 자는 누구인가.

길흉축월횡간 고려목판 경북 성주군 심원사에 소장된 것으로 본래는 1219년(고종 6) 6월에 부석사에서 판각한 것이다. 여러 가지 일을 행할 때 날짜 별로 정해진 길흉이 있음을 고려하여 월별로 길일과 흉일을 나누어 횡으로 볼 수 있도록 기록한 것이다. 이는 고려시대 시간질서가 국가에 의해서는 책력 제작 반포를 통해 일원화되었지만 월별로 행해야 하는 일에 대해서는 월령으로, 그리고 각 사원 등에서는 이같은 길흉축월횡간을 제작하여 운영했음을 알려 준다(보물 제1647호).

의 회복을 상징적으로 보여 주는 것이었다.

천인감응론적 재이 및 천명관에 따라 공양왕의 재위는 합리화된 면이 있었으나 잇따른 재이와 그에 대한 해석 및 소재 노력 등은 오히려 천명의 이해를 달리하는 소지를 남겼다. 연이은 천견에 대한 군주의 부덕 책망과 수덕을 위한 노력의 부족이 천명의 변화를 가져올 수 있다는 천인감응론의 본질 때문이었다.

1391년(공양왕 3) 5월 이조판서 정총이《맹자》및 동중서의 말을 인용하여 인군을 바르게 해야 할 것을 주장한 것이나, 권근이《서경》을 인용하여 '다스림과 더불어 도道를 같이하면 흥하지 않음이 없고 어지러움과 더불어 일을 같이하면 망하지 않음이 없다' 면서 공양왕을

공민왕 부부 초상화 공민왕은 고려말 원명교체기 속에서 반원자주개혁을 이끈 군주였다. 그의 즉위는 원 황실로부터 인정받으면서 시작되었으나 오히려 공민왕은 부원 세력을 척결하면서 태조와 문종의 구제舊制 회복을 목표로 삼아 개혁을 전개했다. 더욱이 많은 신진 세력을 과거를 통해 선발하면서 성리학의 확산에 기여했으나 이들을 적극 활용하지 못하고 측근정치의 한계를 벗어나지 못한 채 결국 시해되고 말았다.

경계한 것, 이첨이 9잠*으로써 경계 삼고자 한 것 등은 이를 의식하는 속에서 나온 것이었다. 특히 허문에 해당하는 공양왕의 불교적 소재 노력은 강력한 비판을 받았으며 사서육경 및 《정관정요》 등을 통한 성학聖學 공부의 강조와 태조 유훈 및 요순의 정치를 행할 것 등이 강조되었다.

이는 결국 고려 왕실이 더는 천명을 받는 주체가 아니라는 혁명의 논리로 발전했다. 배극렴이 공양왕의 폐위를 청하면서 '금왕은 혼암하여 군도를 잃고 인심이 이미 떠났다'고 한 것이나 태조 이성계가 천의에 순응하여 혁명을 일으켰다고 한 인식은 이를 잘 보여 준다.

이처럼 고려 말 성리학의 수용은 정통성에 기반한 명분의 계승과 군주의 수양을 통한 성학을 더욱 강조하는 면이 있었다. 하지만 고려사의 기록으로만 볼 때 고려 전기에 비해 고려 말에는 더욱 극심한 천변재이가 발생했다. 이는 군주의 왕도적 책기수덕 부족, 더 나아가 혈통에 기반한 정통성 문제를 가지고 우왕 및 창왕을 결부시켜 고려 왕실에 대한 책임을 묻는 계기가 되었다. 천天이 군주에 대해 천견을 통한 경고로 재이를 내렸음에도 군주가 반성하지 않는다고 본 것이다. 이는 민심이자 천심이 그 군주를 떠나 새로운 유덕자有德者를 찾게 되었다는 인식으로 이어졌다. 고려의 개창을 합리화하는 데 그 이념적 기반이 된 천명사상은 고려 왕실의 멸망과 새로운 왕조의 탄생이라는 과제를 푸는 키워드가 되었다. 이를 명분으로 유자儒者들은 결국 혁명적 천명관, 즉 역성혁명론을 지지하게 된다.

9잠
양덕養德, 여사慮事, 개과改過, 돈본敦本, 겸기謙己, 시인施仁, 비류比類, 명정明政, 보업保業.

대한제국기 환구단 황궁우: 고려에서는 원구圜丘라 했는데, 983년(성종 2)에 풍년을 기원하기 위한 목적으로 이곳에서 하늘에 대한 제사의례를 지냈다. 국가의례 중 가장 성대 엄숙한 길례吉禮 행사로 상제上帝의 신좌와 함께 배위配位로 태조를 모셨는데 가뭄 때 비를 빌기도 했다. 의례가 끝난 후에는 신하와 백성들에게 물품을 차등있게 나눠주는 행사를 베풀었다.

고려시대 유교 사상에 나타난 특징

9세기 말에서 10세기 중반까지는 새로운 전환의 시대였다. 이러한 시기는 시대적 요구를 담을 수 있는 정치이념과 그 주체 세력이 등장하는 계기가 되었다. 시대전환의 논리와 필연성을 합리적으로 설명하면서도 새롭게 등장하는 지배층의 통치를 정당화할 수 있는 시대사상으로 주목받은 것이 유교사상이었다. 불교 중심 혹은 왕실 및 골품제 중심의 지배체제가 고대적 성격을 띠는 것이었다면 적어도 이 시기의 유교사상은 개혁논리이자 중세적 합리주의를 상징했다.

유교사상 속에서 가장 혁명적 논리를 담고 있는 것이 천인감응론과 천명사상이었다. 하늘이 자신을 대신하여 천하를 다스릴 수 있는 군주를 찾고 그에게 통치의 권리를 준다는 것이다. 그러나 이러한 신성한 통치권을 받은 군주가 그 역할을 제대로 하지 못한다면 일차적으로 하늘은 그에게 가뭄이나 성변 등과 같은 재이를 내려 꾸짖고 그래도 반성하지 못한다면 그를 방벌하게 되며, 그 통치권은 덕망이 있는 자에게로 옮겨가게 된다는 이론이다. 이는 왕조의 전환이 있을 때 새로운 왕조의 탄생을 합리화·정당화하는 사상이었다. 이른바 역성혁명이 여기에 해당된다.

고려왕조는 바로 천명의 수명과 유교적 지식인층의 등용, 민본 혹은 위민정치를 표방하면서 군주 및 신료의 수신을 통한 합리적 도덕적 지배구조를 만들었다. 이는 결국 왕실 중심의 고대적 지배구조에서 왕과 신료, 그리고 백성이 유기적으로 연결되면서 각자의 책임, 즉 명命을 다해야 한다는 유교의 왕도 정치사상으로 연결되게 된다. 이처럼 고려의 건국 전후 채택된 유교사상은 중세적 정치사상으로서 천명과 민본, 위민, 군주 및 신료의 수신을 통해 새로운 지배구조를 합리화하는 데 결정적 역할을 했다.

한편 고려왕조의 건국 이후 지배체제를 확고히 하고 교화와 권농을 통한 사회 안정 등을 꾀하는 데 있어 무엇이 필요한지가 검토되었다. 중세사회의 운영 원리이자 정치사상에 대한 이해가 추구된 것이다. 그것은 합리적, 도덕적, 그리고 명분을 바탕으로 한 신분적 유교사상의 원리였다.

고려왕조는 '해동천자海東天子' 또는 '신성황제神聖皇帝'라는 표현 속에서 나타나듯, 천자가 다스리는 나라로 자임하면서 이상적 정치 형태를 구상했다. 요순의 정치가 행해지고 태조와 문종의 정치와 제도가 시행됨으로써 군신의 조화가 이루어지는 사회를 꿈꾸었다. 또한 군주를 중심으로 한 왕도 정치와 신민과의 화합과 조화는 천지에 있는 음양오행의 기운 가운데 화기和氣를 불러일으키고 그것이 하늘에 닿아 기운이 조화로워져 농상農桑에 풍년이 들게 된다는 인식이 있었다. 천자는 천문을 헤아려 시간을 계산하고 여기에 천하를 다스리는 정령으로서 월령을 반포하며, 동시에 군주와 신하 등 치자층治者層이 수덕하고 조화하면 그것이 곧 이상사회를 이룩하는 길이라고 보았다.

이와 같이 태조와 문종은 고려의 성군으로 추앙받았다. 문종 이후의 역대 왕들은 신하들로부터 태조의 유훈과 문종의 구제, 즉 정치를 본받아야 한다는 정치적 충고를 받았고, 그 정치를 모범으로 삼았다.

이들 군주가 불교 및 다른 이념과 신앙체계를 유교와 함께 동시에 수용하고 적용한 것 역시 유불병존의 차원을 넘어서는 '고려적 정치의 틀 마련하기'라 할 수 있다. 따라서 고려왕조에서 두 군주의 정치를 이상적 정치로 설정한 것은 중국의 요순 정치만이 아닌 유교적 왕도정치에 기반한 고려적 이상정치의 실현 노력의 결과물이라 할 수 있을 것이다.

-한정수

참고문헌

● 가족, 친족 그리고 신분

《고려사》

《고려사절요》

《가정집稼亭集》

《동국이상국집東國李相國集》

《경국대전》

《주자가례》

권영국, 〈신분구조와 직역〉, 《한국역사입문》 2, 1995.

김광수, 〈중간계층〉, 《한국사》 5, 국사편찬위원회, 1975.

김기덕, 《고려시대 봉작제 연구》, 청년사, 1998.

김동수, 〈고려의 양반공음전시법의 해석에 대한 재론〉, 《전남대논문집》 26, 1981.

김두헌, 《한국가족제도연구》, 서울대학교출판부, 1969.

김용선, 〈고려 귀족사회 성립론〉, 주보돈 외, 《한국사회발전사론》, 일조각, 1992.

_____, 〈고려 문벌의 구성 요건과 가계〉, 《고려 금석문 연구》, 일조각, 2004.

_____, 《역주 고려묘지명집성》 상·하, 한림대학교출판부, 2012.

김의규 엮음, 《고려사회의 귀족제설과 관료제론》, 지식산업사, 1985.

노명호, 〈고려시대 호적 기재양식의 성립과 그 사회적 의미〉, 《진단학보》 79, 1995.

_____, 〈고려시의 승음혈족과 귀족층의 음서기회〉, 《김철준박사화갑기념사학논총》, 1983.

_____, 〈고려의 오복친과 친족관계 법제〉, 《한국사연구》 33, 1981.

_____, 〈고려후기의 족당세력〉, 《이재룡박사환력기념한국사학논총》, 1990.

_____, 〈이자겸일파와 한안인일파의 족당세력〉, 《한국사론》 17, 1987.

노명호, 《한국고대중세고문서연구》 상·하, 서울대학교출판부, 2000.
박병호, 우리나라 솔서혼속에 유래된 친족과 금혼범위-모족·처족을 중심으로〉, 《법학》 4-2, 1962.
박용운, 《고려시대 상서성 연구》, 경인문화사, 2000.
____, 《고려시대 중추원 연구》, 고려대학교민족문화연구원, 2001.
박재우, 〈고려전기 6부 판사의 운영과 권력관계〉, 《사학연구》 87, 2006.
____, 〈고려전기 재추宰樞의 출신과 국정회의에서의 위상〉, 《동방학지》 172, 2015.
____, 《고려 국정운영의 체계와 왕권》, 신구문화사, 2005.
박종기, 《고려시대 부곡제 연구》, 서울대학교출판부, 1990.
박창희, 〈고려의 양반공음전시법의 해석에 대한 재검토〉, 《한국문화연구원논총》 22, 1973.
박한제, 〈위진남북조시대 귀족제 연구에 대하여〉, 《한국학논총》 5, 1983.
변태섭, 〈고려 귀족사회의 역사성〉, 《독서신문》, 1972.
____, 〈고려의 정치체제와 권력구조〉, 《한국학보》 4, 1976.
____, 〈고려의 중추원〉, 《진단학보》 41, 1976.
____, 《고려정치제도사연구》, 일조각, 1971.
유승원, 《조선초기신분제연구》, 을유문화사, 1987.
이기백, 《고려귀족사회의 형성》, 일조각, 1997.
이정훈, 《고려전기 정치제도 연구》, 혜안, 2007.
이종서, 〈고려 팔조호구식의 성립 시기와 성립 원인〉, 《한국중세사연구》 25, 2008.
____, 〈고려 후기 얼자孼子의 지위 향상과 그 역사적 배경〉, 《역사와현실》 97, 2015.
____, 〈조선 전기와 후기의 혈연의식 비교: '族' 관련 용어와 권리의무관계를 중심으로〉, 《한국문화》 58, 2012.
____, 《고려·조선의 친족용어와 혈연의식》, 신구문화사, 2009.
주웅영, 〈고려조 신분제 연구의 성과와 과제〉, 《역사교육론집》 10, 1987.
채웅석, 〈고려 '중간계층'의 존재양태〉, 연세대학교 국학연구원 엮음, 《고려-조선전기 중인연구》, 신서원, 2001.

_____, 〈고려 문종대 관료의 사회적 위상과 정치운영〉, 《역사와 현실》 27, 1998.

_____, 〈고려시대 향촌지배질서와 신분제〉, 《한국사》 6, 한길사, 1995.

_____, 〈고려중기 외척의 위상과 정치적 역할〉, 《한국중세사연구》 38, 2014.

최재석, 《한국가족제도사연구》, 일지사, 1983.

한국역사연구회, 《역주 나말여초금석문》, 혜안, 1996.

허흥식, 〈고려시대의 신분구조〉, 《고려사회사연구》, 아세아문화사, 1981.

_____, 《한국금석전문》, 아세아문화사, 1984.

● 토지 소유와 중세적 토지 지배 관계

《경국대전經國大典》

《고려사高麗史》

《고려사절요高麗史節要》

《대동야승大東野乘》

《동문선東文選》

《삼국사기三國史記》

《삼국유사三國遺事》

《용재총화慵齋叢話》

《조선왕조실록朝鮮王朝實錄》

이곡李穀, 《가정집稼亭集》

이규보李奎報, 《동국이상국집東國李相國集》

이색李穡, 《목은집牧隱藁》

이승휴李承休, 《동안거사집動安居士集》

임춘林椿, 《서하집西河集》

정도전鄭道傳, 《삼봉집三峯集》

중추원中樞院 엮음, 《조선금석총람朝鮮金石總覽 상》, 1919.

강진철, 《고려토지제도사연구》, 고려대학교출판부, 1980.

_____, 《한국중세 토지소유연구》, 일조각, 1989.

국사편찬위원회, 《한국사 14》, 탐구당, 1993.
권영국 외, 《역주《고려사》식화지》, 한국정신문화연구원, 1996.
김용섭, 《한국중세농업사연구》, 지식산업사, 2000.
박경안, 《고려후기 토지제도연구》, 혜안, 1996.
박용운 외, 《증보판 고려시대사의 길잡이》, 일지사, 2007.
박용운, 《고려시대사(수정·증보판)》, 일지사, 2008.
박종진, 《고려시기 재정운영과 조세제도》, 서울대학교출판부, 2000.
안병우, 《고려전기의 재정구조》, 서울대학교출판부, 2002.
위은숙, 《고려후기 농업경제연구》, 혜안, 1998.
윤한택, 《고려 전기 사전 연구》, 고려대학교 민족문화연구소, 1995.
이경식, 《고려전기의 전시과》, 서울대학교 출판부, 2007.
_____, 《조선전기토지제도연구》, 일조각, 1986.
이우성, 《한국중세사회연구》, 일조각, 1991.
이태진, 《한국사회사연구》, 지식산업사, 1986.
허흥식 엮음, 《한국금석전문 중세 상》, 아세아문화사, 1984.

● 불교사상과 교단

《고려사》

《고려사절요》

《나옹화상어록》

《대각국사문집》

《동문선》

《동인지문사륙》

《조선금석총람》 상

《태고화상어록》

강호선, 〈원간섭기 천태종단의 변화─충렬·충선왕대 묘련사계를 중심으로〉, 《보조사상》 16, 2001.

_____,《고려말 나옹혜근 연구》, 서울대학교 박사학위논문, 2011.

_____,〈고려말 선승의 입원유력과 원 청규의 수용〉,《한국사상사학》 40, 2012.

국립중앙박물관,《발원, 간절한 바람을 담다》, 국립중앙박물관, 2015.

국사편찬위원회 엮음,《한국사 21》 국사편찬위원회, 1996.

_____,《신앙과 사상으로 본 불교 전통의 흐름》, 두산동아, 2007.

김광식,《고려무인정권과 불교계》, 민족사, 1995.

김두진,〈고려 광종대 법안종의 등장과 그 성격〉,《한국사학》 4, 1983.

김상영,〈고려 예종대 선종의 부흥과 불교계의 변화〉,《청계사학》 5, 1988.

김용선,《개정판 고려묘지명집성》, 한림대학교출판부, 1997.

남동신,〈나말여초 국왕과 불교의 관계〉,《역사와현실》 56, 2005.

_____,〈여말선초기 나옹 현창 운동〉,《한국사연구》 139, 2007.

_____,〈고려 전기 금석문과 법상종〉,《불교연구》 30, 2009.

노명호,《고려 태조 왕건의 동상》, 지식산업사, 2011.

노명호 외,《한국 고대 중세 고문서 연구》, 상·하, 서울대학교출판부, 2000.

박영제,〈원 간섭기 초기 불교계의 변화〉,《14세기 고려의 정치와 사회》, 민음사, 1994.

박용진,《의천 그의 생애와 사상》, 혜안, 2011.

박윤진,《고려시대 왕사·국사 연구》, 경인문화사, 2006.

안지원,《고려의 국가 불교의례와 문화》, 서울대학교출판부, 2005.

이병희,〈고려 무인집권기 수선사의 농장경영〉,《전농사론》 1, 1995.

인경,《몽산덕이와 고려 후기 선 사상 연구》, 불일출판사, 2000.

임혜경,〈의천의《신편제종교장총록》 편찬과 그 의의〉,《한국사론》 58, 2012.

장동익,〈혜심의 대선사고신에 대한 검토: 고려 승정체계의 이해를 중심으로〉,《한국사연구》 34, 1981.

_____,《원대려사자료집성》, 서울대학교출판부, 1997.

정병삼,〈9세기 신라 불교 결사〉,《한국학보》 22, 1996.

_____,〈고려대장경의 사상사적 의의〉,《불교학연구》 30, 2011.

정수아, 〈혜소국사 담진과 '정인수'—북송 선풍의 수용과 고려 중기 선종의 부흥을 중심으로〉, 《이기백 선생 고희 기념 한국 사학 논총》 상, 일조각, 1994.

조명제, 《고려후기 간화선 연구》, 혜안, 2004.

채상식, 《고려후기불교사연구》, 일조각, 1991.

최연식, 《균여 화엄사상연구: 교판론을 중심으로》, 서울대학교 박사학위논문, 1998.

_____, 〈사자산 선문의 성립과정에 대한 재검토〉, 《불교학연구》 21, 2008.

_____, 〈고려말 간화선 전통의 확립과정에 대한 검토〉, 《보조사상》 37, 2012.

최연식·강호선, 〈《몽산화상보설》에 나타난 몽산의 행적과 고려후기 불교계와의 관계〉, 《보조사상》 19, 2003.

최병헌, 〈고려시대 화엄학의 변천—균여파와 의천파의 대립을 중심으로〉, 《한국사연구》 30, 1980.

_____, 〈고려중기 현화사의 창건과 법상종의 융성〉, 《한우근 박사 정년기념 사학 논총》, 지식산업사, 1981.

_____, 〈고려중기 이자현의 선과 거사불교의 성격〉, 《김철준박사화갑기념사학논총》, 1983.

_____, 〈정혜결사의 취지와 창립과정〉, 《보조사상》 5·6합집, 1992.

_____, 〈혜심·수선사·최씨무인정권〉, 《보조사상》 7, 1993.

최병헌 외, 《한국불교사연구입문》 상·하, 지식산업사, 2013.

한국역사연구회, 《고려의 황도 개경》, 창작과비평사, 2002.

한기문, 《고려 사원의 구조와 기능》, 민족사, 1998.

허흥식, 《고려불교사연구》, 일조각, 1986.

_____, 《진정국사와 호산록》, 민족사, 1995.

● 중세 통치규범으로서의 유교정치사상

강은경, 〈고려시대 사전의 제정과 운용〉, 《한국사연구》 126, 2004.

고혜령, 《고려 후기 사대부와 성리학 수용》, 일조각, 2001.

권연웅, 〈고려시대의 경연〉, 《경북사학》 6, 1983.

김갑동, 〈김심언의 생애와 사상〉, 《사학연구》 48, 1994.
_____, 〈왕건의 '훈요십조' 재해석〉, 《역사비평》 60, 2002.
김기덕, 〈고려시대의 왕〉, 《역사비평》 54, 2001.
김병구, 《회헌사상연구―교학사상을 중심으로》, 학문사, 1983.
김병인, 〈고려 예종대 국학진흥의 추진세력과 배경〉, 《전남사학》 12, 1998.
김순자, 《한국 중세 한중관계사》, 혜안, 2007.
김영현, 〈고려시대의 오행사상에 관한 일고찰〉, 《충남사학》 2, 1987.
김인호, 〈무인집권기 유학과 문장론의 전개〉, 《한국중세사연구》 18, 2005.
_____, 《고려 후기 사대부의 경세론 연구》, 혜안, 1999.
김일환, 〈나말려초의 사회변동과 유교이념의 전개〉, 《유교사상연구》 10, 한국유교학회, 1998.
김주성, 〈신라말 고려초의 지방지식인〉, 《호남문화연구》 19, 전남대 호남문화연구소, 1990.
김철웅, 〈고려 국가제사의 체제와 그 특징〉, 《한국사연구》 118, 2002.
김철준, 〈최승로의 시무이십팔조〉, 《조명기화갑기념불교사학논총》, 1965.
김충열, 《한국유학사 1》, 예문서원, 1998.
김해영, 〈상정고금례와 고려조의 사전〉, 《국사관논총》 55, 국사편찬위원회, 1994.
노명호, 〈고려시대의 다원적 천하관과 해동천자〉, 《한국사연구》 105, 1999.
도현철, 〈원 간섭기 '사서집주' 이해와 성리학 수용〉, 《역사와 현실》 49, 2003.
_____, 〈원명교체기 고려 사대부의 소중화 의식〉, 《역사와 현실》 37, 2000.
_____, 《고려말 사대부의 정치사상연구》, 일조각, 1999.
마종락, 〈고려시대 유교사 추이와 개성〉, 《한국중세사연구》 18, 한국중세사학회, 2005.
_____, 《고려 후기 등과유신의 유학사상 연구: 이규보, 이제현, 이색을 중심으로》, 계명대학교 박사학위논문, 2000.
문철영, 《고려 유학사상의 새로운 모색》, 경세원, 2005.
박성봉, 〈국자감과 사학〉, 《한국사》 6, 국사편찬위원회, 1975.

박찬수, 《고려시대 교육제도사 연구》, 경인문화사, 2001.

박천식, 〈고려시대의 국자감 연혁고〉, 《전북사학》 6, 1982.

변동명, 〈고려시기 유교와 불교〉, 《한국중세사연구》 18, 한국중세사학회, 2005.

_____, 《고려 후기 성리학수용연구》, 일조각, 1995.

신천식, 《고려교육제도사연구》, 형설출판사, 1983.

_____, 《여말선초 성리학의 수용과 학맥》, 경인문화사, 2004.

신호웅, 〈고려중기 국학에 관한 소고―그 구성과 교육과정을 중심으로〉, 《한국학논총》 2, 1982.

윤남한, 〈유학의 성격〉, 《한국사》 6, 국사편찬위원회, 1981.

윤사순, 〈주자학 이전의 성리학 도입문제〉, 《최충연구논총》, 1984.

이기백·노용필·박정주·오영섭, 《최승로상서문연구》, 일조각, 1993.

이범직, 《한국중세예사상연구》, 일조각, 1991.

이원명, 《고려시대 성리학수용연구》, 국학자료원, 1997.

이익주, 〈14세기 유학자의 현실인식과 성리학 수용과정의 연구〉, 《역사와 현실》 49, 2003.

이중효, 〈고려 문종대 사학의 설립과 국자감 운영〉, 《전남사학》 19, 2002.

이태진, 〈고려~조선중기 천재지변과 천관의 변천〉, 《한국사상사방법론》, 소화, 1997.

이희덕, 《고려시대 천문사상과 오행설 연구》, 일조각, 2000.

_____, 《고려유교정치사상의 연구》, 일조각, 1984.

주웅영, 《여말선초의 사회구조와 유교의 사회적 기능》, 경북대학교 박사학위논문, 1993.

진영일, 《고려국왕과 재이사상》, 제주대학교출판부, 2010.

채웅석, 〈원 간섭기 성리학자들의 화이관과 국가관〉, 《역사와 현실》 49, 2003.

최영성, 《한국유학통사 상》, 심산, 2006.

하현강, 〈고려초기 최승로의 정치사상연구〉, 《이대사원》 12, 1975.

한정수, 〈고려 후기 천재지변과 왕권〉, 《역사교육》 99, 2006.

_____, 〈고려시대 군주관의 이원적 이해와 정치적 상징〉, 《국사관논총》 106, 2005.

_____, 〈고려전기 천변재이와 유교정치사상〉,《한국사상사학》21, 2003.

_____,《한국 중세 유교정치사상과 농업》, 혜안, 2007.

허중권, 〈고려초기 유교정치사상의 형성과정에 관한 일고찰—조서詔書와 봉사封事를 중심으로〉,《사학지》26, 단국대학교 사학회, 1993.

허흥식,《고려과거제도사연구》, 일조각, 1981.

홍승기, 〈최승로의 유교주의사학론〉,《진단학보》92, 2001.

연표

907	거란 건국
918	고려왕조 성립
926	발해 멸망
935	사심관 제도 제정
936	후삼국 통일
940	군현 획정과 읍호 개정
	역분전 지정
	개태사 낙성
943	〈훈요십조〉 반포
950	광종, 《정관정요》를 받아들임
951	봉은사를 진전사원으로 개창
958	쌍기의 건의로 과거제 실시
	승과 시행
960	백관공복 제정
	송 건국
964	화엄종 승려 균여, 귀법사 주지로 임명
971	법안종 계통의 사찰을 부동사원으로 지정
976	시정전시과 시행
977	개국공신과 향의귀순성주向義歸順城主들에게 훈전勳田 지급
982	내사문하성, 어사도성, 어사육관 설치
	주군현 자제를 개경에서 유학토록 지시
983	12목 설치, 향리제 개편, 지방 공해전 분급

987	12목에 경학박사, 의학박사 1인씩을 둠
988	이양, 자전제와 월령에 관한 봉사문 상소
991	중추원 설치
992	태묘 완공, 국자감 건립
995	문·무를 구분하고 문신의 문산계文散階 제정
	어사도성을 상서도성으로, 어사육관을 상서육부로 개칭
	주-현 체계 편성, 10도제 시행, 개성부 설치
997	문무 5품 이상의 아들에게 음직 수여
998	개정전시과 제정
	문무 5품 이상의 아들에게 음직蔭職 제수
1004	요와 송의 평화조약
1005	단련사 등 폐지
1009	강조의 쿠데타로 목종 폐위, 현종 즉위
1010	거란의 침입
1011	대장경 간행
1012	절도사 폐지, 안무사 설치
1013	30결 이상의 문무양반전과 궁원전의 세액을 1결당 5승으로 지정
1014	5품 이상 양반의 자손 및 제질弟姪 1인에게 음서 허락
1018	안무사 폐지, 주현-속현 체계 시행, 개성부 폐지, 향리 정원 규정 제정, 장리 공복 규정 제정
1021	아들이 죄를 범하면 공음전을 손자에게 옮겨 줄 것을 결정
1024	계수관시 시행
1028	전정연립 제정
1031	국자감시 시행
1038	고려와 요의 화친
1040	남반의 아들은 부조父祖에게 허물이 있는 예에 따라 관직을 줌
1044	천리장성 완공, 송과 서하의 화친

1046	전정연립田丁連立 규정 제정
1048	상급 향리 자제의 예부시 응시 규정 정비
1049	양반공음전시법兩班功蔭田柴法 정비
1050	답험손실법 제정
1051	향리 승진 규정 제정
1055	씨족불부자氏族不付者의 과거 응시를 불허함
	최충, 문헌공도 건립
1058	대공친大功親과 혼인하여 낳은 아들의 관직을 금함
1061	내사문하성을 중서문하성으로 개칭
1062	서경기 4도 설치, 개성부 복구
1069	양전의 보수步數 지정, 전세 증세 및 제한규정 철폐
1076	경정전시과 시행, 녹제 시행
1078	고려와 송의 외교 재개
1086	의천, 속장경 간행
1086	초조대장경 간행
1088	선종 재이관련 육사로서 자책
1090	《신편제종교장총록》 작성
1092	상피제相避制 제정
1096	소공친小功親과 혼인하여 낳은 아들의 관직을 금함
	천태종 개창, 국청사 건립
1100	태조의 내현손內玄孫의 손과 외현손外玄孫의 아들, 후대 국왕의 현손의 아들 및 외현손에게 음서를 줌
1102	해동통보 발행
1104	별무반 설치
1105	감무 파견 시작
1107	윤관의 여진 정벌
1109	국자감에 칠재 설치

1115	여진, 금 건국
1125	여진에 의해 요 멸망
1126	고려와 금의 화친조약
	이자겸의 반란
1127	모든 주에 학교 건립
1127	여진에 의해 북송 멸망
1134	《효경》,《논어》를 민간에 보급
1135	서경의 반란
1136	서경기 4도 폐지, 6현 설치
1145	삼국사기 편찬
1170	무신정변
1190	지눌, 〈권수정혜결사문〉 반포
1196	최충헌 집권
1198	국왕과 같은 음의 성은 외가나 내·외조모의 성을 따를 것을 명함
1209	최충헌, 교정도감 설치
1219	고려와 몽골 간의 형제맹약
1224	몽골 사신 저고여 피살
1225	최우, 정방 설치
1227	몽골에 의해 서하 멸망
1231	몽골의 고려 침입
1232	요세, 백련결사 창립
1234	몽골에 의해 금 멸망
1238	황룡사탑 불타서 사라짐
1251	재조대장경 완간
1257	녹과전 설치
1258	최씨 정권의 몰락
1260	고려와 몽골 간의 화친 성립

1264	원종의 몽골 친조
1270	삼별초의 반란
1271	원이라 국호를 정함
1274	일본 원정
1275	원의 간섭으로 중서문하성은 첨의부로, 추밀원은 밀직사로 격하
	도병마사를 도평의사사로 개편
	원에 의해 남송 멸망
1282	국왕의 후손은 20대를 딸로 이어져도 호당 1명에게 음서를 줄 것을 명령함
1290	안향, 연경에서 주자서를 초함
1292	고려 정부, 개경으로 환도
1300	몽산본《육조단경》간행
1302	요양행성의 고려 정동행성 통합 요청 및 실패
1308	개성현령 신설, 목 부 증설
	왕실의 동성혼을 금함
1309	경기 내 사급전(사패전)을 혁파
1310	목 부 감축
1320	정방을 다시 둠
1340	원이 충혜왕을 체포함, 고려인 기씨가 원의 제2황후가 됨
1344	권력자들이 침탈한 경기의 녹과전 환원
1347	정치도감 설치
1348	원 황실을 위한 축성도량으로 경천사 탑 건립
1352	공민왕 즉위 후 정방 폐지, 변발 금지
1356	격하된 관명을 문종 대 명칭으로 환원
	공민왕의 반원 개혁
	전임 외관 파견
1359	홍건적 침입
1365	신돈의 등장

1368	명 건국
1369	원의 향시, 회시, 전시 도입
1371	신돈 처형
1377	불조직지심체요절 금속활자로 간행
	왜구로 인해 도읍 옮기는 것을 고려
1380	진포대첩에 처음 화포 사용
1388	안렴사를 도관찰출척사로 개정
	염흥방, 임견미 사형
	요동 정벌 추진과 위화도 회군
	조준 등 토지제도 개혁 상소, 전국 토지의 양전, 급전도감 설치
1389	신정감무 파견 시작
	공양왕 즉위
	처음으로 미망인의 재가再嫁 제한을 논의함
1390	경기를 좌·우도로 분리, 도관찰출척사 파견
	경연 개설
	공사의 모든 토지문서 소각
1391	과전법 제정
1392	도관찰출척사를 안렴사로 복구(조선에서 다시 도관찰출척사로 개정)
	조선왕조 건국

찾아보기

【ㄱ】

가례 233, 234
가묘 243
가지산문 164, 165, 191
각관 144
간경도감 161
간화경절문 174, 176
간화선 147, 165, 173, 174, 176, 177, 190, 192, 194~197
강감찬 85, 93
개경 10, 112, 134, 136, 137, 139, 142, 149, 151, 158, 159, 163, 164, 167, 168, 172, 177, 178, 181, 183, 187, 189
개보장 159
개정전시과 108
개태사 133, 135
〈개태사화엄법회소〉 133
거경궁리 244, 245
거란대장경 159
거조암 172, 174
〈건괘〉 221
견훤 140, 209, 213

결부제 100, 101
결사불교 131, 167, 168, 176, 187
《경국대전》 26, 54, 55, 58, 59
경덕국사 난원 156
경령전 149
경문왕 85, 94
경세 218, 219, 237, 238, 244, 245
경의 181
경정전시과 109
경종 32, 64, 107, 139, 215~217
경창원 151
계단사원 143
계모 41
《계백료서》 210
고달사 138, 164
고달원 138, 139
《고려도경》 32
고려사高麗寺 158, 187
《고려사》 9, 21, 33~35, 42, 43, 56, 57, 65, 95, 119, 137, 144, 146, 213, 217, 225, 226, 233, 234, 243
《고려사》〈식화지〉 95, 144

《고려사절요》 9
공민 65, 66, 72
공민왕 32, 47, 58, 66, 126, 145, 186, 188, 192, 194~196, 222, 246, 248
공안선 165
공양왕 32, 38, 128, 246, 247, 249
공음전 76, 77
공자 221, 223, 239, 242
공직 207, 214
과거(제) 20, 67, 69, 70, 76~78, 136, 143, 149, 176, 180, 181, 201, 212, 215, 238, 241, 244, 248
과부 22, 27, 33, 35, 38, 39
과전 128
과전법 81, 103
관료제론 75, 77
관혜 140
광명사 139, 194
광제사 192
광종 32, 38, 64, 97, 136~140, 142, 143, 146, 148~150, 164, 208, 215~218
광지선사 191
광헌공도 22
교관병수(교관겸수) 156, 158
교장도감 161
교학불교 131, 139, 151, 158, 195, 196

구산도 220
구산선문 137, 196
9잠 249
구재 220
구조당 156
구족계 143
국사國師 139, 142, 145, 146, 165, 195, 197
국자시 238
국청사 143, 163, 180, 189, 190
국학 7재 220
군례 233, 234
군반씨족 70, 72
군현민 65~67, 70, 73, 78
궁예 205, 206, 212, 213
궁인 31, 78, 146
권근 224, 247
권문세족 127, 197, 198
〈권수정혜결사문〉 174
귀법사 140, 142
귀족 72, 73, 75~77, 85, 149, 180, 186, 190, 214, 228, 238
귀족제론 75, 77
균여 139, 140, 142, 156, 158, 171
근친혼 45~48
금종보 151
급전도감 128
기철 246
기청제 141
기친 49

길례 233, 234, 250
김무체 220
김상빈 220
김심언 215, 218, 219
김의진 220
김준 98

【ㄴ】

나옹혜근(혜근) 191~194, 197
남반 17, 70, 73
《남사》 218
남산도 220
남악파 140
노단 220
노비 25, 26, 65, 66, 71, 78, 87, 89~92, 96, 97, 113, 119, 122, 124, 151, 179, 197, 198
노비농민 92, 96
노비안검법 64
노인사설의 210
녹과전 125, 126
《논어》 218~221, 228~230, 240, 242
농장의 발달 81, 117, 121~124
《능엄경》 165

【ㄷ】

다처 30, 31, 33~35
다처제 30, 31, 33, 34
담진 165
《당감》 221
당대등 69
(대각국사) 의천 139, 142, 143, 155~158, 161~164, 171, 177, 178, 180, 187, 189, 190
대공 49
대공친 47, 49
《대당개원례》 233
대덕 144
대등 69
《대명률직해》 58
대몽항쟁 161, 167, 182, 187, 188
대부 57
대사 144
대선사 144, 146, 147, 177
대안사 89
대장경 142, 151, 158, 159, 161, 168, 169, 171, 172, 179, 185
대장도감 168, 169
《대학》 221, 240
덕치 204, 212, 231
데릴사위 21
도봉원 138, 139
도생승통 155
도승록 146

돈오점수 172, 176
동생형제 41
동성혼 46, 47
동중서 225, 227, 247

【ㅁ】

만권당 238
만봉시울 195
만의사 197
《맹자》 213, 215, 218, 221, 240, 247
명경과 69, 70
목종 32, 108, 154
묘련사 181, 183, 189, 190
무반 73, 75
무심선 192, 195
무왕 210
〈무일〉 210, 216, 221
무지개중 78
무차대회 136
문벌귀족 45, 59, 75, 76, 119, 154, 166, 167, 215
《문선》 218
문왕 210
문정 220
문종 32, 46, 48, 60, 64, 65, 67, 69, 103, 109, 111, 151, 154~156, 165, 201, 220, 227, 246, 248, 252
문충공도 220
문헌공도 220
미수 145
민간신앙 204, 227
민본 201, 205~207, 209, 215, 218, 251, 252
민전 96, 102, 122

【ㅂ】

박명보 220
반룡사 168
〈반수〉 221
반야경보 151
반정 96
배극렴 249
배불 244
배불론 182, 196, 198
배현경 205
백련결사 177, 178, 180, 186, 187, 189, 190
백련사 168, 176, 181, 187, 189
백운경한 191, 194
백이 210
백정대전 72
법경 154
법경대사 현휘 136
법상종 143, 144, 154~156, 158,

161, 163, 164, 167, 168, 185
법안문익 139
법안종 136, 137, 139, 164
법왕방 134
법장 140, 156
법화삼매 178
보살계 145
보원사 142
보제사 172, 187
(보조국사) 지눌 145, 171~179,
　191, 199
복지겸 205
본분종사 191, 192
본족 50, 54~58
〈봉사 2조〉 218
봉은사 149, 150
봉작 34, 38, 78
부동사원 138, 139
부마국 183, 236
부승록 146
부인사 159, 168
부호장 69
부호정 69
북악파 140
분홍방 238
불일사 149
《불조직지심체요절》《직지심경》
　194, 197
빈례 233, 234

【ㅅ】

사굴산문 165, 172, 192
《사마광유표》 221
사명지례 180
사서四書 221, 239
사서오경 238
사서육경 244, 249
사원 세력 133, 134
사직단 232
사찬 62, 69
사촌친 54, 55, 58
사촌회 54, 55, 60
사패 117
사패전 121, 122
산천신앙 134
《삼국유사》 61
삼문 174
삼일포매향비 87, 88
삼중대사 144
《삼창》 220
상무주암 172
상보 209, 210
상복(제) 20, 22, 49, 50, 233
《상정고금례》 233
상총 198
상피(제) 49, 52~57
서경 209
《서경》 210, 213, 215, 218, 223,
　228, 230, 247

서류부가혼 19, 20
서석 220
서시랑도 220
서얼 78
서옥제 20
서원도 220
서참회 179
서처(제) 33, 35
서필 213
선교 통합 156, 161, 164, 172, 176
선봉禪棒 195
선사 137, 144
선원사 177, 187, 188, 191
선종宣宗 32, 48, 56, 155, 159, 163, 226
선종禪宗 131, 136, 137, 139, 140, 142~144, 154, 155, 158, 162~165, 167, 168, 174, 176~178, 182, 187, 190~192, 195~197
선지禪旨 195
선필 210, 214
《설문》 220
설산천희 195
설행 134, 137, 183, 187, 188
성리학 12, 196, 197, 201, 204, 211, 219, 221, 224, 229, 237~240, 243~245, 248, 249
성상겸학 156
성씨 42, 43, 58
성왕 210

성인 204, 211, 212
성인군주 246
성적등지문 174
성종性宗 134
성종成宗 20, 22, 23, 32, 38, 51, 64, 69, 75, 98, 105, 106, 108, 154, 188, 216~219
성학 201, 211, 249
성학군주관 211
소공 22, 47, 49, 51
소공친 47, 49
소위모 57
소위자 57
《소학》 201, 240, 241, 243, 244
소현 154~156, 161
솔서혼 17, 19~23, 27, 30, 33, 35, 41
송광사 66, 174, 179, 192, 198
송후 89
수기修己 211, 223
수기守其 171
수기치인 211
수등이척제 101
수선결사 172~174, 178, 180, 187
수선사 66, 146, 147, 168, 171, 174, 176~179, 182, 187, 188, 190, 191
수정사 168
수좌 144, 155
숙모(아즈미) 56, 57

숙부(아즈비) 56, 57, 62
숙손통 232
《순자》 231
순지 137
승계(僧階) 143~145, 148, 155, 156, 177
승록 146
승록사 145, 146, 148
승정 131, 137, 143, 145, 146, 148, 196, 197
승직(僧職) 143, 144, 146, 148, 149
승통 143~145, 148
《시경》 102, 213, 215, 221
시마 20, 49
시마친 49, 51
〈시무 28조〉 216~218, 230
시정전시과 108
식목도감 220
신극정 181
신돈 127
〈신라촌락문서〉 87
신명왕후 149
신성황제 252
《신편제종교장총록》 158, 161
쌍기 215, 218

【ㅇ】

아자비 57
아즈미 57
아츤아들 57
아츤아비 57
아츤어미 57
《안동권씨성화보》 38
안목 89, 91, 93
안원 89, 93
안향 238, 239
안화사 165
양가도승록 146
양로 209, 210, 226
양로의 210
《양서》 218
양수척 65, 66
양신공도 220
양안 99, 100
양인 65, 67, 70~73, 75, 78, 124
양인농민 87~89, 92, 96, 97
양전 99, 100, 102, 114
양측적 친속 42
양측적 혈연 의식(총계 의식) 41, 43, 45~48, 58, 61, 76
억불정책 198
여망 210
여산혜원 180
《역경》 212, 221
역분전(제) 107, 108
역성혁명(론) 201, 249, 251
연등회 33, 134, 136, 149
연수유전답 87

〈열명〉 221
염흥방 123
영명연수 137
영원사 197
영준 139
《예기》 213, 215, 218~220, 228, 230
예부랑중 148
예부상서 147, 148
예종 32, 43, 45, 48, 93, 97, 144, 155, 165, 220, 221
오가칠종 137
오경 215
오례 231, 233, 234
오복제 20, 49~51, 53, 233
〈오조정적평〉 216, 217
왕도 정치 201, 205, 215, 218, 228, 231, 237, 252, 253
왕륜방 134
왕사 139, 145, 146, 165, 192, 196, 197
왕순식 214
왕신 209
왕유 213
왕토사상 102
외족 56, 57
우달 87, 88
우왕 32, 33, 126, 193, 194, 237, 238, 243, 246, 249
〈운한〉 221

원 세조(쿠빌라이) 47, 183, 188, 189, 236
원교국사 156
원구단 106, 232
원돈신해문 174
(원묘국사) 요세 177~181, 189, 190
원융부 145, 196
원효 156, 164
월령 216, 223, 225, 230, 246, 247, 252
〈월령〉 221, 230
위기爲己 219, 223
위숙군 149
유감 220
유복친 49, 51
유식학 139, 155, 161
《육조단경》 172, 191
육조혜능 172
윤선 214
은정 220
음서(제) 17, 43, 45, 61, 75~77
의례 134, 203, 230, 232, 233, 235, 245
의부 41
의상義湘 140, 156
이규보 20, 22, 29, 103, 159
이모형제 41
이복형제 39, 41
이부형제 41
이색 27, 54, 60, 92, 128, 194, 198,

238, 240
이성계 71, 249
이승휴 85, 93, 191
《이아》 213, 220
이앙법 114
이양 230
이영 11
이의방 27, 31, 167
이자연 48, 154, 155
이제현 103, 238~240, 243
이첨 249
이총언 214
이통현 172, 174
이혼 32, 34, 39
이혼녀 38
인예태후 161, 163, 180
인종 22, 32, 43, 48, 59, 165, 166, 187, 220, 221, 227
인주이씨 48, 154~156, 161, 163, 166
일리천 210
일부다처(제) 30, 31, 35
일부일처(제) 17, 30, 31, 33, 35, 38
임완 227
임제법손 191
임제 간화선 190, 192, 194~196
임제종 165, 190~192, 194~197
임춘 87, 94
입운 85, 86

【ㅈ】

(자녀 간) 균분 상속 17, 23, 24, 26, 27, 30, 33, 34, 41
《자림》 220
자변종간 162
자운방 134
자은규기 155
자전 232
자최 20, 22, 47, 49, 51
잡과 70
잡척 66
장안사 91
재암성 209, 214
재조대장경 168, 169, 171, 172, 182
재혼 22, 27, 38, 39
적자 78
적제촌 92
전민 120
전민변정사업 126
전시과 (제도) 81, 107~110, 113, 125, 144
전정 112
전정연립 111, 114
정경공도 220
《정계》 210
《정관정요》 215, 226, 249
정도전 198
정몽주 208, 243
정배걸 220

정습인 243
정심성의 244, 245
정안 169
정오丁午 181, 189
정전 87, 226
정종 32, 93, 216, 217
정중부 27, 39, 73, 94, 119
정진대사 긍양 146
정총 247
정토신앙 176, 178~180, 189
정토왕생 180, 181
정헌공도 220
정혜 176, 178
정혜결사 174, 175, 178
정혜쌍수 174, 176
정호 70, 72
제국대장공주 120, 183, 189
제술과 69, 70
조상 17, 26, 43, 45, 49, 52, 58, 60~62, 93, 149, 233, 243
조업전 93, 127
조업전화 81, 113, 116, 117, 122, 123, 125, 127, 128
조준 87, 103, 104, 126
조카 58, 148
족장 58
족정 96
족하 58
《종경록》 139
종묘 149, 233

죄기조 226
〈주관〉 221
주언방 123
주자 222, 238~240
《주자가례》 50, 201, 243~245
주자성리학 201, 222, 238, 239, 244
주희 198, 245
중간계층 72, 73
중대사 144
중서문하성 151
〈중용〉 221
《중용》 240
《중용집주》 240
중폐비사 214
중화주의적 화이론 235, 237
지엄 140, 156
지자대사 162
지종 139, 164
지주전호제 81, 97
지천사 171
직달 207
(진각국사) 혜심 146, 147, 176, 177, 187
진공대사 충담 136
진수정원 158, 162
진전사원 136, 148, 149
질(아츤아들) 57

【ㅊ】

찬유 139
참최 49, 51
참회부 145
책기 8사 246
책기수덕 201, 212, 226~228, 249
처족 56
척불 244
천명 205~207, 209, 211~213, 223~225, 227, 231, 233, 237, 246, 247, 249, 251, 252
천명사상 201, 205, 227, 228, 246, 249, 251
천수 205
천인天因 176, 180, 181, 189
천인賤人 39, 65~67, 70, 72, 73, 124
천인감응론 201, 223, 227, 228, 247, 251
천책 176, 178, 180~182, 189
천추태후 154
천태삼대부 180
천태종 139, 143, 144, 156~158, 161~164, 167, 168, 177, 178, 180, 181, 187, 189, 190
천태지의 180
초조대장경 159, 160, 168, 171
최렴 123
최승로 12, 215~219, 221, 230
(최씨) 무인 정권 119, 168, 177, 187, 201, 237
최언위 213
최윤의 233, 234
최응 213
최이 38, 169, 177, 187
최제안 93
최충 220
최충헌 33, 34, 38, 119, 167, 177, 187
최해 85, 89
《춘추》 213, 218~220, 223, 225
《춘추곡량전》 220
《춘추공양전》 220
《춘추좌씨전》 220
출부 41
충선왕 32, 38, 47, 187, 189~191, 238, 239
충숙왕 32, 39, 145, 188, 192, 239~241
충평공도 220
친경자전례 232
〈칠월〉 221

【ㅌ】

탄문 142, 143
탄연 165, 166
탕 임금 226
〈태갑〉 221

태고보우(보우) 145, 191, 192, 196
　~198
〈태괘〉 221
(태조) 왕건 12, 30, 32, 45, 61~
　63, 65, 103, 107, 133~137,
　140~142, 149, 150, 189, 201,
　203~217, 223, 227, 232, 236,
　248~250, 252
태조구훈 203
태평 213
특수지역민 65~67, 70, 73, 78

【ㅍ】

팔관회 134, 136, 204
《편년통록》 61, 63
편민 206
평량 87, 92
품관 69, 144
풍수도참 204
피휘법 42

【ㅎ】

학식學式 220
학일 165
《한서》 213, 218, 219, 225
한아비 56, 57

한유 198
한품제 17, 70, 72, 73, 78
해동육조 155
해동천자 223, 252
해린 154
해인사 141, 163, 169~171
향리 17, 22, 62, 67~70, 73, 110,
　111, 124, 144, 168, 174
허적 181
현장 155
현종 20, 32, 64, 68, 91, 103, 108,
　151, 152, 154, 159, 168, 225,
　230
현화사 91, 144, 146, 151~155,
　159
협11녀 45
협20녀 45
형세론적 화이론 235~237
형시사랑 148
혜거 139
혜인원 158, 187
혜종 32, 216, 217
호장 61, 62, 68, 69, 73, 111, 178
홍문공도 220
〈홍범〉 221
홍유 205, 206
《화엄경》 142, 158, 185
화엄법회 133
화엄종 137, 139~144, 154~156,
　158, 161~163, 167, 168, 171,

182, 195
화쟁국사 156
황영 220
《효경》 213, 219~221, 229, 240, 242, 243
후부 38
후손 17, 43, 45, 46, 52, 59, 60, 62, 64, 66, 67, 69, 70, 76, 78, 134, 167, 223
〈훈요십조〉 12, 133, 203, 204, 207, 210
흉례 233, 234
흥국방 134
흥달 214
흥왕사 151, 161, 163
희랑 141

고려시대사 2 – 사회경제와 문화

⊙ 2017년 12월 19일 초판 1쇄 발행
⊙ 2024년 9월 25일 초판 7쇄 발행
⊙ 글쓴이   이종서·박진훈·강호선·한정수
⊙ 발행인   박혜숙
⊙ 펴낸곳 도서출판 푸른역사
   우) 03044 서울시 종로구 자하문로8길 13
   전화: 02)720-8921(편집부) 02)720-8920(영업부)
   팩스: 02)720-9887
   전자우편: 2013history@naver.com
   등록: 1997년 2월 14일 제13-483호

ⓒ 푸른역사, 2024

ISBN   979-11-5612-103-9 94900
(세트) 979-11-5612-043-8 94900

· 잘못 만들어진 책은 교환해드립니다.